民事判決効の理論(上)

吉村徳重

民事判決効の理論(上)

——民事手続法研究 I——

学術選書
41
民事訴訟法

信山社

はしがき

信山社の渡辺左近さんから論文集の刊行を勧められてからすでに一〇年以上になる。それまでに発表した論文を論文集にまとめて刊行することについてはある種の躊躇もあったが、有り難いお勧めであるという感謝の気持ちからお願いすることにした。そこで、全部で四巻からなる論文集「民事手続法研究」第一～四巻の刊行計画を立て、その校正刷りを送付していただいた。しかし、それ以降、主として私の怠慢から、昔自分の書いたものを読み返し校正をする作業になかなか踏み込むことができず、いたずらに年月のみが経過してしまった。

最近は、渡辺さんから、「早くしないと生きている間に刊行できなくなりますよ」という督促の言葉をいただくようになり、私自身もその実感を持つようになった。そこで、もはや後がないという覚悟を決めて、校正刷りの校閲を始めることにした。

しかし、いよいよ校閲の作業に着手することになるといくつかの問題に直面することになった。まず、この一〇数年の間に、民事訴訟法をはじめ民事手続に関する殆どの法律が全面的に改正されたことによって、論文に引用した旧法の条文に対応する新法の条文を補充する必要があるかという問題である。この点については、旧法の条文のままでは読んで下さる読者に不親切になるという配慮から、本文に記載された条文につき、対応する新法の条文を補充することにした。次に、それぞれの論文を執筆した後に、同じテーマについて多くの論文が発表されており、現時点でその内容につき言及をするかどうかということである。しかし、その点を補充するためにはかなりの時間が必要となり、論文集の刊行が益々遅延することになることから、断念せざるを得ないと考えるに至った。

はしがき

論文集「民事手続法研究」第一巻・第二巻は、「民事判決効の理論（上）・（下）」として、民事判決効に関する論文からなっている。主として、民事判決効の基礎（第一編）、判決効の客観的範囲（第二編）、確定判決と同一の効力（第三編）、判決効の主観的範囲（第四編）、判決効と参加的効力および反射的効力など（第五・六編）についての論文である。「第三巻　比較民事手続法」は、総論「比較民事紛争処理手続の分析視角」（第一編）のほかは、主としてアメリカ民事手続法に関する論文（第二・三・四編）である。ただ、本論文集刊行計画成立後に発表したベトナム民事訴訟法に関する論文なども収録する予定である。「第四巻　民事紛争処理手続の研究」は、裁判外紛争処理手続を含む民事紛争処理手続の多様化（第一編）をはじめ、民事事件の非訟化と当事者権の保障（第二編）、人事訴訟と家事紛争の処理（第三編）、訴訟促進と弁論の活性化（第四編）などに関する論文からなっている。

この論文集のうち、はじめに第一巻・第二巻の「民事判決効の理論（上）（下）」から刊行することにした。第一巻は、第一編から第三編よりなり、そこに収録した論文の出典を挙げ、簡単にコメントをすることにする。

第一編　民事判決効の基礎

第一章　「総論―既判力の本質と作用」（原題「既判力の本質と作用」）青山善充＝伊藤眞編『民事訴訟法の争点』（第三版、一九九八年、有斐閣）

第二章　「判決効の基礎と再審事由――とくに、四二〇条二項〔現三三八条二項〕要件および補充性・再審期間との関連」（原題「再審事由―とくに、四二〇条二項要件および補充性・再審期間との関連」小室直人・小山昇先生還暦記念『裁判と上訴（下）』（一九八一年、有斐閣）

第二編　判決効の客観的範囲

第三章　「判決効理論の展開と現況」法学セミナー三三六号（一九八三年）

第四章　「判決の効力の客観的範囲」ジュリスト五〇〇号（一九七二年）
第五章　「判決理由中の判断の拘束力」三ケ月章＝青山善充編『民事訴訟法の争点』（一九七九年、有斐閣）
第六章　「判決理由中の既判力理論の展開——西ドイツ理論の検討」（原題「判決理由の既判力をめぐる西ドイツ理論の新展開」）九州大学法政研究三九巻二＝四号（一九七三年）
第七章　「判決の遮断効と争点効の交錯」鈴木忠一＝三ケ月章監修『新・実務民事訴訟講座（二）』（一九八一年、日本評論社）
第八章　「相殺の抗弁と既判力——弁済の抗弁との対比」九州大学法政研究四六巻二＝四号（一九八〇年）
第九章　損害賠償請求訴訟の訴訟物と判決効
「損害賠償請求」小山昇＝中野貞一郎＝松浦馨＝竹下守夫編『演習民事訴訟法（上）』（一九七三年、青林書院新社）
「損害賠償請求訴訟の訴訟物」小山昇＝中野貞一郎＝松浦馨＝竹下守夫編『演習民事訴訟法』（一九八七年、青林書院）
第一〇章　「一部請求と判決効」（原題「一部請求」）竹下守夫＝谷口安平編『民事訴訟法を学ぶ』（一九七七年、有斐閣）
第一一章　「限定承認の留保付判決の効力」（原題「相続財産の限度での支払を命ずる判決が確定した場合における判決の効力」）民商法雑誌七二巻四号（一九七五年）
第三編　確定判決と同一の効力
第一二章　訴訟上の和解の効力（原題「訴訟上の和解」）三ケ月章＝中野貞一郎＝竹下守夫編『民事訴訟法演習2』（新版、一九八三年、有斐閣）
第一三章　「更生債権者表記載の破産宣告後の効力」井関浩＝谷口安平編『会社更生法の基礎』（一九七八年、青林書院新社）

第一編では民事判決効の基礎ないし根拠が何であるかを論じた。「第一章　総論」では、民事判決効の中核としての既判力論の重点が本質論から判決効の基礎である根拠論に移行し、既判力の作用（遮断効）の範囲を画する根拠としては、制度的効力だけでなく訴訟過程における手続保障としての当事者間の提出責任ルールを重視すべきことを指摘した。第二章では、再審事由が判決の基礎に当事者の責めに帰しえない顕著な瑕疵があって、当事者に対する判決の拘束力を正当化する根拠を欠く事由であるとすれば、判決効の正当化根拠としての当事者の手続保障論と連結することになる。再審事由に付加された有罪判決、補充性、再審期間の要件をめぐる見解の対立は再審事由のこのような位置づけによって解決できると主張した。

「第二編　判決効の客観的範囲」は第一巻の中心となる部分である。第三章と第四章では、新訴訟物論の展開によって、この問題につき学説および判例がどのように対応してきたかを検討した。第三章では、新説の問題提起を受けて、判決効の外延の広がりだけでなく、争点効理論をはじめ判決理由中の判断にも一定の範囲で拘束力を認めるなどの多様な見解が展開した経過をたどった。第四章では、判決効の客観的範囲をめぐる三つの論点（実体法的視点の差異、一部請求、判決理由の拘束力）についての判例の展開と学説の対応および今後の展望を論じた。

第五章から第八章までは、判決理由中の判断の拘束力に関する論文であるが、相殺の抗弁と既判力の範囲を論じた第八章以外は、新堂教授の争点効理論に触発されて問題点を検討した論文である。もっとも、この点では、その前提としてアメリカ法との比較法的検討を行った、第三巻所収の「判決理由中の判断の拘束力――コラテラル・エストッペルの視点から」（九州大学法政研究三三巻三＝六合併号、一九六七年）がある。論文執筆の順序では、その後に、西ドイツ理論との比較法的研究をした第六章を経て、第五章と第七章に至ったことになる。

第九章と第一〇章では、損害賠償請求と一部請求における訴訟物と判決効の範囲をめぐる判例・学説の展開を検討し、遮断効の限界を画する基準を探った。第一一章は、限定承認の留保付判決の効力は基準時前の法定単純承認事由の主張を遮断するとした判決の判例批評である。

第三編では、確定判決と同一の効力と規定される訴訟上の和解（第一二章）や更正債権者表記載の効力（第一三章）とはどのような内容であるかを検討した。当初は、「仲裁判断取消の訴」（小島・高桑編・注解仲裁法・一九八八年）も登載する予定であったが、仲裁法（二〇〇三年制定）によって抜本的に改正されたために断念することにした。

以上のように、論文登載の順序は発表年次どおりではなく、論文内容の理論的位置づけによっている。民事訴訟法に関する私の最初の論文は、第二巻所収の「既判力拡張における依存関係」と「既判力拡張と執行力拡張」（九州大学法政研究第二六巻四号～第二八巻一号、一九六〇年・一九六一年）であったから、判決効についての論文執筆だけでも、「第一章　総論」（一九九八年）に至るまでに、四〇年近くの歳月を経過したことになる。振り返ってみれば感無量のものがある。

この論文集の刊行にあたり、池田辰夫教授のご好意によって、その「解題」を書いていただき感謝に堪えない。このようにしてやっと懸案の論文集の刊行にたどり着くことができたのは、ひとえに永い間辛抱強くご配慮をいただいた信山社の渡辺左近さんをはじめ編集部の皆さんのお陰であって、この場をかりて心から御礼を申し上げたい。

二〇一〇年一一月

吉村徳重

目　次〔第一巻〕

目　次

民事判決効の理論(上)

第一編　民事判決効の基礎

第一章　総論——既判力の本質と作用

一　はじめに

終局判決が確定すると既判力を生じ（一一四条）、その判決内容は訴訟当事者および裁判所を拘束する。既判力本質論はこのような既判力の拘束力が法理論的にどこから導きだされる効果であるのかを論ずる、民事訴訟法の伝統的な「根本問題」である。しかし、近年既判力の本質を論ずる実益が疑われる傾向にある（参考文献①、②など）。従来の既判力本質論は既判力の効力が実体法的効果と訴訟法的効果のいずれに由来するものであるかといった法体系上の位置付けに終始した感があった。そのために、既判力作用の態様や範囲などをどのように規律するかといった解釈論上の課題の解決には役立たないとする実践的立場からの疑問が提起されたのである。

そこで、既判力の本質論を展開するものとして既判力の拘束力を正当化する根拠を問題とする既判力根拠論が登場することになった（②四〇六頁）。既判力が裁判所や訴訟当事者を拘束する根拠、とりわけ訴訟当事者に不利な拘束力を及ぼす根拠を問うことによってその範囲や限界を画する解釈論上の指標をえようとしたのである。

他方、既判力の作用は既判力の拘束力が現実にどのような場面において、どのような態様の作用を及ぼすのか、裁判所や当事者はその作用によってどのような規律を受けるのかという実践的課題である。既判力の本質論や根拠論は、こうした既判力の作用の態様や範囲の解釈につき具体的な指針を提供することができるかどうかを問う方向に展開しているといえる。そこで、本稿では既判力の本質（二）についで、その派生的問題として既判力の根拠（三）を論じたうえで、既判力の作用（四）に及ぶことにする。

二　既判力の本質

(1)　学説の展開

既判力は法理論上何に由来する効果であるのかが、既判力の本質論として論じられてきた。古くから、実体法説と訴訟法説との対立があったが、さらに具体的法規説や権利実在説、および新訴訟法説が登場した。その際ことに、訴訟外の実体的権利関係とは異なって認定された判決（不当判決）にも既判力が認められること、既判力が訴訟当事者に限って相対的効力を生ずること、さらには既判力が職権調査事項であることなどをいかに整合的に説明するかが論点とされてきた。

(イ)　実 体 法 説

確定判決によって実体法上の権利関係が変動して判決内容と一致することになるから、訴訟当事者および裁判所を拘束するとする見解である。正当判決は実体法上の権利関係を確認し、不当判決はこれを判決内容どおりに変更することになるとみるから、既判力はこの実体法上の効果として当事者を規律することになり、その結果裁判所も拘束されると説明する（その再評価として③参照）。しかし、これに対しては、実体関係を判断していない訴訟判決の既判力や既判力の訴訟法上の特性（相対効や職権調査事項）を説明できないとの批判がある。

(ロ)　訴 訟 法 説

既判力は実体法上の権利とは無関係に、ただ国家的裁判の統一という要求に基づく訴訟法上の効力であって、後訴裁判所に対して確定判決と矛盾する判断を禁止する効力であるとする。不当判決でも裁判所を拘束するから、当事者がこれに反する主張をしても無駄であるとして排斥されるにすぎない。この立場によれば、既判力の訴訟法上の特性を説明することは容易になるが、判決と実体関係との関連が切断され既判力が実体私法面に作用を及ぼすことの説明が困難になる。

(ハ)　権利実在説と具体的法規範説

実体法説や訴訟法説が訴訟前の権利既存の観念を前提としているのに対して、権利実在説は、この権利既存の観念を否定し、訴訟前には仮象にすぎない権利が裁判を通じて実在化され、既判力はこの実在化された権利が裁判所や当事者を規律する効力であるとした（④）。また、具体的法規範説は、抽象的法規範が裁判を通じて当事者間で具体化された法規範となり、既判力はこの具体的法規範として当事者間を規律する準則にほかならないという（⑤）。いずれの見解も、訴訟前の権利の存在を前提とせず、裁判を通じてはじめて実在化される権利や具体的法規範を既判力の本体とみるところから、訴訟前の権利と判決内容とが一致しない不当判決はありえないことになる。そこで、実体法説のように判決に合わせて実体関係を変更したり、訴訟法説のように判決と実体との関連を切離すことにもならない（権利実在説の検討として⑥参照）。

(ニ)　新訴訟法説

既判力は一事不再理の理念や紛争解決の一回性の要請に基づき、私的紛争がいったん公権的に解決された以上は、後訴裁判所はその判決内容を尊重し、これと矛盾する判断を許されないという内容的拘束力を生ずるとする（⑦、⑧）。既判力を訴訟法上の拘束力とする点では訴訟法説と異ならないが、その根拠を私的紛争の公権的解決制度に内在する一事不再理や一回性の要請に求めたところに特色がある。

(2)　既判力本質論の評価と限界

(イ)　既判力本質論の評価

このように既判力本質論は既判力の効力が実体法的効果と訴訟法的効果のいずれを本体とするものであるかをめぐって展開された。実体法説や訴訟法説を批判して展開された権利実在説（具体的法規範説）や新訴訟法説も結局はそれぞれに実体法説や訴訟法説を再構成するものと評価できる。近年においても、既判力の訴訟法的効果の特性である相対的効力や職権調査事項の説明は実体法説では困難であるとして訴訟法説を支持する見解が有力である（⑨、⑩、⑪）。

しかし他方、実体法説を当事者の主体的地位と既判力とを結びつけるものとして再評価したり（⑫）、既判力は当事者に紛争解決行動のための実体的地位を付与する効力を生ずるとする見解（⑬）も主張されている（なお、具体的法規範説を支持する⑭参照）。既判力の実体法的作用をたんに訴訟法的効果の反射的作用として一元的に構成することは無理であるところから、既判力は実体法的効果と訴訟法的効果の両面の作用をもつものとして二元的に構成しようとする見解であると評価できよう（⑬は前者を独立の既判力、後者を付随的既判力という）。既判力本質論はこの二元的構成によって、これまで争ってきた論点の多くを解消することになるだけでなく、さらに既判力の機能や根拠に立ち入ってその作用の態様や範囲をめぐる解釈についての指針を提供する実践的な役割を果たそうとしているのではないかと思われる。

(ロ)　解釈論としての限界

他方、既判力の本質論が既判力の法体系上の位置付けに止まっているかぎりは、やはり既判力をめぐる具体的な解釈論上の課題の解決に役立つことができるかは疑わしい（①、②）。既判力の作用を訴訟法的効果とするだけでは、既判力の後訴における作用が確定判決の内容的拘束力である（拘束力説）か、既判事項の再度の審判を禁止する排斥的効力である（一事不再理説）かにつき決着をつけることはできないし（①、⑮）、既判力の範囲や再審を認める要件などの解釈論に具体的な指針を提供することもできないからである（②四〇六頁参照）。

ただ、新訴訟法説が一事不再理を理念化して、紛争解決の一回性の要請として既判力の根拠にすえたことは、既判力作用の態様やその範囲画定という実践的課題にとっても大きなインパクトを与えた。一方では、この説が既判力の作用については一事不再理（不適法却下）説を徹底していないとの批判を生んだし（⑮四八頁、⑯参照）、他方では、国家公権的な紛争解決の要請を強調するだけでは、私人間に妥当する正義の観念をこえて、国家的秩序の安定の要請だけが独走するのではないかという危惧を生むことになった（⑰）。そこで、私人である当事者に対する既判力を正当化する根拠を問うことによって、具体的な解釈論にとっての指針をえようとする既判力根拠論が取り上げられるようになったのである（②四〇六頁）。

三　既判力の根拠

(1)　学説の展開

既判力の根拠論は、既判力が国家的紛争解決制度としての民事訴訟の制度目的にとって不可欠の制度的効力であるということのほかに、当事者がなぜ既判力によって拘束力をうけることになるのかをめぐって展開していった。大別して、次の三つの見解がみられる（⑱、⑲参照）。

(イ)　制度的効力説（法的安定説）

既判力は判決によって確定された権利関係の法的安定性をはかって、訴訟制度の機能目的を達成するための不可欠の制度的効力であるとする見解である。ことに公権的紛争解決制度としての訴訟制度の機能を強調する新訴訟法説は、既判力が紛争解決の一回性ないし一事不再理の要請に基づく制度的効力であることを力説した（⑧、⑦一七頁以下）。さらに、既判力は一回性の要請に基づき手続済み判断済みとして認められる終局判決の制度的効力である以上手続過程の事情に関わるべきでないことを強調する見解もみられる（⑳）。

(ロ)　正当化根拠説（二元説）

既判力の制度的効力としての根拠とともに、さらに当事者が既判力を不利益に受けることを正当化する根拠を問う必要があるとする見解である。この正当化の根拠は、訴訟物について当事者としての手続保障とその結果についての自己責任に求められ、ことに相手方との関係での不利益な効果は、「公平の観念」（信義則）によって正当化されるという（②四〇六頁以下、四二八頁以下）。そして訴訟物は訴訟の進行過程においては決着要求の範囲を予告し遮断効の範囲を警告するという行為規範としての役割をはたすが、後訴においては前訴手続過程における事実経過（手続事実群）を事後的に評価して遮断効の範囲を調整することになるとする（㉑）。このように、既判力を制度的効力と当事者に対する手続保障によって根拠づける二元論は、その大筋において広く支持される傾向にあるが（⑨五九二頁、⑩九二頁、⑪三〇二頁、㉒、㉓など）、制度的効力と手続保障のいずれを強調するかによって大きくニュアンスを異にすることになる。

(ハ)　手続保障説（手続効説）

既判力の根拠はもっぱら前訴手続過程における当事者の手続保障の結果としての自己責任に求められるとする。既判力は裁判所の判断効ではなく、当事者の提出責任効として構成される。前訴において当事者が提出すべきであった主張を提出しなかったところに、後訴での主張が遮断される根拠があるとする（㉔、㉕、㉖）。この立場では、民事訴訟の役割は、私的紛争過程の一環として、当事者間の自律的な対論手続の保障に求められ、当事者の提出責任もこうした対論手続における当事者間の役割分担として具体化されるものと思われる。訴訟物はもはや審判の対象や遮断効範囲の予告としての機能をもつことはなく、ただ訴訟における対論のきっかけとなるにすぎないとする。

(2)　既判力根拠論の評価

(イ)　既判力根拠論のこのような展開によって、制度的効力説と手続保障説とが鮮明に対立することになった。一方は既判力をもっぱら国家公共的な法的安定性の要請する制度的効力として捉え、他方はもっぱら当事者間の具体的手続過程における手続保障の結果としての自己責任と捉える立場である。しかし、制度的効力説が両当事者の訴訟過程における攻防の帰結である判決の既判力を手続過程から切り離して国家制度的側面からだけ根拠づけることは片手落ちであり㉓、解釈論の指針としても不十分であろう（⑪三〇二頁）。他方、手続保障説が当事者の主体的な訴訟活動の活性化を追求する点は評価すべきであるが、既判力の根拠となる手続保障や提出責任を対論手続としての訴訟過程における当事者間の役割分担によって具体化すると説くだけでは、これが訴訟物や法規範との関連を抜きにして可能であるとは思われない（㉓。なお㉗参照）。

(ロ)　そこで、既判力は民事訴訟制度に不可欠の制度的効力としての法的安定性の要請に基づくものであるが、その当事者に対する効力は訴訟手続過程における当事者間の対等な手続保障によって正当化できる範囲に限られるべきであるとする正当化根拠説が妥当である。この二元論は国家の制度的効力としての法的安定性の要請と当事者間の手続保障の要請との調整を図ろうとするものといえるが、当事者間の手続保障が訴訟手続過程においてどのような内容のものとして具体化されるかが重要である。まず、訴訟物について当事者としての手続権が保障されることを前提とすることはいうまでもない。さらに、訴訟手続過程においては訴訟物をめぐる攻撃防御方法をいずれの当事者が提出すべきであるかという当事者間における提出責任の分担によって規律されることになろう。この当事者の提出責任については、これを訴訟過程における当事者の行為規範として具体的に確定することは困難であるとの批判があり（㉘二八七頁以下参照）、結局、前訴手続過程における手続事実群を事後的に評価して遮断効の及ぶ範囲を決定すべきであるとする見解が有力である（㉑）。前訴判決の遮断効の及ぶ範囲が後訴において事後的に判断されることは疑いをいれないが、その基準となるものは、やはり具体的な訴訟手続過程における当事者間の提出責任分担ルールに求めるべきではなかろうか。事後的評価において当事者間のルールを超えた訴訟経済等の諸要素を考慮した政策的判断を行うことにすれば（㉑一三五頁参照）、当事者間の調整を離れた要素を取り込みすぎることになると考えるからである。そこで、当事者間における提出責任の分担は、実体法規範を基準とした主張立証責任の分配によって大枠が決まることを前提とするが、具体的手続過程においてはさらに当事者間の信義則によって事実経過に即して具体化されることになろう（二条参照）。その結果、同じ訴訟物をめぐる攻撃防御方法であっても、前訴手続過程において相手方との関係で一方当事者にその提出を期待できなかったときには、その提出責任を問いえないことになり、既判力作用の及ぶ後訴においても遮断されないと解すべきである（㉓四八四～四八六頁、⑨六三六頁、⑪三一七頁、㉗参照）。

四　既判力の作用

(1)　実体法上の作用と訴訟法上の作用

既判力は訴訟物たる権利関係を確定することによって、実体私法と訴訟法との両面において作用を及ぼす。一方、既判力は当事者間の関係を律する規準としての効力をもつことになるから、当事者は訴訟外の当事者間交渉などにおいてもこうした実体的地位を利用できるという実体私法上の作用を生ずるといえる（⑬参照）。他方、既判力は判決確定後の別訴において、裁判所および当事者を拘束するという訴訟法上の作用を生ずる。訴訟法上はとくに既判力が後訴のいかなる場面でどのような作用を及ぼすかが問題となる。

(2)　既判力作用発現の場面

既判力は、前訴で審判の対象となった事項が、後訴で再び問題となったときに作用する。前訴判決が本案判決であるときには、この審判の対象は訴訟上の請求である訴訟物であり、これが後訴で再び問題となるのは、次の三つの場合である（⑨六三一頁、⑪三〇三頁、㉓四八四頁など参照）。もっとも判決理由中の判断の拘束力（相殺の判断や争点効）の作用についてはこの場合に限らない。

①　前訴と後訴で訴訟物が同一の場合。例えば、(a)建物所有権確認の訴えで敗訴した原告が再び同じ被告に対して同じ訴えを提起した場合や(b)右の訴えで勝訴した原告がやはり同じ訴えを提起した場合である。

②　前訴の訴訟物が後訴の先決問題となる場合。例えば、建物所有権確認の訴えで勝訴または敗訴した原告が、

さらに同じ被告に対して建物所有権に基づく明渡請求の訴えを提起した場合である。前訴判決における所有権存否の判決内容は、後訴請求の先決問題として既判力を及ぼす。

③　前訴と後訴で訴訟物が矛盾する場合。例えば、建物所有権確認の訴えで敗訴した被告が、同一建物につき自己の所有権確認の訴えを提起した場合である。実体法上の一物一権主義を媒介として、前訴判決内容が後訴にも既判力を及ぼす。

(3)　既判力作用の態様

(イ)　一事不再理説と拘束力説

一事不再理説によれば、既判力は既判事項の再度の審判の禁止であり、同一事項の審判のくり返しとなる当事者の請求や主張を不適法として排斥するという消極的作用を生ずる。そこで、同一訴訟物についての後訴では(前述(2)①)、既判力は消極的訴訟要件となり、前訴の勝訴敗訴を問わず、前訴基準時後の新しい事由が主張されないかぎり、後訴は不適法として却下される。既判事項を先決問題とする後訴でも(2)②)、既判事項の審判のくり返しとなる主張や抗弁を排斥する消極的作用が先行して、これによって担保された前訴判決の判断内容を前提として(積極的作用)、後訴を審判することになるという(⑮四五頁、⑰二三〇頁、㉕二一七頁など)。

これに対して、拘束力説によれば、既判力は前訴で確定した権利関係の存否の判断の後訴裁判所に対する内容的拘束力であって、これと矛盾抵触する判断を禁止する効力である。つまり、確定判決の判断の内容的拘束力という積極的作用がまずあって、その反射としてこれに反する当事者の主張や抗弁を排斥するという遮断効(消極的作用)を生ずるにすぎない。もともと、民事訴訟においては、訴訟物たる私人間の権利関係は時間とともにつねに発生変更消滅する可能性をもつから、厳密な意味での同一事件はない。前訴と同一訴訟物についての後訴でも(2)①)、その基準時はつねに前訴のそれから移行しているのであるから、前訴基準時後の新事由が提出されたか否かを問わず、前訴の判決内容を前提として、後訴基準時における請求につき本案判決をすべきことになる。

ただし、前訴で勝訴した原告の再訴の場合は（(2)①(b)）、時効中断等の必要がないかぎり訴えの利益なしとして訴えを却下する。また、先決問題についても、既判力の生ずべき判決内容が決まっていればこそ、その審理が無用となり、消極的作用の及ぶべき限度も決まることになるとするのである（④体系三四八頁、㉙など）。

(ロ)　積極的作用と消極的作用

この拘束力説と一事不再理説の対立は、既判力の積極的作用と消極的作用のいずれを強調するかによって生まれたものといえる。しかし、この両作用はともに、既判力を積極面と消極面から支えるものとして、相互に補完し合う関係に立つものと解すべきである（②四二三頁、⑪三〇三頁、㉓四七四頁など）。一方、既判力の積極的作用によって裁判所に対して前訴判決と矛盾する判断を禁止するだけでは、審理のむし返しを阻止することができず、他方、その消極的作用によって既判事項の審理を蒸し返す攻撃防御方法を排斥するだけでは、判決内容を前提としてさらに審理を進めることができないからである。結局、裁判所は前訴基準時までに当事者に提出責任があったといえる攻撃防御方法の提出を却下するという既判力の消極的作用に支えられ、かつ、その積極的作用により前訴判決内容を前提として審理を進めて後訴請求につき本案判決をすべきことになる。

そこで、前訴で敗訴した原告が同じ訴訟物につき再訴した場合には（(2)①(a)）、前訴の請求棄却の判決内容を前提として、前訴基準時までに提出責任があったとして排斥できない新事由の主張がないかぎり、後訴も請求棄却となる。一事不再理説によればこの場合には訴え却下となるが、既判力の基準時が後訴請求のそれに移行することを明らかにするためには、後訴につき請求棄却の判断をすべきであろう（②四二四頁、⑪三〇四頁など）。逆に、前訴で勝訴した原告の再訴の場合には（(2)①(b)）、既判力の問題となる前に、原則として訴えの利益なしとして却下されることになる（ただし、時効中断等の必要がある場合は別である）。

(ハ)　既判力の双面性

既判力は前訴の勝訴者に有利に作用するのが通常であるが、勝訴者に不利益に作用することもある。例えば、建物の所有権確認の訴えを提起して勝訴した者が、その後相手方から建物収去土地明渡しの訴えを提起された場合には、その建物を自己のものではないと主張することはできない。これを既判力の双面性という。これは既判力が当事者間の対等な手続保障によって正当化される制度的効力であることからして、その作用もまた当事者間の公平性の理念によって指導されていることを示しているといえる（②四二四頁、㉚三七頁参照）。

㈡　職権調査性

既判力の作用が及んでいるかどうかは、職権調査事項であるとされる。当事者が既判力を援用しなくとも、裁判所は職権によってこれを顧慮すべきである。かつてドイツ普通法時代に当事者の援用を要する「抗弁事項」とされていた既判力が職権調査事項とされるようになったのは、その国家公法上の制度的効力の側面が強調された結果であったといえよう。したがって、当事者が既判力を無視する合意をしても、裁判所はこれに拘束されず、既判力に従って後訴の判決を形成することになる。しかし、当事者は既判力自体ではなく、判決内容となった実体法上の権利関係を変更する実体法上の合意をすることは可能であり、その主張は基準時後の新たな事由として既判力によって遮断されない。また、前訴判決の既判力と矛盾した判決は無効ではないが、上訴によって争うことができ、さらに、確定したのちには再審によって取り消される（三三八条一項一〇号）。しかし、後の確定判決が取り消されるまでは、新しい基準時をもつ判決として既判力を生ずる。

〈参考文献〉

① 鈴木正裕「既判力本質論の実益」民事訴訟法の争点〔旧版〕二六〇頁
② 新堂幸司・民事訴訟法（現代法学全集）四〇五頁
③ 伊東乾「既判力について」民事訴訟雑誌八号一頁
④ 兼子一・民事訴訟法体系三三四頁、同・実体法と訴訟法一五七頁

⑤　中村宗雄「既判力の本質」民事訴訟雑誌三巻七〇六頁
⑥　鈴木正裕「兼子博士の既判力論（権利実在説）について」兼子還暦上三二八頁
⑦　三ケ月章・民事訴訟法（法律学全集）二六頁、二〇頁
⑧　三ケ月章「民事訴訟の機能的考察と現象的考察」研究一巻二六八頁
⑨　竹下守夫・条解民事訴訟法五九二頁
⑩　高橋宏志「既判力について（一）」法学教室一四一号九〇頁
⑪　高橋宏志・注釈民事訴訟法(4)二九八頁
⑫　坂原正夫「既判力について」伊東古稀四九頁
⑬　伊藤眞「既判力の二つの性格について」末川追悼・法と権利(3)二六六頁
⑭　吉野正三郎・集中講義民事訴訟法二一八頁
⑮　鈴木正裕「既判力に対する一考察」中田還暦・民事訴訟の理論（下）四五頁
⑯　新堂幸司「民事訴訟における一事不再理」同・訴訟物と争点効（上）一二五頁
⑰　井上正三・基本法コンメンタール民事訴訟法（Ⅱ）二二九頁
⑱　高橋宏志「既判力の作用」民事訴訟法演習（Ⅱ）七五頁
⑲　畑郁夫「既判力の本質と作用」民事訴訟法の争点〔新版〕二七四頁
⑳　住吉博「民事訴訟による救済と既判力」同・訴訟的救済と判決効二四四頁
㉑　新堂幸司「訴訟物概念の役割」同・訴訟物と争点効（下）一一三頁
㉒　上田徹一郎・判決効の範囲二二四頁、二八六頁、同・民事訴訟法〔二版〕四五〇頁
㉓　吉村徳重・中野＝松浦＝鈴木編・民事訴訟法講義〔三版〕四八三頁
㉔　水谷暢「後訴における審理拒否」民事訴訟雑誌二六巻五九頁
㉕　井上治典「判決効による遮断」これからの民事訴訟法二一七頁
㉖　井上正三「既判力の客観的限界」講座民事訴訟(6)三一七頁、同「既判力の客観的範囲」民事訴訟法の争点〔新版〕二七八頁
㉗　吉村徳重「判決の遮断効と争点効の交錯」新実務民事訴訟講座(2)三五五頁

㉘　新堂幸司「提出責任効論の評価」同・訴訟物と争点効（下）二五九頁
㉙　中田淳一「確定判決の失権効」同・訴と仲裁の法理一二九頁
㉚　上田徹一郎「判決効と当事者平等原則」法と政治四八巻一号二三頁（原題「既判力の本質と作用」。青山善充＝伊藤眞編『民事訴訟法の争点』、第三版、一九九八年）

第二章　判決効の基礎と再審事由

――とくに、四二〇条二項〔現三三八条二項〕要件および補充性・再審期間との関連

一　序論――問題の所在と限定

(1)　民訴法四二〇条〔現三三八条〕一項に列挙される事由があれば、当事者はこれを理由として、確定した終局判決に対しても、この判決の取消と事件の再審判を求める非常の不服申立をすることができる。この再審の訴の事由を再審事由という。これには、訴訟手続に重大な瑕疵があったこと〔一～三号〕や判決の基礎となった資料に異常な欠陥があったこと〔四～七号、八～一〇号〕が含まれている。これらの再審事由は、旧民訴法における取消の訴〔同法四六八条〕と原状回復の訴〔同法四六九条〕の事由を一本化したもので、その立法理由によれば[1]、「手続並に其判決の結果に於きましても変りありませぬから、之を分けるの必要はないと云ふ所からして、之を一緒に致しました」と説明されている。

わが民訴法の母法である西独民訴法（§§379, 380 ZPO）には旧民訴法と同様の区別があるが、取消事由（Nichtigkeitsgründe）と原状回復事由（Restitutionsgründe）との内容的な差異によるものであるといわれる[2]。これは普通法上の治癒不能の無効（insanabilis nulitatis）事由と原状回復（in tegrum restitutio）事由に由来するが、前者はたとえば裁判官や当事者の資格の欠缺など判決を無効にする原因であり、後者は確定判決に対する衡平（aequitas）の配慮による取消原因であった[3]。後者にはたとえば当事者の未成年、不在、錯誤、詐欺、強迫などがあった。これらは、ドイツ各州の民訴法典や草案において大幅の変遷を経て、一八七七年のZPOに至り、ともに確定判決

に対する非常の不服申立の事由として定着したのである。(4)

現行民訴法（四二〇条〔現三三八条〕）は、再審事由を一本化するについて、規定の体裁と文言をかなり変更したが、大筋において旧民訴法（四六八条、四六九条）の内容を大きく改変する趣旨ではなかったようである。(5)一方、四二〇条〔現三三八条〕一項一号の裁判所の構成の不備、二号の資格なき裁判官の関与、三号の代理権の欠缺は、旧民訴法の取消事由（旧法四六八条）とされたものであり、他方、四号から七号の関係人の可罰行為の判決基礎における介在、(6)八号の判決基礎となった裁判等の変更、一〇号の既判力衝突は、原状回復事由（旧法四六九条）に由来する。(7)ただ、九号の判断の遺脱は旧法になかったのに創設された再審事由である。(8)

(2)　ところで、再審事由をめぐる問題点は多岐にわたる。

(イ)　まず、再審は民訴法四二〇条〔現三三八条〕一項に列挙された再審事由の存在する場合にかぎって認められるのであって、これらの再審事由は例示的なものではなくて制限列挙であると解されている。(9)これは再審が一旦確定した終局判決に対する異例の不服申立であることから、法的安定性の要請するところである。(10)しかしそれでは、再審事由の条項を類推適用する余地は全くないのか。列挙された再審事由に共通の統一的な価値があるとすれば、これを再審原理、あるいは少なくとも取消原理や原状回復原理として、その許容するかぎりでの類推適用を認めることができるのではないかが問われる。(11)

(ロ)　ついで、同様に再審が確定判決に対する非常の不服申立であるところから、再審事由をめぐる一連の制約的要件が問題になる。その一つは、再審事由の補充性とよばれる制約である（四二〇条〔現三三八条〕一項但書）。当事者が上訴で主張したが認められなかったか、あるいは上訴で主張できたのにこれを知って主張しなかった事由は、再審事由にならない。これは旧民訴法（四六八条二項および四七〇条）が取消事由と原状回復事由についてそれぞれ別個に規定していたのをまとめたものであるが、規定の文言の変更を伴ったために問題が残された。(12)しかし、より基本的には、後述のように、再審事由の補充性のもつ意味は何であるかが問われる。一三九条〔現一五七条〕に類した遅延防止の失権効に止まるのかどうかである。

(ハ)　再審事由の補充性の要件（四二〇条〔現三三八条〕一項但書）は、再審事由を上訴理由として主張できることを前提としているようにみえる。ことに上告理由については、四二〇条〔現三三八条〕一項一号ないし三号と九号の再審事由は絶対的上告理由（三九五条〔現三一二条二項〕一号二号四号六号）となっているが、いわゆる原状回復事由（四二〇条〔現三三八条〕一項四号～八号一〇号）は、ことに可罰行為（同四号～七号）が事実問題であることから、当然に法律審の上告理由となるかについては問題がある。通説判例は、有罪確定判決等の四二〇条〔現三三八条〕二項要件の具備を条件に、上告理由となることを認めるが[13]、旧民訴法（四七〇条）がとくに「上告」を除外した趣旨は改正によって変更されなかったことを根拠に、異論もみられる[14]。

(ニ)　再審事由についてのもう一つの制約的要件として、いわゆる可罰行為（四二〇条一項〔現三三八条〕四号～七号）には四二〇条〔現三三八条〕二項の有罪の確定判決等の要件が付加されている。普通法の原状回復事由にはみられなかったこうした要件はいかなる意味をもつのか。有罪判決等の二項要件は、再審の訴の適法要件であるのか、あるいは可罰行為とともに再審事由となるのか[15]。いずれと解するかによって、問題点(ロ)の補充性として上訴で主張すべき「其ノ事由」（四二〇条〔現三三八条〕一項但書）の内容が異なってくるのか。

(ホ)　再審事由は、さらに、再審期間としての不変期間と除斥期間によってその主張の時期を制約される（四二四条一項～四項〔現三四二条一項～三項〕）。この場合の当事者が知った「再審ノ事由」（同条一項）と確定判決後に生じた「再審ノ事由」（同条四項〔現：同条三項〕）には、右の有罪判決等の要件も含まれるのか。問題点(ニ)についての見解の差異はこの点の結論をも左右するのであろうか。

(ヘ)　最後に、列挙された個々の再審事由は再審手続における訴訟物を特定するのかという問題がある。従来の通説はこれを肯定し[16]、判例も、再審の訴提起後に再審事由を変更した場合には、変更の時を標準として新たな再審事由の出訴期間の遵守を判断すべきであるとした（最二判昭和三六年九月二二日民集一五巻八号二二〇三頁）。これに対しては、近年、再審の訴の訴訟物は、取消変更を求める確定判決ないし本案の請求ごとに特定され、個々の再審事由は単なる攻撃方法にすぎないとの反論が有力になりつつある。[17]

(3)　本稿において、これらの問題のすべてにわたって論及するゆとりがないことはいうまでもない。右の問題点のうち、(ハ)と(ヘ)についてはこの論文集においても別稿が予定されている。ことに問題点(ヘ)の再審訴訟の訴訟物の問題は、さらに、単に再審事由の問題をこえた、再審手続の構造に連なる基本的問題であり、[18]この点の考察は別の機会に譲らざるをえない。

残された問題点のうち、(ロ)(ハ)(ホ)は、再審事由を制約する要件として相互に密接に関連し合う問題である。ことに四二〇条〔現三三八条〕一項四号ないし七号により再審事由とされる可罰行為について有罪確定判決等の同条二項の要件を要求するのはどのような意味をもつのか。さらに、これが補充性や再審期間とどのように関連するのかについては、最近の判例（ことに、最三判昭和四七年五月三〇日民集二六巻四号八二六頁）を契機として多くの議論もみられる。[19]しかし、問題はなお必ずしも十分に解明されてはいないように思われる。すなわち、判例によれば、一方では、四二〇条〔現三三八条〕一項四号ないし七号による再審の訴における再審事由は、可罰行為自体であって、有罪確定判決等の二項要件を含まず、この二項要件は再審の訴の適法要件にすぎないのに対して、他方では、補充性（四二〇条〔現三三八条〕一項但書）や再審期間（四二四条一項〔現三四二条一項・二項〕四項）における再審事由には二項要件を含むことになる。通説もこの結果を是認する。[20]同じ「再審事由」の内容について一見して矛盾するように見えるこの結論は、相互にどのように調整されるのであろうか。学説はさまざまな解決の提案をして帰一するところがない。しかし、この問題を解決するためには、何よりも、有罪確定判決等の二項要件の意味を再審事由の基礎に遡って検討する必要があるように思われる。この関連において、問題点(イ)のいわゆる再審原理なるものも問い直される必要があろう。そうした視点から、再審事由の補充性や再審期間に照明を当てることによって、単なる条文の文言にとらわれない解決策を導くことができるのではなかろうか。本稿はこのような問題点に限定して再審事由を検討しようとするものである。

(1) 法曹会編・第五十一回帝国議会民事訴訟法改正法律案委員会速記録五五三頁（池田寅次郎政府委員説明）。

(2) Hahn, Die gesammten Materialien zur Zivilprozeßordnung, I Abt., 1880, S. 378.

(3) Vgl. Wetzell, System des ordentlichen Zivilprozesses, 3 Aufl., 1878, S. 664ff.; 無効事由については、雉本朗造「裁判ノ無効」民事訴訟法の諸問題二七三頁以下、鈴木正裕「上告理由としての訴訟法違反——史的考察」民事訴訟雑誌二五号二九頁以下、原状回復事由については、松本博之「一九世紀ドイツ普通法における民事自白法理」法学雑誌一八巻一号一頁、六一頁以下参照。

(4) Vgl. Hahn, a.a.O., S. 378ff.

(5) 法曹会編・前掲書五五二頁以下に、池田政府委員の説明「再審の規定は其内容に於きましては現行法と殆んど変りはないのであります」「で此事由等も大体現行法の通りでございます……」とある。

(6) 旧民訴法四六九条一項第一ないし第四に対応する。第七「相手方若クハ第三者ノ所為ニ依リ以前ニ提出スルコトヲ得サリシ証書」を発見したときとの規定は、原案では削除であったが、「適当の文字を付加」して復活し、現行法五号に含められたと解される。法曹会編・民事訴訟法改正調査委員会速記録八三七頁、八四二頁、（赤仕切後）二〇七頁参照。

(7) 八号は旧法第五が刑事判決の変更に限っていたのを拡張し、一〇号は旧法第六の抵触判決を「発見」したときとの表現をさけた。

(8) 法曹会編・前掲改正調査委員会速記録八三七頁。松岡正義委員の「現行法にないのが缺点であろう、例えば争点と致す上告論旨の点について遺脱をした、そう云ふ場合に現行法では上告論旨の遺脱などに付きましては始末が付かないのでありますから……再審の事由ということにした」との説明参照。

(9) 兼子一・民事訴訟法体系四八二頁、菊井＝村松・民事訴訟法Ⅱ七五三頁など多数。最二判昭和二九年四月三〇日裁判集民事一三巻七二三頁。

(10) ＺＰＯの立法理由書は「法的安定性によって、確定判決の取消を一定の厳しく限定された、絶対に必要な事例に制限することが要請される」としている。Hahn, a.a.O., S. 378.

(11) Gaul, Die Grundlagen des Wiederaufnahmerechts und die Ausdehnung der Wiederaufnahmegründe, 1956, が問題提起し、その可能性を論証した。

(12) 旧民訴法四六八条二項・四七〇条と現行法四二〇条〔現三三八条〕一項但書との対比から、①現行法の上訴には上告を含むか、②上訴によってでなく前訴手続で再審事由を主張できた場合を含むか、③自己の過失によって知らずに主張しなかった場合は含まないかなどの問題を生ずる。それぞれにつき後述参照。

(13) 小室直人「再審事由と上告理由の関係」兼子還暦記念論文集下一七五頁、飯塚重男「再審事由と上告理由」演習民事訴訟法下二一八頁、菊井維大・民事訴訟法下四五九頁、斎藤秀夫・民事訴訟法概論六三五頁、新堂幸司・民事訴訟法五六六頁。大判昭和九年九月一日民集一三巻二〇号一七六八頁（斎藤・判民昭和九年度四〇四頁）、最二判昭和三八年四月一二日民集一七巻三号四六八頁（佐々木吉男・民事訴訟法判例百選95、小室直人・民商法雑誌四九巻六号八七七頁）、最一判昭和四三年五月二日民集二二巻五号一一一〇頁（竹下守夫・法学協会雑誌八六巻七号八一三頁、飯塚重男・民商法雑誌六〇巻一号一一二頁）、最一判昭和五三年一二月二一日民集三二巻九号一七四〇頁。

(14) 三谷忠之「可罰行為と民事再審に関する若干の問題――特に上告審との関係を中心として」判例タイムズ三〇九号二五頁、三三頁。

(15) 小室・前掲論文の問題提起を初め、三谷忠之「可罰行為と民事再審に関する若干の問題――最判昭和四七年五月三〇日を機縁として」判例タイムズ二九二号二頁ほか、後述のように判例評釈による多くの見解の表明がある。

(16) 兼子・前掲体系四八二頁、菊井＝村松・前掲書七五三頁・中田淳一・民事訴訟法判例研究三一二頁、三一七頁。

(17) 井上正三・民事訴訟法判例百選99、中野貞一郎・民商法雑誌四六巻三号一二九頁、小山昇・民事訴訟法（改訂版）五四六頁、斎藤・前掲書六三三頁、新堂・前掲書五八四頁。三ケ月章「訴訟物の再構成」民事訴訟雑誌一九号一頁、三一頁―三八頁は、同一訴訟で複数の再審事由が主張されたときは同一訴訟物の攻撃防御方法の競合にすぎないが、別の事実関係による再審事由は別の訴訟物となり失権しないとされた。また、上村明弘「再審訴訟の訴訟物構成に関する一問題」神戸法学雑誌一九巻一・二合併号八七頁、斎藤和夫「再審手続の訴訟物㈠～㈢」法学研究四七巻七号（七四四頁）八号（八五〇頁）九号（九七三頁）は、本案の訴訟物を再審訴訟の訴訟物とみる、いわゆる一個訴訟物論を提唱する。

(18) 前掲上村論文、斎藤論文はこの問題を提起している。なお、Behre, Der Streitgegenstand des Wiederaufnahme-

verhahrens, 1968, は、上村・斎藤論文と同様に、再審をも上訴と同様に本案の請求を訴訟物とする手続とみる視点から、Gilles, Rechtsmittel im Zivilprozeß, 1927は、逆に上訴をも再審と同様に取消手続と本案手続に峻別する立場から、それぞれに再審手続の構造を分析しているのでこれらを参照。

(19)　三谷・前掲論文判例タイムズ二九二号二頁のほか、本判例の評釈として、柴田保幸・法曹時報二五巻二号三六九頁、松本博之・判例時報六九四号一五〇頁、栗田陸雄・法研四六巻四号四五九頁、三谷＝藤井・民商法雑誌八〇巻四号一二六頁などがある。

(20)　菊井・前掲書下四九二頁、五〇一頁、菊井＝村松、前掲書七五八頁、七七九頁、七八〇頁、兼子一・条解民事訴訟法上九九九頁など。

二　判例・学説の状況

(1)　四二〇条〔現三三八条〕二項の有罪確定判決等の要件は、同条一項四号ないし七号による再審の訴にとりどのような意味をもつのであろうか。最二判昭和四五年一〇月九日（民集二四巻一一号一四九二頁）は、同条二項所定の事実の存在することは、このような再審の訴の適法要件であり、これを欠くときは再審の訴自体が不適法であり、再審事由である可罰行為自体の有無の判断に立ち入るまでもなく、訴は却下を免れないとした[1]。右の規定の趣旨は「そのような再審の訴を、再審事由の存在する蓋然性が顕著な場合に限定することによって、濫訴の弊を防止しようとするにあると解せられる」からである。しかし、一旦適法要件を具備した以上は、再審裁判所は、有罪判決等の判断に拘束されることなく、再審事由の存否については独自の審理判断を妨げられることはない、とした。

学説もまた同条二項所定の事実を再審の訴の適法要件と解する、適法要件説が多い[2]。再審事由を口実にしてみだりに再審の訴を提起する弊害を防止して、法的安定性を保持するためには、再審手続の第一段階としての適法要件の審査手続において、再審事由の存在する蓋然性の顕著な証拠を要求すべきであると解するためである。[3]

四二〇条〔現三三八条〕二項前段の有罪又は過料の確定判決が、再審事由たる可罰行為の存在する蓋然性の顕著な場合に当たることはいうまでもないが、同条二項後段の「証拠欠缺ノ理由ニ因リ有罪ノ確定判決若ハ過料ノ確定裁判ヲ得ルコト能ハサルトキ」がそのような場合に当たるかは問題である。一般に、被疑者の死亡、大赦、公訴時効の完成あるいは証拠不十分以外の事情による起訴猶予処分等が二項後段の事例とされる。[4] しかし判例はさらに、再審原告は、たんにこれらの事実だけでなく、これらの事実がなければ、「有罪の判決をえたであろうと思わせるに足る証拠があること」を明らかにしなければならないとする。[5] 学説もまた、「有罪の十分の証拠」や「可罰行為の確からしさを担保する証拠」を示す必要があるとしている。[6] そこで、問題の私文書偽造自体については有罪判決がなくとも、「私文書偽造の罪が犯されたことを前提に」、これと科刑上一罪にあたる公正証書原本不実記載・同行使につき有罪判決があれば、二項後段の要件は具備されたことになる。[7] これによって私文書偽造の存在する蓋然性の顕著なことを示す証拠が認められるのに、有罪の確定判決を得ることのできないときに当たるからである。

学説には、以上述べたような適法要件説のほかに、四二〇条〔現三三八条〕二項所定の有罪の確定判決等の事実は同条一項四号ないし七号の可罰行為と一体となって再審事由となるとする合体説〔再審事由説〕[8]や再審事由は可罰行為だけであって、有罪確定判決等の二項の事実は、再審事由の存在を認定するさいに具備する必要のある要件とする再審事由具備要件説がある。[9] 詳細は必ずしも明らかでないが、合体説や事由具備要件説によれば、二項の事実の主張があればその証明を欠いても、再審の訴が直ちに不適法となるわけではなく、可罰行為の存否の審理をつくしたうえでもなお二項の事実を認めえないときに、合体説によれば請求棄却、事由具備要件説によれば訴却下の判決をすべきことになろう。そうであるとすれば、これらの見解によっては、適法要件説の目ざした前述の趣旨、つまり、再審の訴の第一段階において可罰行為の存在の顕著な蓋然性を示す証拠を要求して、濫訴を防止し法的安定をはかろうという趣旨は、果たしえないことになる。けだし、この立場では、二項の事実の審査は可罰行為の審判と同時に行わるべきものであろうから、こうした区別をする意味はなく、いずれにしても、可罰行為自体の複雑な審理に立ち入らざるをえないからである。もっとも、合体説が、二項の事実の「確実な証拠」のいわば構成要件的な効果として可罰行為自体を認めて再審事由ありとする趣旨であれば（ガウルの見解はそのように解される）(10)、法的安定性の要請は貫かれることになる。しかし、わが国の合体説でそうした主張をするものはいない(11)。また、事由具備要件説は、二項の事実を判決の公正と権威を失わせる可罰行為の犯罪性を確定する要件であるとみるところにその根拠を求めようとするが(12)、すでに可罰行為自体の判断の中にこうした犯罪性の認定は含まれているというべきであろう。いずれにしても、わが国における合体説や事由具備要件説は、再審の訴における二項の事実の意味づけよりも、補充性（四二〇条〔現三三八条〕一項但書）や再審期間（四二四条〔現三四二条〕）の説明のために提唱ないし利用されてきた面が強いのである。

(2)　再審事由の補充性（四二〇条〔現三三八条〕一項但書）の要件として、当事者が上訴により主張し、又は知って主張しなかった「其ノ事由」に、有罪の確定判決等の二項所定の事実を含むかについて、判例はこれを肯定する。最三判昭和四七年五月三〇日（民集二六巻四号八二六頁）は、四二〇条〔現三三八条〕一項六号（文書偽造）または七号（偽証）を再審事由とする再審の訴が、同条一項但書によって許されないのは、「旧訴訟における上訴により、右再審の事由のみならず、同条二項の再審の訴の適法要件が主張され、もしくは、かかる要件の存在することを知りながら主張されなかった場合に限られる」とした。本件では、再審原告は、すでに旧訴の控訴審手続や上訴（上告）によって控訴審判決の基礎となる証拠が文書偽造や偽証であると主張していたが、この点について同条二項の要件が具備されたのは、本件再審の対象である控訴審判決の確定後であった。そこで、上訴によって二項所定の事実を主張する余地はなかったから、右再審の訴が、同条一項但書によって不適法となることはない、とされたのである。これは、大審院時代の同趣旨の判例を踏襲したものといえる(13)。ただ、それではなぜ、四二〇条〔現三三八条〕一項但書の補充性の要件としての「其ノ事由」に、再審事由だけでなく同条二項の要件に当たる事実も含まれるのか。その根拠は何ら示されていない[14]。

学説は、四二〇条〔現三三八条〕一項但書の補充性の要件が、同条二項所定の事実を含むとする判例の立場をいかに評価するかをめぐって錯綜している。いわゆる合体説によれば、二項の事実も再審事由そのものであるから、旧訴の判決確定後に二項要件が具備された場合には、旧訴訟における上訴で再審事由を主張できる余地はなかったことになり、一項但書の要件を欠き再審が許されることになろう[15]。しかし、適法要件説によれば、再審事由は可罰行為だけであるから、有罪判決等二項の要件が具備されなくとも、上訴によって再審事由を主張できることになると、右の判例の立場と矛盾するように見える。ただ、上告理由として再審事由である可罰行為を主張するには、その法律審としての性格から、二項の要件を具備する必要があるとするのが通説判例の立場である[16]。そこで、少なくとも控訴審の確定判決に対する再審の訴においては、判決確定前に二項要件の具備がなければ、補充性の要件として「上訴ニ依リ」可罰行為を主張できたとはいえないから、再審は適法となる[17]。

もっとも、事実審たる控訴審では、二項の要件なしに可罰行為の存在を主張できるし[18]、一審判決の基礎に可罰行為の再審事由があれば、これを理由にして控訴申立ができる[19]。そこで、これらの主張を排斥した控訴審の確定判決に対しては、二項の要件を具備しなくとも、補充性によって再審はできないとする見解が考えられる。まず、旧民訴法（四七〇条）や西ドイツ（§382 ZPO）では、上訴によらずとも判決確定前の前訴手続において再審事由の主張ができれば、補充性の要件を充たすと考えられたし[20]、改正後の現行法でもそのように解する余地がないわけではない[21]。このことを別としても、つぎに、上告審で初めて可罰行為を主張する場合にのみ二項の要件を具備する必要があるとする見解[22]によっても、右の場合にはやはり再審の訴は認められないことになろう[23]。この見解によれば、控訴審で可罰行為の主張を排斥した判断は経験則違反として上告理由になるというのであるから、有罪判決等の存在がなくとも、補充性の要件を充たすことになろうからである。しかし、可罰行為の主張を排斥する判断がつねに経験則違反として法令違反になるかは問題である。まして、可罰行為についての控訴審の判断を有罪判決等の存在に照らして明白な経験則違反としての法令違反とみる立場からは[24]、可罰行為の主張のあった場合には二項の要件を要せずに上告理由となるとするのでは前後矛盾することになろう。

結局、適法要件説によれば、少なくとも控訴審の確定判決については、すでに可罰行為が主張されていても、判決確定前に二項の要件が具備されない以上は、再審は許されることになる。この場合には、適法な上告理由として可罰行為を主張する余地がなく、補充性の要件を欠くことになるからである。しかし、これでは一審の確定判決が再審の対象となる場合を考慮していないだけでなく[25]、より実質的には、補充性の要件にとって有罪判決等の二項の要件の具備がどのような意味をもつかも明らかではない。この点に関連して、有罪判決等の事実が、再審の訴の適法要件であるとともに「再審事由の存在する蓋然性の顕著な」資料でもあることに着眼し、判決確定前にこうした資料を具備する限りで、一項但書の失権的効果を生じ、再審の訴が不適法となるとする、注目すべき見解がある[26]。しかし、このことから、有罪判決等の二項の要件が、一方で再審の訴の適法要件となり、他方で補充性との関係では再審事由の一部となる合体説をとるというのは[27]、便宜的にすぎるか、少なくとも不必要な用語の混乱をきたすことになろう。

(3)　再審の訴を提起すべき不変期間（四二四条〔現三四二条〕一項）の三〇日間は、四二〇条〔現三三八条〕一項四号ないし七号の可罰行為を再審事由とする再審の訴においては、当事者が同条二項所定の事実を知った日から起算する、とするのが判例である。すでに大審院判決（大判昭和一二年一二月八日民集一六巻二四号一九二三頁）は、出訴期間は公訴時効の完成〔を知った〕日から起算すべきであるとして、偽証の事実を知った日から起算した原審判決を破棄した[28]。最高裁の判例はまだないが[29]、下級審に同趣旨の判例がある[30]。学説もまた、判例を肯定するのが一般である[31]。四二四条〔現三四二条〕一項は「再審事由ヲ知リタル日」と規定するが、再審の訴は二項の要件を具備して初めて提起できたのであるから、不変期間としての出訴期間もこうした要件を知ってから進行するのが当然である。そうでないと、適法な再審の訴を提起できないのに出訴期間だけが完了することになって不当な結果となるからである。

しかし、そうすると、有罪確定判決等の二項の要件が具備しないうちに、四二四条三項〔現三四二条二項〕の判決確定後五年の除斥期間を徒過する可能性がある。刑事手続の長期化を考えれば、この結果、再審の訴を提起することも不可能となりかねない。再審事由具備要件説は、こうした場合を救済する見解として提唱された[32]。すなわち、四二〇条〔現三三八条〕二項は、再審の適法要件ではなく、再審事由の具備を判断するときの要件にすぎないとすれば、有罪確定判決等がなくとも、再審の訴は適法となり、二項要件を具備するまで手続を中止しておけばよいというのである。しかし、西ドイツのような手続中止の規定（§§148, 149 ZPO）をもたず、また逆に西ドイツにない四二四条〔現三四二条〕の規定をもつわが国においては、そのように解すべきではあるまい。けだし、再審手続の裁量中止が保障されなければ、二項要件なしに可罰行為の存否の審理に立ち入ることになって、濫訴を防止して法的安定をはかるという前述の趣旨を果たしえない。また、四二四条四項〔現三四二条二項カッコ内〕の立法趣旨からみて、確定判決後に再審事由を生ずるのは、四二〇条〔現三三八条〕一項八号の場合だけでなく、同条一項四号ないし七号について確定判決後に二項要件を具備した場合を含むと解されるからである[33][34]。

最三判昭和四七年五月三〇日（民集二六巻四号八二六頁）は、まさにこの趣旨を宣言したものであって、文書偽造または偽証を理由とする再審の訴において、四二〇条〔現三三八条〕二項の要件が判決確定後に具備されたときは、四二四条四項〔現三四二条二項カッコ内〕にいう「再審事由カ判決確定後ニ生シタルトキ」に当たるとした。判決の根拠は、文理上支障がないこと、および、そう解さないと、「判決確定から五年以上経過した後、はじめて、刑事の有罪判決が確定するような場合には」、事実上再審の訴を否定し著しく酷な結果となる、という点にある。判例の結論の実質的な妥当性を疑う者は少ない[35]。ただ、ここでも、二項の要件が、一方で再審の訴の適法要件とされ、他方で除斥期間の起算点としては再審事由とされることをどのように理解すべきかが問われることになる。

学説のなかの合体説は、二項の要件を可罰行為と合わせて再審事由とするのであるから、判決確定後に再審事由である二項の要件が具備したときが四二四条四項〔現三四二条二項カッコ内〕に当たることは当然の帰結となる。(36) しかしそこから、二項の要件をめぐり、一方再審の訴の審理については適法要件説をとり、他方再審期間については合体説をとるとするのは、(37) やはり便宜的にすぎるきらいがある。(38) 重要なことは、レッテルではなく、その合理的根拠だからである。また、適法要件説を前提として、当事者が可罰行為を知り告訴をすれば、捜査が進行しているかぎり、四二四条〔現三四二条〕の不変期間も除斥期間も進行しないとする見解がある。(39) 二項要件を具備して初めて再審期間が進行し始めることになろう。しかし、単に、告訴のありなしだけによって、再審期間の進行が左右される理由は必ずしも明らかではない。ことに除斥期間は、当事者が再審事由を知っていたかどうか、あるいはいつ知ったかとはかかわりなしに、客観的事実を起算点として進行するものとすれば、(40) これとも適合しないことになろう。

(4)　学説の一般的傾向は、このように判例の到達した結論を肯定する方向にあるといえるが、その根拠づけはさまざまである。四二〇条〔現三三八条〕二項についての立場をそのまま図式的に演繹して、補充性や再審期間についての結論を引き出そうとすることは、不毛なだけでなく有害であろう。そうすることによって、その合理的な根拠の検討を軽視するおそれがあるからである。四二〇条〔現三三八条〕一項但書〔補充性〕や四二四条一項四項〔現三四二条二項カッコ内〕における「再審事由」の問題は、四二〇条〔現三三八条〕二項の要件を適法要件とみるか再審事由とみるかとは別個に考慮すべきものである。(41) もともと、適法要件説や合体説は補充性や再審期間の問題を配慮し、これを解決するために提唱されたものではないからである。(42) しかし、問題を個別的に検討する場合にも、それではなぜ、再審事由との関連で、四二〇条〔現三三八条〕二項の要件が必要とされ、補充性、再審期間の制約が課されるかについて、その根拠を明確に把握することが肝要である。そうすることなしに個々的に問題の処理の優劣を論じただけでは、単なるカズイスティークに終り、問題解決の確たる基準すら示すことができない。学説の錯綜する原因はその点にあるように思われる。そして、そのためには、なかんずく再審事由の基礎が何であるかを問う必要がある。

（1）最三判昭和四七年五月三〇日民集二六巻四号八二六頁も適法要件であることを前提としている。

（2）兼子一・条解民事訴訟法上九九〇頁、菊井＝村松、民事訴訟法Ⅱ七七〇頁、斎藤秀夫・判例民事法昭和九年度四一〇頁、石川明・民商法雑誌六六巻四号一七七頁。（小室直人・判例時報六二四号一二二頁はこれを通説という）。西ドイツでも通説である。Stein-Jonas-Grunsky, ZPO, 20 Aufl., §581 II (381); Blomeyer, ZPR, S. 601; Rosenberg-Schwab, ZPR[10], S. 841.

（3）審理の順序についてだけ適法要件説をとるものとして、松本博之・民商法雑誌六七巻六号一三三頁、同・判例時報六九四号一五三頁参照。

（4）兼子・前掲条解九九〇頁、菊井維大・民事訴訟法下五〇〇頁、菊井＝村松・前掲書七七〇頁。起訴猶予処分も特別の事情のないかぎり、その後に改めて起訴することはないのが通例であるから、二項後段に当る。最三判昭和四一年九月六日民集二〇巻七号一三〇五頁、最一判昭和四三年五月二日民集二二巻五号一一一〇頁ほか。

（5）最三判昭和四二年六月一日裁判集民事八七号一〇七一頁、判例時報四九四号三九頁

（6）斎藤秀夫・民事訴訟法概論六三六頁、三谷・前掲論文判例タイムズ二九二号二頁以下、村松ほか・判例コンメンタール・民事訴訟法Ⅲ四六三頁（榊原）。

（7）最三判昭和四七年五月三〇日民集二六巻四号八二六頁。最一判昭和三九年七月九日民集一八巻六号一〇六〇頁が、当事者の虚偽の陳述につき過料の制裁はないが、これにより裁判所を欺罔して勝訴判決をえたのが詐欺罪に当たるとして有罪判決をうければ二項に当たるとするのは、同趣に解しえようか。

（8）細野長良・民事訴訟法要義五巻四〇頁。最高裁判例解説昭和二九年三〇頁〔三淵〕。なお、松本博之・判例タイムズ二六七号七九頁、同・民商法雑誌六七巻六号一〇三四頁以下参照。西ドイツでは、Gaul, a. a. O., S. 78f. 85f.; Arens, Willensmängel bei Parteihandlungen im Zivilprozeß, 1968, S. 69f.（柏木邦良「アーレンツ『当事者の訴訟行為における意思の欠缺』について」北海学園法学研究六巻一号一八一頁以下参照）。

（９）　小室・前掲論文兼子還暦記念論文集下一八六頁以下、同・上訴制度の研究三二八頁、小室＝三谷・民商法雑誌六三巻五号八一九頁。西ドイツでは、Rosenberg, ZPR[9], S. 713. によれば、可罰行為の複雑な審理に立ち入る必要がない。
（10）　Vgl. Gaul, a.a.O., S. 79. 再審の取消手続（judicium rescindens）段階では、有罪判決等に構成要件的効果を生ずる。
（11）　もっとも、松本・前掲民商法雑誌六七巻六号一〇三六頁は、有罪判決の証拠的価値から合体説を根拠づけようとする。しかし、この証拠的価値を生かして法的安定性を保つためには、やはり可罰行為の審理に入る前に有罪判決等の事実を要求する適法要件説をとるべきであろう。現に松本・前掲一〇三三頁はこの点では適法要件説をとる。
（12）　小室・前掲論文兼子還暦記念論文集下一八七頁～一八八頁。
（13）　大判昭和八年七月二二日民集一二巻二二号二二四四頁（斎藤秀夫・判例民事法昭和八年度五六九頁以下）。
（14）　同じ最三判昭和三六年九月一九日民集一五巻八号二一八九頁は、同条一項但書の「再審事由ヲ知ル」とは、「変造という事実を知るをもって足り、必ずしもその事実が私文書変造罪を構成することないし再審事由に当ることの如き法的評価を認識することを要しない。」とする。この判旨からは、二項要件を知ることは問題にされないようにもとれるが、そうであれば、本文の最三判昭和四七年五月三〇日との関係が問題になる。なお、三谷忠之・判例タイムズ二九二号一七頁、柴田保幸・法曹時報二五巻二号三七六頁参照。
（15）　松本博之・判例時報六九四号（判評一七〇号）一五三頁参照。もっとも、合体説をとるガウルは、補充性（§582 ZPO）における原状回復事由には有罪判決を含まないという。Vgl. Gaul, a.a.O., S. 87.
（16）　前出注(13)参照。
（17）　柴田・前掲法曹時報二五巻二号三七六頁、竹下守夫・法学協会雑誌八六巻七号八二一頁。なお、菊井＝村松・民事訴訟法Ⅱ七五八頁参照。ただし、石川明・民商法雑誌六六巻四号六九八頁のように上告審でも二項要件を要しないと解すれば、補充性により再審はできないことになろう。
（18）　四二〇条一項五号の事由につき、最一判昭和三六年一〇月五日民集一五巻九号二二七一頁（川添利起・法曹時報一三巻一二号九九頁、山木戸克巳・民商法雑誌四六巻四号六八九頁）、最二判昭和四六年六月二五日民集二五巻四号六四〇頁（野田宏・法曹時報二四巻四号七五七頁、松本博之・判例タイムズ二六七号七七頁、石川明・民商法雑誌六六巻四号六九〇頁）。

(19)　小室・前掲論文兼子還暦記念論集下一九〇頁。

(20)　西ドイツでは、Stein-Jonas-Grunsky, ZPO, 20 Aufl. I zu §582 (S. 382); だから控訴審で可罰行為を主張し排斥されれば、その後に有罪判決があっても、再審は認められない (a. a. O., S. 382, Rdn. 2)。ただし、三谷忠之・民商法雑誌八〇巻四号四八七頁は「再審の訴を認めるのが有力」という。

(21)　細野長良・民事訴訟法要義五巻四二頁（もっとも、細野説は合体説が前提である。同四一頁参照）。

(22)　小室・前掲論文一九〇頁、小室＝三谷・民商法雑誌六三巻五号八一六頁、八一九頁、三谷忠之・民商法雑誌八〇巻四号四八六頁以下。

(23)　三谷忠之・民商法雑誌七二巻五号九四九頁参照。三谷・前掲民商法雑誌八〇巻四号四八六頁以下は再審事由を理由とする控訴を排斥した控訴審判決に対する上告の場合だけに、この結果を認める。

(24)　小室・前掲論文一八二頁、新堂幸司・法学協会雑誌八二巻二号三四二頁、最一判昭和五三年一二月二一日民集三二巻九号一七四〇頁も、文書偽造につき、「二項所定の要件が具備されているときは、原判決につき判決に影響を及ぼすことの明らかな法令の違反があったもの」とした。

(25)　四二〇条三項により、例外的に、一審判決に控訴が提起されず、あるいは控訴が却下された場合などには、可能である。

(26)　柴田保幸・法曹時報二五巻二号三七六頁、松本博之・判例時報六九四号一五三頁参照。

(27)　松本博之・判例時報六九四号一五三頁は、いわゆる再審原理を根拠とするが、再審原理から合体説が必然的に導き出されるわけではない。ガウル自身、一方で、適法要件説に立っても再審原理は貫けるといい、他方、補充性(§582 ZPO) の要件に有罪判決までは含まないとする。Vgl. Gaul, a. a. O., S. 87.

(28)　同判決は「公訴時効完成ノ日ヨリ起算シテ第四百二十四条所定ノ期間内ニ在ルヤ否ヤヲ判断スル」と判旨するが、本文〔　〕内のように主観的要件を含めて解釈されている。中野峯夫・民商法雑誌七巻六号一〇六三頁、斎藤秀夫・判例民事法昭和一二年度四九〇頁。

(29)　もっとも、最一判昭和四五年一〇月一日民集二四巻一一号一四八三頁は、偽証による第一の再審の訴の却下判決に対する上告審において有罪判決が確定した場合に、これを上告理由補充書等で主張しても取りあげられず上告が棄却されたときは、第二の再審の出訴期間は、右の方法で判断をうけられないことを知った日から起算するとした。これは、最一判昭和四三年八月二九日民集二二巻八号一七四〇頁が、右の第一の再審の訴についてとった処置のまずさを救済したものであると理解される。鈴木重信・法曹時報二三巻三号六三二頁、井上治典・続民事訴訟法判例百選二二六頁。
(30) 札幌高判昭和四〇年一月二五日民集二〇巻七号一三一一頁（最三判昭和四一年九月六日の原審）は、検察審査会の不起訴処分を知った日から進行するという。また、津地判昭和三二年一一月二九日下民集八巻一一号二二四五頁は、偽証を追加主張する期間は、証人の死亡自体を知った日から起算するとした。
(31) 斎藤秀夫・判民昭和一二年度四九〇頁、兼子一・条解民事訴訟法上九九九頁、菊井＝村松・民事訴訟法Ⅱ七七九頁など。
(32) 小室直人・上訴制度の研究三二八頁。
(33) かつて、小室・前掲書四二四頁、小室＝三谷・民商法雑誌六三巻五号八二〇頁はこのように解していた。
(34) 三谷・前掲論文判例タイムズ二九二号七頁以下、小室直人・判例時報八七七号一五〇頁以下
(35) 柴田保幸・法曹時報二五巻二号三八一頁、松本博之・判例時報六九四号一五四頁、藤井＝三谷・民商法雑誌八〇巻四号四九九頁などいずれも判旨に賛成。三谷忠之「再審期間の起算点」民事訴訟法の焦点三〇〇頁は、これを通説という。最二判昭和五二年五月二七日民集三一巻三号四〇四頁も、同様の判旨をして、判例として定着したといえよう。小室直人・判例時報八七七号一五一頁参照。
(36) 細野長良・民事訴訟法要義五巻二〇頁、最高裁判例解説昭和二九年度三〇頁〔三淵〕、早川登・名城法学五巻一号七二頁。
(37) 柴田保幸・法曹時報二五巻二号三八〇頁、松本博之・判例時報六九四号一五四頁。
(38) もっとも、松本・前掲は「可罰行為の存在が明白になり、再審訴訟を貫徹しうる時点、すなわち、有罪判決等の要件が具備した時点が決定的である」として、その根拠を示している。
(39) 三谷・前掲論文判例タイムズ二九二号八頁以下各所。もっとも、藤井＝三谷・民商法雑誌八〇巻四号五〇〇頁は「その必要はない」という。
(40) 最一判昭和二九年二月一一日民集八巻二号四四〇頁は、判決確定前に生じていた再審事由を確定後五年を経過してから知って再審の訴を提起しても、不適法として却下されるとした。これは、「民訴法四二四条三項および四項所

定の期間の起算点は、当事者の再審事由の知・不知のいかん、その時期によって異ならないことを判旨した」ものである（最三判昭和四七年五月三〇日民集二六巻四号八二六頁）。なお、菊井維大・民事訴訟法下四九四頁参照。

(41)　同旨、藤井＝三谷・民商法雑誌八〇巻四号四八六頁、五〇〇頁

(42)　ガウルの合体説は、再審事由の類推的拡張の可能性と限界を探るためのいわゆる再審原理との関連において説かれたものにすぎず（Vgl. Gaul, a.a.O., S. 78f., 85f.）、補充性や再審期間の解釈のために提唱されたものではない。前注(15)(27)参照。

三　判決効と再審事由の基礎

(1)　一般に、再審ないし再審事由の根拠は、一方の法的安定性と他方の裁判の適正ないし裁判の威信との間の矛盾の調整に求められる(1)。すなわち、一方、一旦確定した終局判決により訴訟が終結した以上は、これを維持することは法的安定性の要請するところである。しかし他方、確定判決にどんな重大な瑕疵があってもこれを維持しなければならないとすると、却って裁判の適正に反し、裁判の威信を失うことになる。そこで、この矛盾を調整するために、とくに重大な瑕疵についてはこれを再審事由として、例外的に確定判決の取消と事件の再審判を認めることにしたのである。

ところで、ここで相対置される法的安定性と裁判の適正とは具体的にはどのような内容のものであろうか。その内容は極めて多様であって、実質的には関連する様々の価値や利益状況が考慮されているものといえる。ここでこの点を詳論するゆとりはないが、これらの概念に含まれている具体的な価値や利益を標語的に列挙すれば次のようなものとなろう(2)。

(イ)　一方、裁判の適性あるいは実体的正当性の要請といわれるのは、ⓐ伝統的には、判決が当事者間の実体法上の権利関係と一致することであり、ひいては客観的な実体法秩序にも合することを意味してきたといえる(3)。裁

判の基礎となった事実関係が真実であって、これに実体法が誤りなく適用されたことが、裁判の適正の要請するところである。ⓑしかし、現実の裁判官の法適用はこうした法的推論の単純な論理的演繹によりうるとはかぎらない。さらに、絶えず変動する現実社会に対応して、実体法を補完し歴史的に適合させる裁判官の法創造による裁判の適正が要請されるようになる[4]。ⓒそうして、弁論の公開や審問権などの手続権保障も、裁判官の法適用の公正を担保するだけではなく、こうした裁判官の法創造に社会の慣習や慣行を反映させる民主的な基盤を提供する不可欠の手続として意識されるようになる[5]。ⓓと同時に、当事者や関係人が、こうした手続権を保障されて、積極的に訴訟に関与し、自己の実体権の行使や形成の主体として訴訟追行をする機会を与えられることによって、判決の実体的正当性が保障されると考えられる[6]。判決効の正当性は、こうした手続権の保障された当事者の訴訟における権利行使の態様（欠席や懈怠も含めて）を評価することによって根拠づけられることにもなるのである[7]。

(ロ)　他方、法的安定性の要請も、初め個人的に把握された法的安定性として、判決による勝訴者の法的地位の安定性と解されたが、さらに国家的に把握された法的安定性として、国家的秩序の安定性を含む要請と解されるようになった[8]。ⓐ個人の法的安定性は、具体的には[9]、勝訴者の判決による法的地位を維持する利益および取消の危険に対する判決の確実性の利益が考えられる。のみならず、再審によって勝訴者は手続再開の労力や費用の支出をせまられ、判決による権利の迅速な実現を妨げられる。ⓑ国家的に把握された法的安定性[10]は、国家的権威や信頼の保持の要請と解される場合を別としても、「社会の秩序と安定」として訴訟のむし返しを禁止して訴訟結果を維持する社会一般ないし国家の利益である。のみならず、手続の再開を認めれば、国家制度としての訴訟設営の費用が増加することを避けえない。

再審事由は、これらの諸要請、とりわけ一方における裁判の適正ないし正当性の要請と他方における法的安定性の要請との矛盾の調整点として認められ、正当性の要請に基づく敗訴者の救済の途を開くためのものである、といわれる。しかし、右にみたように、裁判の適正といい法的安定性といっても、その内容は多様であって、これらの諸価値や諸利益のどれがどのように関連し合うのか、そのうちの何が基本的な基準となって相互の矛盾が調整されるのかを明らかにする必要がある。

(2)　(イ)　ガウルによれば、再審事由はこれらの要請のうち、国家的秩序の安定性と客観的な法秩序維持の間の矛盾の接点に求められる[11]。ことに原状回復事由については、その資料の特別の証拠力によって、判決の基礎の不正が明らかになる点に、この事由に共通の価値である再審原理（Restitutionsprinzip）が認められる[12]。判決の基礎の不当を明らかにする「証拠の確実性」（Beweissicherheit）のあることが、既判力と訴訟目的との矛盾を調整する接点となるのである。つまり、一方、既判力に内在する国家的威信の要請は、確定判決と矛盾する有罪判決等の「確実な証拠」によって侵害され、その回復のために確定判決の取消を要求する[13]。しかし他方、再審による手続の再開は、正当な判決により客観的な法秩序を維持するという訴訟目的を危殆に瀕せしめる[14]。これは正当判決の既判力の最も重要な機能を妨げることにもなる。そこで、再審事由による確定判決の取消は基礎が「確実な証拠」によってゆるがされる場合にかぎるべきである。これが「証拠の確実性」の観念によるいわゆる再審原理の骨子である。

(ロ)　ガウルが、原状回復事由に共通の要素を、判決基礎の不正を明白にする「確実な証拠」に求めたのは慧眼であり、高く評価さるべきであると考える[15]。ただ、これを国家的秩序の安定性と客観的な法秩序の維持との接点としてだけ根拠づけたところには無理があると評せざるをえない。何よりも、もはや、既判力を国家的権威ないし「社会の秩序と安定性」だけによって正当化することはできない[16]。「この正当化で十分であるとすれば、訴訟において現実の法状態に合致する判決を求める必要はなく、一般に国家の裁判さえあれば、当然に効力を生ずるということになろう[17]」。そこでは勝訴者の法的地位の安定性の要請（前述(1)(ロ)ⓐ）や敗訴者の手続保障による正当性の保障（(1)(イ)ⓓ）は全く考慮されていないのである。しかし本来、ドイツ民訴法の立法者が法的安定性の要請によって再審事由を限定したのは[18]、こうした勝訴者の法的地位の安定性の要請であったし、このような要請が時代の変遷によって全く妥当性を失ったものと解すべきではない。[19] 他方、既判力の拘束力を敗訴者に不利に負わせるためには、単に「社会の秩序と安定」の要請（前述(1)(ロ)ⓑ）だけではなく、不利な効力を私人に帰することを正当化する根拠（ことに前述(1)(イ)ⓓ）が必要であると考える。[20]

(ハ)　ドーンドルフは、(1)(イ)、(ロ)において述べたすべての利益と要請を考慮したうえで、一方を正当性の要請（(1)(イ)、他方を能率性（Effektivität）の要請（(1)(ロ)ⓐ）および社会的費用縮限の要請（(1)(ロ)ⓓ）と名づけ、これらの諸利益や要請の調整均衡の結果として既判力が認められ、その均衡が失われたときに再審事由が生ずるという。[21] つまり、再審事由はこうして一般的に判決に認められた正当性の推定が覆され、再開手続において、より正当な判決の見込があるところに認められることになる。[22]

ギレスもまた、上訴一般を再審と同様の取消手続として説明するに際して、前述（(1)(イ)(ロ)）とほぼ同様の諸要請の調整を訴訟目的と考えるが、不当判決においては、正当性ないし法適合性（Rechtmäßigkeit）の要請（前述(1)(イ)）と能率性の要請（(1)(ロ)ⓐ）とが相互に矛盾し、これを事後的に救済するために取消手続が認められるという。[23] つまり、一般には、法適合性の要請による手続保障によって法適合性の推定が認められ、これが判決効の正当化根拠であるが、取消事由によって判決の瑕疵や不当性が明らかになれば、法適合性の推定が覆され、判決効はその正当化根拠を失うことになる、というのである。

(ニ)　これらの見解は、既判力がもはや単に国家的な権威や秩序の要請だけで正当化されることができないだけでなく、さらに、再審事由を基礎づけるためにも、多くの諸利益や諸要請との調整を要することを指摘した点で正当である。そうして、この視点によれば、再審事由をこれらの諸利益の調整の結果として過不足なく説明することが可能である。ただ、対立する諸利益や諸価値をなぜこのように調整するかについては、これを正当化する根拠は必ずしも明らかではない。現行制度を説明して、これが立法者の価値判断だといっただけでは、〈より正当な判決の見込があれば、正当性の要請を優位させる〉という評価の決め手となった、内在的な根拠や基準を明らかにすることはできず、したがって、再審事由の限界を画する解釈論や立法論の指針を導き出すこともできないのである。

(3)　わたくしは、再審事由の基礎を明らかにするためには、これらの諸価値や諸利益を相互に構造的に関連づけて、そのなかで何が基本的に重要な価値であるかを、民事訴訟法の基本的な価値に従って評価する必要があるものと考える。その際には、民事訴訟においては私人の権利関係をめぐる諸利益の調整が目ざされていることを出発点とすべきである(24)。なるほど、既判力制度が国家公共的要請に基づく国家制度であることを否定するものはいない。しかし、それだけでは当事者の一方に不利な判決効を正当化するには不十分であることもまた疑いない。当事者双方の私的権利をめぐる利益調整の結果である判決効が、一方の敗訴者に不利な結果を生じ、他方の勝訴者に有利な地位の安定性を保証することを正当化する論拠が必要とされるのである。これはもはや、国家的秩序の安定性によってではなく、なかんずく、当事者間に妥当する正義の観念によって正当化さるべきである。再審事由の基礎もまた、既判力の拘束力を要請する勝訴者の法的地位の安定性の要請（(イ)(ロ)ⓐ）と敗訴者の手続保障による正当性保障の要請（(1)(イ)ⓓ）との間の矛盾の調整点として把握できるのであれば、私人間に妥当する共通の価値によって評価し調整することが可能であり、これがまた民事訴訟法の基本的な価値にも適合する所以であると考える。このような当事者間の諸利益の評価に基づく調整によって、ひいては、国家的秩序と裁判の威信も保持され、客観的な法秩序も維持されることになるのである。

(イ)　このような方向に立って既判力の拘束力を正当化する根拠を探ろうとする傾向が、すでにわが国でも見られることは周知のとおりである(25)。この傾向を代表する新堂教授によれば(26)、「当事者が既判力を不利益に受けることを正当化する根拠は、当事者の地位につくことによって手続上対等にその訴訟物たる権利関係の存否について弁論し、訴訟追行をする権能と機会とを保障されることに求めることができる」。つまり、当事者は、「訴訟物について当事者としての手続保障」を与えられた以上、それを利用したか否かを問わず、その結果について「自己責任」を負うべきであって、ここに、訴訟物についての判断が強制的に通用せしめられることを正当化する根拠がある。そして、この既判力の正当化には、①「国家権力による強制力」を手続保障によって正当化する側面と、②「当事者が相手方に対する関係で既判力の効果を不利益に受けること」を公平の観念によって正当化する側面があることが指摘される。

この新堂理論における①は、国家権力による不利益処分に対する手続保障の問題であって、法治国家における基本権として、民事訴訟にかぎらず、すべての公権力行使においても、要請されるものである。だから、民事訴訟に特有の既判力を正当化する根拠としては、とくに②の関係における当事者間の公平の観念が重要である。この点については、当事者として訴訟追行の機会と権能を双方対等に与えられた以上は、その結果について相互に既判力を認めることが、公平と信義則に合するものとして、正当化される、と説明される。しかし、この場合、双方対等の手続保障だけが問題なのではなく、手続保障の内容自体が問題となろう。つまり、公平の観念を媒介とすれば、「訴訟物についての当事者としての手続保障」という抽象的な基準によって、つねに敗訴者の自己責任を問いうるかが問題である。(27) 事実、同じ訴訟物についての判決の基礎となる資料でも、具体的な訴訟追行の経過において、「当事者の影響力や責任の及ぶ範囲外」のものがあった場合には、その結果につき自己責任ありとして既判力を正当化できない場合もあるのである。このことは再審事由をみれば直ちに明らかである。つまり、確定判決でもその判決基礎に当事者の支配の及ばない事由があって判決基礎の不当性が明らかになる場合には、この判決の既判力を敗訴者に帰することを正当化できないものとして、再審事由が認められるのである。

(ロ)　この点に関連して、同じ傾向に立つヘンケルは、すでに、既判力と再審事由との関係を論じて、類似の評価の基準を提供していた。(28) ヘンケルによれば、既判力の拘束力を敗訴当事者に帰しうるのは、実体法上の権利失効と共通の価値によって、訴訟上の権利行使の態様を評価した結果である。つまり、当事者双方が訴訟上の権利行使の機会を十分に保障されながら、この機会を十分に活用しきれずに、結局一方に不利な判決が確定した以上は、敗訴者はこれを不当判決として自己の権利をさらに主張しえないことになる。これは勝訴の相手方が、双方当事者の手続保障の結果である確定判決の内容につきこれを信頼できる地位を取得し、敗訴者も相手方の信頼利益を尊重すべきことと対応する。これが、既判力の拘束力を一方当事者に不利益に及ぼすことを正当化する根拠である。そして、再審事由は、このようにして、権利失効の法理により既判力を正当化できない限界を実定法上明らかにしたものである。取消の訴の事由（§579 ZPO）は、不当判決の拘束力を当事者に帰しうるのは法治国家としての最低限の手続が保障されている場合にかぎられるという観念に基づいている。また、原状回復事由（§580 ZPO）は、当事者の実体法上の権利を侵害することになる判決の拘束力をこの当事者に期待できない場合である。つまり、判決が、敗訴者の影響力や責任の範囲外にある事情によって不当となったとすれば、敗訴者がこの判決に拘束されることを期待することはできないのである。

(ハ)　こうした当事者間に妥当する正義の観念による既判力の正当化理論に対しては、すでにいくつかの反論がある[29]。その一つは、当事者が訴訟手続を十分に注意深く追行しても敗訴した場合、なぜ不当判決を甘受しなければならないのか。これは敗訴者の自己責任ではなく、公共の平和利益ないし法的安定性の要請によるといわなければならない[30]。もう一つは、訴訟関係は当事者間の関係だけではなく、裁判所の関与する法発見の結果であって、裁判所の責任ある協力や瑕疵をもっと強く評価すべきである[31]、というにある。

いずれも既判力制度が国家公法上の制度である点からの反論であって、既判力の拘束力が敗訴者の自己責任と勝訴者の信頼利益だけには帰しえない部分を残していることを指摘するものとしては正当である。判決の基礎に、裁判所の責に帰すべき過誤やその他当事者の影響の及びえない事情があったために、判決の不当性をもたらすこともあるからである。そうした不当判決でも一旦確定すれば強制的に通用せしめられるのは、やはり国家公法上の制度としての既判力制度の法的安定性の要請による。しかし、再審の制度はまさに、このような場合の不都合を除去するために、判決の基礎に敗訴者の責に帰しえない明白な瑕疵があって、判決効を敗訴者に及ぼすことを正当化する根拠を欠く場合には、再審事由を認めて、確定判決の取消と事件の再審判の途を開いているのである。したがって、再審事由の基礎を明らかにするためには、既判力の基礎としての法的安定性だけではなく、既判力の拘束力を当事者に不利益に及ぼすことを正当化する根拠を問わなければならない[32]。

㈡　このように考えてくれば、再審事由の基礎はやはり既判力の当事者に対する拘束力を正当化する根拠を欠くところに求められる。まず、既判力が、国家的制度として、裁判所の判断の拘束力である以上、これを強制力によって敗訴者に不利益に通用させるためには、法治国家における基本権としての最低限の手続権が保障されなければならない[33]。現行法は、このような意味において、裁判の公正を担保するための裁判所の適法な構成や裁判官の関与資格を欠く場合（四二〇条〔現三三八条〕一項一号二号）、あるいは当事者の基本的な手続権を保障するための適法な代理権の欠缺の場合（同項三号）には、当事者の支配の及びえない基本的な手続上の瑕疵として、判決への具体的影響を問うまでもなく、既判力の拘束力の正当化根拠を欠くものとしたのである[34]。

しかしさらに、民事訴訟においては、当事者双方は訴訟の主体として具体的な訴訟追行に関与し、自己の実体的地位を主張し防御する機会を十分に保障されなければならない。けだし、この場合の手続権の保障は、当事者が単に消極的に国家の不利益処分に対して防御の機会を与えられるというだけではなく、積極的に、訴訟の主体としてこれに関与し、自己の実体的地位を行使ないし形成する機会を保障するものと考えるべきだからである[35]。このように、当事者双方が積極的に自己の実体的地位を行使ないし形成する主体として訴訟追行に関与する機会を保障された場合には、当事者がその結果である判決効に拘束されることを正当化する根拠があるといえる。けだし、この場合には、一方で敗訴者は訴訟の結果について自己責任を問われ、あるいはこれを再びむし返すことを失権させられ、他方、勝訴者は訴訟の結果について信頼利益を保護されることが、当事者間の衡平ないし信義則の法理に合致するものと解されるからである[36]。しかし、当事者が訴訟追行上自己の実体的地位を十分に主張する機会をもたなかったときは、判決効をこの当事者に帰することは正当化されない。つまり、敗訴者の支配の及ばない事由によって判決基礎の不当なことが明白となり、これが判決に影響を及ぼす蓋然性があれば、この判決効を敗訴者に帰すことは期待できない。他方、勝訴者にとっても、判決基礎の不当なことを明白にする「確実な証拠」のある場合にかぎって手続の再開を認めるのであるから、その法的地位の安定性を不当に侵害することにはならない。当事者間の衡平の観念によれば敗訴者の正当性保障の要請と勝訴者の法的地位の安定性との矛盾はこのように調整される。敗訴者の責に帰しえない他人の可罰行為によって判決の基礎が不当であり（四二〇条〔現三三八条〕一項四号ないし七号）、このことが有罪判決等によって明白になった場合（同条二項）に再審の訴が認められるのは、このような評価に基づくものといえる[37]。同様にして、判断の遺脱（同条一項九号）もまた、当事者の責に帰しえない判決基礎の明白な瑕疵であるし、判決の基礎となった裁判等の取消（同八号）や既判力の抵触する以前の確定判決（同一〇号）については、これらの事情を判決の基礎として考慮できなかったことが敗訴者の責に帰しえない場合には[38]、やはり再審事由となるのである。

（1）兼子一・民事訴訟法体系四八一頁、菊井維大・民事訴訟法下四八七頁、小山昇・民事訴訟法（改訂版）五四五頁、斎藤秀夫・民事訴訟法概論六二九頁、新堂幸司・民事訴訟法五八三頁など。

（2）以下の説明につき、ことに、Dorndorf, Rechtsbeständigkeit von Entscheidungen und Wiederaufnahme des Verfahrens in der freiwilligen Gerichtsbarkeit, 1969, S. 33ff.; Gilles, Rechtsmittel in Zivilprozeß, 1972, S. 226ff. 参照。

（3）Dorndorf, a. a. O., S. 36, Gilles, a. a. O., S. 239.

（4）Vgl. Esser, Vorverständnis und Methodenwahl in der Rechtsfindung, 1970, S. 189ff.; Gilles, a. a. O., S. 240f.; Dorndorf, a. a. O., S. 36f.

（5）Vgl. Pawlowski, Aufgabe des Zivilprozesses, ZZP 80, 345, 383f., 387ff., Corndorf, a. a. O., S. 39.

（6）Vgl. Arndt, Das rechtiche Gehör, NJW 1959, 6, 7; Zeuner, Der Anspruch auf rechtliches Gehör, Festschrift für Nipperdey I, 1965, S. 1013ff.; ders., Rechtliches Gehör, materielles Recht und Urteilswirkungen, 1974, S. 15ff.; Pawlowski, ZZP 80, 358f. 388; Dorndorf, a. a. O., S. 39f. なお、吉村「判決効の拡張と手続権の保障」山木戸還暦論文集

下（「民事手続法研究」第二巻所収）一一八頁、一二八頁〜一二九頁参照。

（7）Henckel, Prozessrecht und materielles Recht, 1970, S. 61ff., 965; Gilles, a. a. O., S. 242f.

（8）Vgl. Gaul, a. a. O., S. 88ff.

（9）その具体的内容について、Dorndorf, a. a. O., S. 41f.; Gilles, a. a. O., S. 244f. 参照。

（10）Gaul, a. a. O., S. 91f.; Dorndorf, a. a. O., S. 44.

（11）Gaul, a. a. O., S. 48ff. insb. 66, 93. ガウルは本書で原状回復事由の類推的拡張解釈の可能性と限界を探るために、再審の訴の基礎となる価値関係と再審原理を明らかにしようとしたのである。

（12）Gaul, a. a. O., S. 66ff. insb. 83.

（13）Gaul, a. a. O., S. 80f.

（14）Gaul, a. a. O., S. 93.

（15）Dorndorf, a. a. O., S. 28は「ガウルのこの観念は殆んど一般的な同意をかちえた」という。

（16）So Gilles, a. a. O., S. 231f.; Dorndorf, a. a. O., S. 50ff.; Henckel, a. a. O., S. 60f., 97, 99.

（17）Henckel, a. a. O., S. 97.

（18）Hahn, Die gesammten Materialien zur Zivilprozeßordnung. I, 1880, S. 378.

（19）Gaul, a. a. O., S. 88ff. は立法時の法的安定性の意味を正しく把握するが、a. a. O., S. 91ff. が、これはその後完全に客観的法秩序の安定性にとって代わられたと割り切ってしまうのは問題である。この点について、Henckel, a. a. O., S. 99 参照。

（20）Henckel, a.a.O., S. 97は、「確定判決の拘束力は、私権を侵害することもあるから、この私権と調和する論拠によって、正当化されねばならない」と述べている。

（21）Dorndorf, a. a. O., S. 64ff.

（22）この場合には、再審により正当な判決の数が増えることが、正当性の要請により保護される利益からみて、訴訟費用減縮の利益や判決による法的地位の安定性と維持の利益よりもより価値あるものとみるのが、立法者の価値判断と解される、という。Dorndorf, a. a. O., S. 70.

（23）Gilles, a. a. O., S. 248ff. bes. S. 250f.

(24) このような基本的立場は、すでに、吉村徳重「西ドイツにおける各種訴訟促進案とその問題点」法政研究三六巻二～六合併号（「民事手続法研究」第四巻所収）三二七頁、とくに三六一頁以下において主張した。判決効との関係では、さらに、吉村徳重「既判力か参加的効力か」演習民事訴訟法下八〇頁、同「損害賠償請求」同書上二〇九頁（本書一九九頁）、同「一部請求」民事訴訟法を学ぶ九七頁（本書二一七頁）などにおいて同様の観点を示してきた。

(25) 前注(24)のほか、中野他編・民事訴訟法講義（吉村執筆）四五〇頁および四六八頁注(9)引用の文献参照。

(26) 新堂・前掲書四〇六頁以下、四二八頁～四二九頁。

(27) すでに井上正三「一部請求の許否をめぐる利益考量と理論構成」法学教室〈第二期〉八号八三頁の指摘するところであり、新堂幸司「訴訟物概念の役割」判例時報八五六号一一六頁以下は、具体的な手続進行過程（いわゆる手続事実群）の態様によって、判決効の遮断効力を限界づけることで、これに答えようとしている。なお、吉村徳重「判決理由中の判断の拘束力」民事訴訟法の争点二七八頁（本書八九頁）参照。

(28) Henckel, a.a.O., S.96ff. ヘンケルは、ここでは、民事訴訟を当事者の権利行使の場であるとみて、訴訟法上の権利行使の制約は、何よりも、実体法上の権利行使の制約と共通の法理念によって正当化されるべきであるとの立場を前提とする。Henckel, a.a.O., S.61ff. なお、吉村・前掲論文法政研究三六巻二～六合併号三六二頁参照。

(29) Bötticher, Prozeßrecht und materielles Recht, ZZP 85, 1 (1972); Arens, Prozeßrecht und materielles Recht, AcP 173, 250 (1973).

(30) Bötticher, ZZP 85, 19f.; Arens, AcP 173, 257f.

(31) Bötticher, ZZP 85, 22f.

(32) この点につき新堂・前掲書四〇六頁参照。

(33) 新堂・前掲書四〇六頁が「近代人たる私人を納得せしめる論理」というのは、このような意味か。

(34) Arens, AcP 173, 259 はこれを上告と同様公益を目ざすものであるとして批判する。しかし、再審も上告も当事者の不服申立をまって開始されるのであって、当事者救済を第一次の目的とするものと解すべきである。同旨、新堂・前掲書三五頁、五六二頁。

(35) Vgl. Zeuner, Rechtliches Gehör, materielles Recht und Urteilswirkungen, 1974, S.15ff. なお、前注(6)引用の他の文献も参照。

(36)　ここで「自己責任」というのは、当事者が権利の担い手として訴訟におけるその追行の十分の機会をもち、自由な自己決定を保障されたかぎりにおいて、自己決定＝自己責任（私的自治）の原則が訴訟上に反映されたものである。信義則は、当事者間の衡平による、この原則の補充ないし補完としての法理に他ならない。吉村徳重「判決効の拡張とデュー・プロセス(二)」法政研究四四巻二号（「民事手続法研究」第三巻所収）二〇六頁〜二〇七頁、二一五頁注(４)参照。Arens, AcP 173, 257 が信義則＝権利失効は例外法理であることから、既判力正当化の根拠とするのは不当と批判するのは、この意味で当らない。

(37)　Arens, AcP 173, 259 が、有罪判決等の要件（§581 ZPO）についてのヘンケルの説明（Henckel, a. a. O., S. 101）が、前段と後段で矛盾していると批判するのは正しい。後述のように、わが四二〇条二項後段についても「確実な証拠」を要求すべきである。

(38)　裁判の取消や以前の確定判決の了知は、当事者の責任により遅れることもある。四二〇条一項但書（§582 ZPO）はこれらの事情を知って主張するのが遅れた場合だけでなく、取消や了知が敗訴者の責任によって遅れた場合をも含むと解される。So, Henckel, a. a. O., S. 100f.; Stein-Jonas-Grunsky, ZPO[20], Rdn. 1 zu §582 (S. 382); Baumbach-Lauterbach-Hartmann, ZPO[34], Bem. 1) B zu §582. 逆にいえば、これらの再審事由は四二〇条一項但書によって当事者の責に帰しえない場合に限定されるのである。

四　結　論

(1)　このようにして明らかになった再審事由の基礎を踏まえて、最後に、再び前述の具体的な問題についての結論的考察に立ちかえることにしたい。ただその前に、前節において、再審事由の基礎について考察したことを結論として要約すれば、次の通りとなろう。

再審事由は、確定判決の基礎に当事者の責に帰しえない顕著な瑕疵があってその不当性が明白になった場合のこの顕著な瑕疵事由である。しかし、このような顕著な瑕疵を含む不当判決でも、一旦確定した以上、無効判決でないかぎり、既判力を生じ強制的な通用力を備える。この不当判決の既判力は、既判力制度が国家公法上の制度であることに由来する国家的秩序の安定性の要請によって基礎づけられる。ところが一般に、再審事由は、このような既判力の基礎である法的安定性と実体的正当性との間の矛盾の調整点であるといわれる。しかし、両者を調整するためには、既判力の基礎を国家的秩序の安定性だけではなく、個人的に把握された法的安定性、つまり勝訴者の法的地位の安定性にも求めるべきである。勝訴者の判決による法的地位の安定性と敗訴者の実体的正当性の要請との対立であれば、当事者間に妥当する衡平の観念によって調整が可能であり、そのための基準を明らかにすることもできるからである。

そこで、このような観点によって、当事者が既判力の拘束力をうけることを正当化する根拠は次のような評価によるものと考えられる。つまり、当事者間の衡平の観念によれば、当事者双方が訴訟追行過程において自己の実体的地位を主張し、弁論すべき十分の機会と権能を保障され、その結果として判決が確定した以上は、敗訴者はその結果について自己責任を負い、再び自己の実体的地位を主張してこの結果を争うことを失権させられ、勝訴者はこの結果を信頼することが認められて、その法的地位の安定性が尊重される。これはあたかも、実体法上の自己決定＝自己責任の原則およびその補完としての信義則ないし権利失効の法理と共通の価値によって、訴訟の場における当事者の訴訟追行の態様を評価した結果であるということができる(1)。確定判決の既判力がこのような当事者間に妥当する正義の観念によって正当化されえない場合には、前述した一定の要件のもとに、確定判決に対する非常の救済手段としての再審が認められる。判決の基礎に敗訴者の責に帰しえない顕著な瑕疵があって、その不当性が明らかであれば、敗訴者を失権させることはできないし、そのかぎりで手続の再開を認めても、勝訴者の法的安定性を不当に損なうことはないからである。再審事由を判決の基礎の不当性を示す「証拠の確実性」のある場合に限定するという、いわゆる再審原理も、この意味において再評価されるべきである。

(2)　四二〇条〔現三三八条〕二項の有罪の確定判決等の要件は、このような再審事由の基礎に照らして評価されるべきであるが、この視点からみても、同条一項四号ないし七号の可罰行為に有罪確定判決等の要件を付する趣旨は、「再審の訴を、再審事由の存在する蓋然性が顕著な場合に限定することによって、濫訴の弊を防止しようとするにある」と解される。(2)すなわち、この場合の再審事由の基礎は、判決の基礎に他人の可罰行為という敗訴者の責に帰しえない瑕疵があって、判決効を敗訴者に及ぼすことを期待できない点にある。しかし他面、敗訴者がこのことを口実にしてみだりに再審の訴を提起して、勝訴者を可罰行為の存否という複雑な審理に引きずり込むことになれば、そのことだけで勝訴者の法的地位の安定性が損なわれる。そこで法は、このような「濫訴の弊を防止」して、勝訴者の法的地位の安定性を保障するために、「再審事由の存在する蓋然性の顕著な」証拠として有罪確定判決等を再審の訴の適法要件とする必要があったのである。(3)しかし、こうした「確実な証拠」によって再審事由の存在する顕著な蓋然性が示された以上は、可罰行為の存否の審理に立ち入り、これが認められる場合には、事件自体の再審判を求める敗訴者の要求を容れるべきである。(4)勝訴者の法的安定性と敗訴者の実体的正義実現の要求との対立は、当事者間の衡平に照らしてこのように調整されるのである。再審手続が三段階の手続、つまり、再審の適法要件の審査手続、再審事由具備の審理手続、再開本案の審理手続に分かれるといわれるのは、(5)こうした当事者間の調整のための手続とも対応するのである。

もっとも、可罰行為以外の他の再審事由（四二〇条〔現三三八条〕一項一号ないし三号・八号ないし一〇号）については、その存在を示す「確実な証拠」を別に適法要件として要求していない。この場合には、再審事由が主張されておれば、その他の一般的適法要件があるかぎり、とくに「確実な証拠」を示さなくとも、再審の訴としては適法である。これらの再審事由は、訴訟手続上の瑕疵（四二〇条〔現三三八条〕一項一号ないし三号・八号）や他の国家機関の処分（同項八号・一〇号）であるから、その証明手段は裁判所の調査やその他の文書によって確保されるのが一般である。こうした再審事由自体に含まれる「証拠の確実性」によって、勝訴者の法的地位の安定性が担保されているのである。有罪の確定判決等を可罰行為と合せて再審事由とする合体説は、この場合も他の再審事由と同列に取り扱おうという趣旨である。しかしそのためには、再審事由としての可罰行為の判断につき有罪確定判決等の拘束力を認める必要がある。(6)そうでなければ、濫訴の弊を防止して、勝訴者の法的安定性を保ちえないことは前述した通りである。可罰行為と有罪判決等の存在の主張さえあれば、再審の訴は適法であり可罰行為の複雑な審理に立ち入らざるをえなくなるからである。

そもそも、普通法時代には、原状回復事由であった詐欺や強迫などに有罪判決が要求されたことはなく、ただ一定の場合に証拠の確実さ（Liquidität）が要求された。(7)一八七七年のドイツ民訴法は、各州法における先例を背景として、有罪の確定判決等を可罰行為による再審の訴の要件とした。その立法理由によれば、(8)「原状回復事由にあたる可罰行為を理由に刑事手続でなされた有罪判決は、民事手続の裁判官を拘束することはないとしても、原状回復という非常の救済手段が、原則として、こうした有罪判決に依存させられるのも、なお筋の通らないことではない。けだし、いかなる場合にも、本来そのために規定された刑事手続では可罰行為を確定するには不十分だとして、民事手続でこれが争われるのは、望ましくない事態だからである」。要するに、可罰行為の確定手続としては刑事手続が本筋だから、民事の再審手続でこの点が問題であれば、有罪判決によらせればよい、というのである。しかし他方、刑事判決は民事裁判官を拘束しないことが原則とされる。そこで「可罰行為が現にあったかどうかについては、〔民事〕裁判官はその自由心証によって判断しなければならない。五一九条〔§580 ZPO, 日民訴法四二〇条〔現三三八条〕一項四号ないし七号〕は、原状回復の訴の実質的要件であり、五二〇条〔§581 ZPO, 日民訴法四二〇条〔現三三八条〕二項〕はその形式的要件である」とされたのである。(9)立法趣旨も、有罪判決の民事裁判官に対する拘束力を否定して、これを再審の訴の適法要件としたものと解されるのである。

四二〇条〔現三三八条〕二項後段の「証拠欠缺外ノ理由ニ因リ有罪ノ確定判決若ハ過料ノ確定裁判ヲ得ルコト能ハサルトキ」についても、被疑者の死亡、所在不明、公訴時効の完成、大赦、あるいは起訴猶予処分などの事実のほかに、これらの事実がなければ、「有罪判決をえたであろうと思わせる証拠」を必要とする。(10)これが再審の訴を「再審事由の存在する蓋然性の顕著」な場合に限定して、濫訴の弊を防止するためであることは、有罪判決におけると異なるところがない。ここでも、再審事由は敗訴者の責に帰しえない可罰行為自体であるが、これを口実とした再審の訴の濫用を防止して勝訴者の法的地位の安定を保つために「有罪の十分な証拠」を適法要件としたのである。したがってこの場合も、有罪の十分な証拠は「証拠の確実さ」を備えたものでなければならず、たとえば、起訴猶予処分においては、有罪の証拠が十分であったことを示す検察官の処分調書などが要請される。

ドイツ民訴法（§581 Abs.1 s.2）の立法者は、有罪判決を得られなくなった場合に、「原状回復も排斥されることになれば、これは正義の要請に反することになろう」と説明するだけである。[11] これを継受したわが旧民訴法（四六九条二項後段）は、大正一五年の改正に際して、初め有罪判決だけで二項後段を欠く修正の提案をうけたが、審議の結果現行法（四二〇条（現三三八条）二項後段）となった。[12] これはいわば有罪判決に代わるべき場合であり、審議経過の示す立法趣旨からみても、可罰行為の蓋然姓を示す証拠を要件とすると解すべきであろう。[13]

(3)　再審事由の補充性（四二〇条（現三三八条）一項但書）によって再審ができなくなるのは、再審原告が、すでに旧訴訟における上訴によって、四二〇条一項（現三三八条）四号ないし七号の可罰行為だけでなく、同条二項の有罪確定判決等の要件を主張し、あるいはこれを知りながら主張しなかった場合であると解される。しかし、この趣旨を説いた判例（最三判昭和四七年五月三〇日民集二六巻四号八二六頁）は、控訴審の確定判決に対する再審の訴において、この判決確定後に有罪確定判決等の要件を具備した場合には、補充性により再審の訴が不適法になることはないというものであった。だから、右の一般的命題も、厳格な判示としては、こうした事実関係にかぎられ、それ以上は傍論ということになる。ことに前述のように、[14] 控訴審判決に対しては有罪判決等がなければ上告できないから補充性の要件を欠くとして、この判示を根拠づけることができるとしても、この理由では、一審の確定判決に対する再審の訴もまた許されることにはならない。一審判決に対しては有罪判決がなくとも可罰行為を理由として上訴することができるからである。有罪判決等も再審事由とみる合体説は、有罪判決等が具備されなければ、一審判決に対する上訴でも再審事由を主張できなかったとして、再審の訴を許すことになろう。しかし、有罪判決等を「再審事由」とみるかどうかという形式論ではなく、むしろ、実質的に再審事由を制約する補充性の趣旨が何であり、これは有罪判決等の要件とどのように関係するのかを問うことが重要であると考える。

思うに、再審事由に補充性の制約が付されている根拠にはいろいろの背景が考えられる。普通法以来、原状回復事由には補充性の制約があったが、[15]これは現状回復の訴が非常の救済手段であるという特質によって説明された。[16]ドイツ民訴法の立法理由書によれば、[17]「原状回復の訴はもっぱら衡平のみに基づくものであるから、除去さるべき不利益が当事者の責によらず成立したことがこの訴の要件である。この不利益は前訴手続において原状回復事由の主張ができなかった点に存在する」という趣旨である。したがって、前述のように、[18]当事者が、同一事件について前に抵触する確定判決が存在することを知っていて主張しなかった場合だけでなく、その重大な過失によりこれを知らずに主張しなかった場合にも、当事者の責によらずに成立した不利益があるとはいえないのである。[19]事実、補充性による再審事由の制約は、元来、西ドイツの原状回復事由（§580 Nr.76）である「当事者ガ自己ニ有利トナルベキ裁判ヲ受クベカリシ証書ヲ発見シ又ハ使用スルコトヲ得ベキ地位ニ在リタルトキ」（外国法典叢書、独逸民訴法Ⅱ一三六頁）のような、当事者の責任の範囲内にある再審事由について、これをその責に帰しえない場合に限定する趣旨に出たものと解される。[20]つまり、当事者の責任によって証書の発見が遅れ、利用可能となるのが遅れた場合には、再審事由として主張できなくなるのである。これに対して、他人の可罰行為のように、もともと敗訴者の責任の範囲内にあるとはいえない瑕疵が判決の基礎となっている場合には、前訴手続でこれを主張できなかったから初めて当事者の責に帰しえない不利益となるわけではない。したがって、本来敗訴者の責に帰しえない瑕疵については、再審事由を制約する補充性の規定は、もっぱら再審事由の主張の懈怠による遅延を防止するための失権的規定の意味をもつと解すべきである。[21]

ところで、四二〇条〔現三三八条〕一項但書が「其ノ事由ヲ主張シタルトキ又ハ之ヲ知リテ主張セサリシトキハ此ノ限ニ在ラス」と規定したのは、ドイツ民訴法（§§579 Abs. 2; 580 ZPO）を継受した旧民訴法（四六七条二項・四七〇条）における取消の訴と原状回復の訴についての補充性の規定を一本化したものである。ことに、旧民訴法（四七〇条）は、原状回復の訴について「自己ノ過失ニ非スシテ……原状回復ノ理由ヲ主張スルコト能ハサルトキニ限リ之ヲ為スコトヲ得」と規定していたが、改正法の立法者は、現行法（四二〇条〔現三三八条〕一項但書）も旧法と「実質的に大体同様の趣旨」だと説明する(22)。そこで、知っていて主張しなかったときといっても、相当の注意をすれば、主張できたのに自己の責によって主張しなかったことを前提としていると解される(23)。しかも、この意味において、「主張できた」といえるためには、当事者が再審事由の十分の立証可能性ないし立証成果の確実性、あるいは具体的関係によるその十分の見込をもつ場合でなければならないと解されている(24)。

これは、本来敗訴者の責に帰しえない瑕疵としてそれ自体再審事由の基礎を備えた事実については、すでに前訴手続において再審事由の存在を示す十分な証拠のあった場合にのみ、その責による遅延として失権的効果を認めようという趣旨であると解することができる。けだし、当事者が再審事由の主張を自己の責によって遅延させたといえるのは、すでに前訴手続において再審の訴の要件としての再審事由の「確実な証拠」を具備していた場合にかぎられる。そもそも、この要件が具備されないかぎり、判決確定後の再審の訴により遅れた再審事由の主張をすることもできないからである。かくて、有罪判決等の要件は可罰行為の存在する「確実な証拠」として、これを判決確定前に具備することが、再審事由の主張を自己の責によって遅延させたとして失権させるための前提要件となる。それ故に、判決確定後にはじめて有罪判決等の要件を具備した場合には、一項但書による失権的効果を生じないと解すべきである(25)。

同様のことは、前訴手続において可罰行為が主張された場合にも妥当する。有罪判決等の要件を具備しないときの可罰行為の主張は、通常は単なる証拠抗弁として提出されるなど、再審手続におけるように十分な証拠を備えたものではない。だから、判決確定後に有罪判決等の要件を備えた場合に、再審手続における「確実な証拠」を伴った再審事由の主張まで失権させるべきではない。けだし、再審事由について、十分な証拠を要件として、一項但書による遅延防止のための失権効果を認めるのであるから、こうした「十分な証拠」を具備しない再審事由の主張が排斥された場合は、主張のない場合と異なるところはなく、敗訴者に失権的効果を負わせる期待可能性がないというべきである。(26)

再審事由の補充性の制約にとって、有罪判決等の要件がこのような意味をもつとすれば、判決確定前にこの要件を具備した場合には、当事者が可罰行為とともに有罪判決等をも知っていたことが、一項但書適用の要件となろう。この場合には、当事者は上訴によって、有罪判決等を示して可罰行為を主張できたことになるから、現に主張したか主張しなかったかにかかわらず、補充性によって再審の訴は許されない。しかし、知らなかった場合はどうか。前述のように、大正一五年の改正によって現行法が成立した際に、立法者によれば、「実質は大体同様の趣旨」だが、知らない点について「重大な過失」があれば知っていたと同様に解しうるが、「普通の過失」ではそうはいえないので、「それだけの相違」があると説明されている。(27) この趣旨は可罰行為についてだけでなく有罪判決等の要件についても妥当するものと解すべきであろう。

(4)　再審事由のもう一つの制約である再審期間（四二四条〔現三四二条〕）についても、四二〇条〔現三三八条〕一項四号ないし七号の可罰行為による再審の訴の不変期間（四二四条〔現三四二条〕一項）は、判決確定後同条二項の有罪判決等の具備を知ったときから進行する。また、除斥期間（四二四条三項・四項〔現三四二条二項〕）は、原則として判決確定のときから起算するが、判決確定後に二項要件が具備されたときはその時点から起算すると解される。(28) ここでも、有罪判決等の要件が「再審事由」に含まれるかどうかという形式論ではなく、実質的に再審期間のもともとの趣旨と有罪判決等の要件との関係を問う必要がある。

まず、不変期間（四二四条〔現三四二条〕一項）の起算点が、「当事者カ判決確定後再審ノ事由ヲ知リタル日」

と規定されているのは、当事者が再審の訴を提起できるようになった日という趣旨である。判決確定前は再審の訴を提起する要件が備わっていないし、当事者が再審事由を知らなければ、再審の訴を提起することができない(29)。そこで、判決確定前に再審事由である判断の遺脱（四二〇条〔現三三八条〕一項九号）を知った場合には、不変期間は再審の訴提起の要件としての判決確定の日から進行することになる(30)。かくて、可罰行為による再審の訴においては、有罪判決等の要件を具備しなければ再審の訴を提起できないのであるから、判決確定後この要件の具備を知ったときから、不変期間は進行すると解すべきである(31)。四二〇条〔現三三八条〕二項後段の有罪判決を得ることができないときには、たんに公訴時効の完成や被疑者の死亡の事実だけでなく、可罰行為を示す「確実な証拠」の存在を知ったときが不変期間の起算点となる(32)。

ついで、除斥期間が原則として判決確定から起算して五年間とされる（四二四条三項〔現三四二条二項〕）のは、一般に、法的安定性の要請によって客観的事実を起算点として一律に再審の訴を除斥する趣旨と解されている(33)。ここから、除斥期間は当事者の再審事由の知不知にかかわりなく進行することになる。ただ、問題はここにいう法的安定性とは何かということであろう。ドイツ民訴法（§586 Abs. 2）の立法者によれば(34)、「期間の経過によって当該のすべての諸関係が不明確になった後には、判決の既判力がその攻撃に対して保護さるべきである」という趣旨である。これを実質的にみれば、比較的永い期間が経過すれば、諸関係も不明確になるから、判決により確定された権利関係を変更することは、もはや関係人にとって期待不可能であり耐え難くなるという観念に基づくと考えられる(35)。だから、除斥期間を判決確定後五年間とするのは短かすぎて再審原告に酷であるという批判を生ずるのである(36)。しかも、判決確定後五年を経過して初めて再審事由を具備することも考えられる（四二〇条〔現三三八条〕一項八号）。そこで、四二四条〔現三四二条〕の除斥期間が、このような場合として、四二〇条〔現三三八条〕一項八号を含むことはいうまでもないが、その立法趣旨によれば(37)、さらにそれだけではなく、四号ないし七号の可罰行為の場合も含むことはすでに指摘されている(38)。そして、判決の基礎に含まれる可罰行為が判決確定後に生ずる余地はないのだから、四二四条四項〔現三四二条二項カッコ内〕が、可罰行為による再審の前提としての有罪判決等の要件が判決確定後に具備された場合をも含むことは疑いがない。そうでなければ、この立法趣旨が論理的に無意味となるだけでなく、有罪判決等の要件が判決確定後五年の除斥期間の経過後に具備される場合には、事実上再審ができなくなって、再審原告に酷な結果となるからである。[39] しかし、さらに、有罪判決等の要件が可罰行為の存在を示す「確実な証拠」であって、判決基礎の不当性を明らかにする事実であるという事情が、四二四条四項〔現三四二条二項カッコ内〕の除斥期間のもう一つの重要な根拠であると考えられる。けだし、このような「確実な証拠」がある以上は、判決確定後五年の「期間の経過によって当該のすべての諸関係が不明確になった」とはいえないから、この除斥期間は改めて有罪判決等の「確実な証拠」を具備した時を起算点として進行を始めるものというべきである。[40] 四二四条四項〔現三四二条二項カッコ内〕はこのような考慮に基づいてとくに同条三項〔現二項本文〕の除斥期間の例外を規定したものと解すべきである。

（1）　Arens, AcP 173, 254f. は、この立場を批判して、私的自治の原則や信義則が訴訟法上も一定の限度で妥当することが認められるのは、訴訟法独自の評価によるものであることを強調する。本稿もこれが訴訟法上の評価によるものであることを否定するものではなく、ただ実体法上の評価との共通性を指摘して、両者の相互関係を明らかにしようとするものである。そうすることによって、この場合の訴訟法上の評価の根拠と具体的な標識を明らかにすることができると考えるからである。

（2）　前述二注(1)～(3)およびこれに対応する本文参照。

（3）　ひいては、これによって国家的な秩序の安定性を保障することになることはいうまでもない。

（4）　この点について、Dorndorf, a.a.O., S.64ff. bes. S.69f. の次のような評価を参照すべきである。再審事由の「確実な証拠」つまり「明白性の原理」(Evidenzprinzip) によって、確定判決の正当性の推定がくずれ、判決の正当性の蓋然性ないし保障が失われる。しかし、これによって、判決が不当であるという蓋然姓を生ずるわけではなく、ただ手続再開によって正当な判決にいたる見込を生ずるのである。その限度において、正当性の要請が判決維持の利益より優位する。

(5) z. B. Vgl. Stein-Jonas-Grunsky, ZPO[20], Vorbem. III zur §578 (S. 355f.) 前二者は再審の取消手続（indicium rescindens）の二つの構成部分であり、これに第三の再審事由手続（indicium rescissorium）が連なるのである。
(6) 前述二注(8)～(11)およびこれに対応する本文参照。
(7) Vgl. Wetzell, a.a.O., S. 696f. もっとも、判決言渡前の原状回復の申立事由たる事実についてはLiquidität を要したが、終局判決に対する原状回復の申立には、Liquidität を要しないといわれる。これは疏明で足るか証明を要するかとも対応していた。なお、松本・前掲論文法学雑誌一八巻一号六四頁以下参照。
(8) Hahn, a.a.O., S. 381.
(9) Hahn, a.a.O., S. 745. これは委員会の審議における連邦議会および政府側代表委員長（von Amsberg）の発言である。
(10) 前述二注(5)(6)および本文参照。
(11) Hahn, a.a.O., S. 381.
(12) この点の経過について、法曹会編・民事訴訟法改正調査委員会速記録八三七頁～八三八頁、(赤仕切後) 二〇九頁および三谷忠之・民商法雑誌七二巻五号九五〇頁以下参照。
(13) 三谷・前掲論文九五一頁以下の論証参照。
(14) 前述二注(16)、(17)および本文参照。
(15) 再審の補充性は、普通法以来、原状回復事由にのみ要求された（Vgl. Wetzell, a.a.O., S. 675, Hahn, a.a.O., S. 382）が、ドイツ民訴法成立の審議過程を経て、取消事由にも一部とり入れられ（§§579, Abs. 2, 582 ZPO; Vgl. Hahn, a.a.O., S. 742f.）、これが旧民訴法（四六八条二項、四七〇条）を通じて、大正一五年の改正による再審の訴（現四二〇条）の一本化により、四二〇条一項但書にまとめられた。
(16) Vgl. Wetzell, a.a.O., S. 675.
(17) Hahn, a.a.O., S. 382.
(18) 前述三注(38)および本文参照。
(19) 大判昭和一四年一二月二日民集一八巻二二号一四七九頁は、同一当事者間で同じ請求について前に抵触する確定判決があったことから、当事者は特別の事情のない限り抵触することを知っていたと認めた。これに対しては、却ってその訴訟で主張しなかったのは知らなかったと推定すべきだと批判された（兼子一・条解民事訴訟法上九九三頁）。しかし、重大な過失によって知らなかったために主張しなかったと認められる場合には、一項但書にあたるといえよう（同旨、松江地益田支判昭和四四年五月二三日下民集二〇巻五＝六号三八三頁）。なお、菊井＝村松・民事訴訟法Ⅱ七六九頁参照。

(20) 同旨、Henckel, a. a. O., S. 100, 松本・判タ二六七号八〇頁。ハノーバー草案はこの証書の発見の事由についてのみ補充性を規定していたことも根拠とされる。

(21) Henckel, a. a. O., S. 101.

(22) 法曹会編・第五十一回帝国議会民事訴訟法改正法律案委員会速記録五五七頁。

(23) 小室直人・民商法雑誌六巻三号五四〇頁、西ドイツにおいては通説。Blomeyer, ZPR, S. 598; Rosenberg-Schwab, ZPR^{10}, S. 840f.; Stein-Jonas-Grunsky, ZPO^{20}, Rdn. 1 zu §582 (S. 382).

(24) Stein-Jonas-Grunsky, ZPO^{20}, Rdn. 4 zu §582 (S. 382); Rosenberg-Schwab, ZPO^{10}, S. 841.

(25) 前述二注(26)および本文参照。

(26) Stein-Jonas-Grunsky, ZPO^{20}, Rdn. 2 zu §582 (S. 382) は、この場合には再審の訴を認めないが、前後矛盾するといわざるをえない。

(27) 法曹会編・前掲注(22)速記録五五八頁。なお、知らない点に過失がある場合につき、菊井維大・民事訴訟法下五〇一頁は、知っていたとはいえないとし、小室・前掲論文五四〇頁は、知っていたと同様に再審は許されないという。

(28) 通説判例である。前述二注(28)〜(31)、(34)〜(36)および本文参照。

(29) ドイツ民訴法（§586 ZPO）の立法趣旨においても同じ根拠が示されている。Hahn, a. a. O., S. 384.

(30) 最三判昭和四五年一二月二二日民集二四巻一三号二一七三頁。兼子・前掲条解上九九八頁、菊井・前掲書下四九二頁。もっとも、口頭弁論を経ないで判決を言渡す場合には、言渡期日を告知しない実務・判例を前提とすれば、問題が残る。小室＝松本・民商法雑誌六五巻五号八二二頁。

(31) 前述二注(28)(30)(31)および本文参照。西ドイツでも同旨。Vgl. Stein-Jonas-Grunsky, ZPO^{20}, Rdn. 3 zu §586 (S. 389).

（32）　Hahn, a. a. O., S. 384; Stein-Jonas-Grunsky, ZPO[20], S. 389は、ともに、「当事者が可罰行為のほかに可罰行為の立証の可能性および刑事手続〔有罪判決〕の不可能なことを知ったときが、期間の進行の始期となる」という。
（33）　兼子・前掲条解上九九九頁、菊井・前掲書四九四頁、菊井＝村松・前掲書Ⅱ七七九頁など。
（34）　Hahn, a. a. O., S. 385.
（35）　Vgl. Henckel, a. a. O., S. 102f.
（36）　Blomeyer, ZPR, 607f.; Stein-Jonas-Grunsky, ZPO[20], Rdn. 10 zu §586（S. 390）; ことにHenckel, a. a. O., S. 103f. は、五年の除斥期間経過後にも効果を生ずる継続的法律関係や期間経過後初めての執行などの場合には、解釈論としても、例外的に除斥機関の主張を濫用と認めるべきだとする。
（37）　法曹会編・前掲注(12)調査委員会速記録八四九頁、（赤仕切後）二〇八頁参照。
（38）　三谷・前掲論文判例タイムズ二九二号八頁。また、現行四二四条四項の規定は、この意味で立法上のミスであり、右の趣旨に解釈補充すべきであるとする小室直人・判例時報八七七号一五三頁参照。
（39）　これが最三判昭和四七年五月三〇日民集二六巻四号八二六頁の論拠であった。
（40）　この意味では、最二判昭和五二年五月二七日民集三一巻三号四〇四頁が、一方で、四二〇条二項後段の要件として、被疑者の死亡だけでなく、有罪判決の可能性を示す証拠を要求しながら、他方、四二四条四項の除斥期間の起算点は、判決確定後に文書偽造を示す客観的証拠（鑑定書等）を具備した時ではないとするのは疑問である。敗訴者の責によって「確実な証拠」の具備が遅れたのでないかぎり、この時点を起算点にすべきではなかろうか。

（原題「再審事由——とくに、四二〇条要件および補充性・再審期間との関連」。
小室直人・小山昇先生還暦記念『裁判と上訴（下）』、一九八一年）

第二編　判決効の客観的範囲

第三章　判決効理論の展開と現況

一　伝統理論による既判力論の展開

(1)　伝統理論によれば、確定判決の既判力は訴訟物についての判断に生じ、その客観的範囲も訴訟物によって画定される。民訴法一九九条〔現一一四条〕一項は、判決主文が訴訟物についての判断であるところから、判決主文＝訴訟物＝既判力の客観的範囲の関係を表明したものにほかならない(1)。これは当事者が訴によって、当面の審判の対象を訴訟物として提示しているのであるから〔申立主義〕、判決の既判力も訴訟物の範囲にかぎることが、当事者の意思にそう所以であると考えられたためである。こうして既判力の範囲を、一方では訴訟物の枠内に限定し、これをこえては拡げないことによって、他方では判決主文における訴訟物の判断にかぎり、判決理由中の判断に及ぼさないことによって〔例外一九九条〔現一一四条〕二項〕、当事者の予測をこえた不意打ちを与えないという機能を果してきたといえる。

(2)　さらに、伝統理論によれば、訴訟物は実体法上の個々の権利を基準として個別化されるとされてきたから、判決効はあたかも実体法上の個々の権利についての処分と対比できるものと考えることができた。当事者が処分権主義〔申立主義〕によって審判の対象となる実体法上の権利を特定し、その存否をめぐる攻防をつくした以上は〔弁論主義〕、その結果としての判決効は、私法上の権利処分の効果と共通の基礎によって根拠づけることができる。既判力の本質論をめぐる実体法説が、既判力の基礎を訴訟物たる権利につき判決内容どおりの更改ないし和解契約をしたものとみなしうるところに求めたのは[2]、このような趣旨と解される。これは近代法における私的自治の原則による私人の自己決定＝自己責任の法理が、訴訟上の処分権主義・弁論主義を介して、判決効の根拠として一貫されたことを意味する。

(3)　しかし、既判力はいうまでもなく、国家的な民事訴訟制度の制度的要請に根ざすものである。これは民事訴訟の制度目的を、国家的法秩序維持にあるとする見解だけでなく、権利保護に求める見解によってもそうである。そこでいわゆる訴訟法説は、既判力を訴訟法上の効力であって、裁判の権威や法的安定性の要請から、実体法上の権利の存否とはかかわりなしに生ずる拘束力であると、位置づけた[3]。既判力が普通法以来の抗弁的な構成から、国家公法上の制度として職権調査事項と把握されるようになるにつれ、この訴訟法説が通説となるに至った。しかし既判力は訴訟物とされた実体法上の権利をめぐり、当事者の行為を規律する私法上の規範としても妥当することを否定できない。訴訟法説は既判力のこのような実体法上の作用を切断するのである。

(4)　兼子博士による権利実在説は、権利既存の観念を否定し、具体的権利は訴訟を通じて初めて形成され、確定判決に結実して実在性をもつに至るのであって、これが既判力の根拠であるとした[4]。従来の実体法と訴訟法との二元的な把握を克服し、既判力による権利の実在化によって綜合的な把握が可能になるとしたのである。かくて、訴訟物たる実体法上の権利存否の判断に既判力を生じ、既判力の範囲もこれによって画定されるとする伝統理論は、いずれの見解によっても支持される通説として、金城湯池の堅塁を誇るかにみえたのである。

（1）　斎藤秀夫「判決主文と既判力の範囲」法学八巻四号三六一頁（昭一四）、兼子「既判力と参加的効力」民事訴訟法研究二巻五七頁、六二頁参照。

（2）　ドイツにおいてコーラー、パーゲンシュテッハーによって主張され、ポーレにより再構成されたが、わが国の主張者は少ない。

（3）　加藤正治・民事訴訟法要論二七九頁（昭二一）、菊井維大・民事訴訟法（補正版）下三八九頁（昭四三）など。

（4）　兼子一・実体法と訴訟法一四〇頁以下（昭三三）。

二　訴訟物理論の展開と既判力範囲の動揺

(1)　既判力の範囲が訴訟物によって画されるとすれば、訴訟物理論の変遷につれ既判力の範囲もまた変わることになる。三ケ月教授や新堂教授による新訴訟物論（新説）は、訴訟物の範囲を実体法上の個々の請求権（又は形成権）によって個別化することを否定し、一回の給付（形成）をうける法的地位ないし受給権によって画定するとした。その結果、既判力の範囲もまた、訴えられた給付や形成の内容が同一であるかぎり、実体法上の競合するすべての請求権（形成権）に及び、これらをすべて遮断することになった。(1) これはとりわけ公権的強行的紛争解決制度としての民事訴訟の一回的紛争解決の要請によって根拠づけられる。民事訴訟の制度目的を紛争解決に求めた兼子理論の機能的考察方法をさらに徹底して、既判力もまた一回的紛争解決のための一事不再理の要請するところであると説くのである。

(2)　三ケ月教授のこの新訴訟法説は、一事不再理説とは異なる。(2) 一事不再理説は訴訟法説（拘束力説）の訴訟法上の効力としての不徹底さを批判し、訴訟法上の再度の審判禁止という消極的作用に徹すべきだと説く。これに対して三ケ月説は、一事不再理を既判力の根拠として理念化したうえで、既判力の作用は前訴判決の内容的拘束力であるとするのである（拘束力説）。だから新訴訟物論により拡大された訴訟物についての判決内容にそのまま拘束力を生じ、これと矛盾する攻撃防御方法をすべて遮断するというのである。その結果、既判力の遮断効は個々の実体法上の権利を基準とする旧訴訟物論（旧説）に比べて著しく拡大され、場合によっては当事者の予測をこえた酷な結果を招くことを避けえない、と批判されたのである。

(3)　たしかに、実体法上の個々の請求権は実質的紛争の単位を決める基準として必ずしも適切ではなく、旧説では実質的に同じ紛争を分断し、何度も紛争をむし返すことになりかねない。しかし逆に、新説による訴訟物の枠内で一律に判決の遮断効を及ぼすことも問題である。なるほど訴訟物は当事者の攻撃防御の目標を設定し、遮断効の範囲を予告する機能をもつが、訴訟物の枠が拡がっても当然にその枠内の攻撃防御方法の提出を当事者に期待ないし要求することができ、ひいては遮断効を正当化することができるかは甚だ疑問だからである。そこで、遮断効の範囲を適切に限定する試みがなされることになり、これは大きく二つの方向に分けることができる。

一つは、訴訟物とは別個に既判力の対象を限定しようとする方向である。(3)ことに当事者が訴訟過程において現に提出し、あるいは提出すべきであった攻撃防御方法にかぎって遮断効が及ぶとする見解である。この立場では、訴訟過程において当事者はいかなる攻撃防御方法を提出すべきかを問うことになるとすれば、これはいかなる基準によって決まるのかが問題となろう。訴訟物を個々の実体権から解放する新説では、多数の競合する実体法的視点が錯綜してこれを請求原因や抗弁事実と決める基準にすることが困難になるからである。

もう一つは、訴訟物自体を包括的な一個の実体法上の請求権として再構成して既判力の範囲を画する方向である（新実体法説）。(4)ことに競合する実体法上の請求権を単一の処分対象として把握できるかぎりにおいて、これが訴訟物の範囲を決めるとする見解が注目される。(5)これは訴訟過程における当事者の攻防過程を訴訟外の処分過程と対応させ、単一の処分対象の枠内に既判力の範囲をかぎるとともに、訴訟過程における具体的な攻防のルールを考慮して実体権を主体的に再構成することを可能にするからである。

（1）　三ケ月章「民事訴訟の機能的考察と現象的考察」法学協会雑誌七五巻二号（昭三三）民事訴訟法研究一巻二五頁、同・民事訴訟法（全書）一五頁、八〇頁、一二一頁（昭三四）、新堂幸司「訴訟物の再構成㈢」・法学協会雑誌七五巻五号五九五頁（昭三四）、同・民事訴訟法二〇七頁、四一三頁（昭四九）。

（2）　三ケ月章・民事訴訟法一五頁以下。なお新堂幸司「民事訴訟における一事不再理」民事訴訟雑誌六号二一七頁（昭三五）、鈴木正裕「既判力に対する一考察」中田還暦記念論集下四五頁（昭四五）、同「既判力本質論の実益」民事訴訟法の争点二六〇頁（昭五四）参照。
（3）　たとえばシュワープ「『ドイツ民事訴訟における訴訟物論の現状』について」民事訴訟雑誌一三号一八〇頁以下（昭四三）三ケ月章「訴訟物再考」民事訴訟雑誌一九号一頁（昭四八）民事訴訟法研究七巻二一頁参照。なお次節三注(9)(12)(13)および本文参照。
（4）　上村明広「請求権と訴訟物」民事訴訟雑誌一七号一八九頁（昭四六）、同・民事訴訟法講義（中野＝松浦＝鈴木編）一三二頁以下（昭五一）。
（5）　このヘンケル理論をとる奥田昌道「請求権と訴訟物」判例タイムズ二一三号四頁、二一四号二頁（昭四三）、斎藤秀夫・民事訴訟法概論一三七頁（昭四四）参照。

三　判決の遮断効と争点効理論との関連

(1)　元来、確定判決の既判力は、前訴と訴訟物を同じくする後訴だけでなく、先決関係あるいは矛盾関係に立つ後訴にも及ぶとされてきた。[1]たとえば、甲乙間での甲の家屋所有権確認判決は、同じ甲の所有権確認請求だけでなく、これを前提とする明渡請求や逆に乙の所有権確認請求の後訴においても既判力を生ずる。後訴請求の実体法上の構造によって、前訴における甲の所有権存否の判断が先決事項となり、あるいは一物一権主義を介して矛盾関係に立つことになることがその理由とされてきた。その結果、前訴基準時における所有権存否の判断内容と矛盾する攻撃防御方法の提出はすべて遮断されるとするのが伝統理論であった。

そうであれば、さらに一般的に後訴請求が前訴判決の目ざす実体法秩序を侵害するような法的意味関連をもつ場合にも、同様に判決の遮断効が及ぶとする見解を生んだ。[2]これはそのかぎりで判決理由の既判力が後訴に及ぶことになると解されたが、[3]同様の主張はすでに、抹消登記手続請求訴訟の確定判決は、これと不可分の前提となる所有権存否の判断に既判力を生ずるとする兼子理論にもみられたところであった。[4]

(2)　新堂教授の争点効理論は、これらの見解に対して、むしろ参加的効力の当事者間への適用を説く兼子理論[5]を展開し、一定の場合には判決理由中の判断に拘束力を生ずるとする見解であった[6]。つまり、訴訟物を異にする後訴において、判決理由に一律に既判力を及ぼすのではなく、信義則による拘束力を認めることによって、前訴審判の弾力性を維持しつつ、紛争解決機能の増幅を図ろうとする趣旨によるものであった。しかし、これは前訴請求との関係で主要な争点として争ったことを、別個の請求についても事後的に評価して結果責任を負わせることになり、当事者に不意打ちを与えるのではないかなどの批判をうけた[7]。争点効理論は、これらの批判を吸収し、一方で要件の明確化による予測可能性を高めるなどの展開をとげてきたが[8]、他方で「訴訟物によってあらかじめ指示された遮断効の範囲を手続事実群の具体的な展開に対応して調節する理論」の一環として位置づけようとする新しい見解に脱皮しようとしている[9]。訴訟物の枠は、判決の遮断効の範囲を警告するものであり、手続進行の際の行為規範を制御する。しかし、遮断効の範囲を事後的に評価して画定するには、この行為規範のもとで手続が実際にどのように展開したかという手続事実群の態様によって修正を加える必要があるというのである。

(3)　争点効理論の展開は、判決効の根拠について反省を迫ることになった。ことに、判決効の不利益を当事者に帰すためには、抽象的な紛争解決の一回性や法的安定性の要請ではなく、当事者の手続保障と自己責任ないし信義則によって正当化されなければならないとの見解を生むことになった[10]。しかも、訴訟物の枠内で当事者たる地位についたという抽象的な手続保障だけではなく、さらに訴訟過程における具体的な手続保障でなければならない[11]。つまり、手続事実群の展開により、遮断効が当事者の不意打ちにならず、相手方の期待にそうかぎりにおいて正当化されるということになるのである。ただ、ここでの手続事実群は、具体的な手続過程を事後的に評価して遮断効の範囲を調整するものとしてのみ位置づけられている点に問題が残る、と思われる。

(4)　そこで、手続過程の行為規範を制御するものとしては、訴訟物の枠だけでは不十分であって、さらに具体的に手続過程における当事者の攻撃防御を規律すべき規範を明らかにして、個々の攻撃防御方法についての提出責任を具体化することが必要であると考える。[12] これは具体的には訴訟過程における主観的主張・立証責任の分配の問題であるし、さらには間接事実や反証の提出責任ないしいわゆる当事者の解明義務などに連なる問題である。判決の遮断効は訴訟過程において当事者がこれらの攻撃防御方法の提出責任を果さないがゆえに、相手方との関係で自己責任を問われた結果生ずる失権効にほかならない。[13] だから、具体的に訴訟過程において当事者の提出責任を問いえなければ、遮断効を生ずることはなく、遮断効の範囲は必ずしも訴訟物の枠と一致することにはならないのである。

（1）　中野＝松浦＝鈴木編・民事訴訟法講義（吉村）四四頁以下。
（2）　ツオイナー理論を採用した上村明広「既判力の客観的範囲に関する一問題」岡山大学創立五十周年記念論集一八一頁（昭三四）。
（3）　吉村徳重「判決理由の既判力をめぐる西ドイツ理論の新展開」法政研究三九巻二～四合併号四五三頁（昭四八）（本書一〇三頁）参照。
（4）　兼子一・判例民事訴訟法二八九頁（昭二九）。
（5）　兼子一「既判力と参加的効力」法律時報一四巻三号（昭一七）、研究二巻五七頁。
（6）　新堂幸司「既判力と訴訟物」法学協会雑誌八〇巻三号二九五頁（昭三八）。同「条件付給付判決とその効果」民事訴訟雑誌一〇号一頁（昭三八）。
（7）　その批判の概要については、吉村徳重「判決理由中の判断の拘束力」民事訴訟法の争点三七八頁（昭五四）（本書八九頁）、青山善充「争点効」民事訴訟法判例百選（第二版）二四〇頁（昭五七）、および同所引用の文献参照。
（8）　新堂幸司・民事訴訟法四二五頁以下（昭四九）はこの理論展開の到達点を示している。
（9）　新堂幸司「訴訟物概念の役割」判例時報八五六号一一六頁（昭五二）。
（10）　新堂・民事訴訟法四〇六頁、四二八頁、中野＝松浦＝鈴木編・民事訴訟法講義（吉村）（四五〇頁（昭五一）および四六八頁注9の引用文献、吉村＝竹下＝谷口編・講義民事訴訟法（井上治典）二八一頁（昭五七）。
もっとも、上田徹一郎「判決効の主観的範囲拡大における法的安定と手続保障との緊張関係と調和点」判例タイムズ二八一号四七頁（昭四七）、同「既判力の客観的範囲と一回的解決要求・手続保障要求」吉川追悼論集(下)二九六頁（昭五六）は、法的安定・一回的解決と手続保障との緊張関係の調和点に判決効の限界を求める。
(11)　井上正三「一部請求の許否をめぐる利益考量と理論構成」法学教室（第二期）八号八三頁（昭五〇）が指摘した視点であった。
(12)　吉村徳重「判決の遮断効と争点効の交錯」新・実務民事訴訟講座(2)三五五頁（昭五六）（本書一四五頁）、同「弁論の活性化と訴訟促進」ジュリスト七八〇号二四頁（昭五七）（「民事手続法研究」第四巻所収）参照。
(13)　水谷暢「後訴における審理拒否」民事訴訟雑誌二六号五九頁（昭五五）参照。

四　む す び

(1)　判決効理論は既判力の客観的範囲ないし判決の遮断効に焦点をあてただけでも、このように多様な展開を示してきた。その際に、訴訟物論や既判力本質論の変遷がこの展開の契機となっていることも明らかである。しかも、伝統理論から離脱しつつあるこれらの諸見解は、なお生成中のものも多く、いずれも通説として定着したとはいえない状況にある。そのことが現在の判決効をめぐる理論状況を見通し難くしている原因である、ともいえる。

(2)　しかも、判決効の理論にはここでとりあげた客観的範囲のほかにも、主観的範囲をめぐる議論の展開もある。さらには、判決の事実効・証明効ないし波及効をどのように評価し、どのようにとり込んで判決効理論を考えるべきかという新しい問題もある。ここではこれらの論点にふれることはできないが、いずれの場合にも、当事者および関係人の手続保障の視点を抜きにして判決効理論を考察することができなくなったことだけは確かであろう。しかも、この手続保障は抽象的な内容ではなく、訴訟手続過程の展開に関連して具体化される必要がある。そして、この手続保障を具体化するには、当事者および関係人相互間の関係を規律する私法規範と共通の価値を基礎として、手続ないし弁論過程を規律すべき規範が再構成されるべきではなかろうか。

こうした当事者ないし関係人間を規律する弁論規範に従った攻防を経た結果であるところに、判決効が当事者や関係人に及ぶ根拠があるものと考えるのである。

（法学セミナー三三六号、一九八三年）

第四章　判決の効力の客観的範囲

一　判決効の客観的範囲をめぐる三つの論点と基本的視点の対立

(1)　民事訴訟における判決の既判力は、審判の対象である訴訟物についての判断に生ずるが、その客観的範囲は訴訟物たる実体権を基準として特定される。したがって、同じ内容の給付や形成の申立でも、この実体権が異なれば既判力は及ばない。また、訴訟物について判決する前提となるにすぎない判決理由中の判断についても（相殺の例外を除き）、既判力あるいはこれに類した拘束力は生じない。民事訴訟法が、「確定判決ハ主文ニ包含スルモノニ限リ既判力ヲ有ス」（一九九条〔現一一四条〕一項）と規定するのはこの趣旨である。これが既判力の客観的範囲についての伝統的な学説と判例理論の立場である。

しかし、三ケ月教授を中心とする、いわゆる新訴訟物論の精力的な展開によって、他ならぬこの伝統的理論の妥当性が問い返されてきた。とりわけ、民事訴訟を紛争解決のための国家制度であるとする機能的視点を貫く立場から、伝統理論の果たす役割が批判され再検討されてきたのである。

(2)　判決の効力の客観的範囲について、このような視点から提起されてきた最も重要な問題点として、次の三点を指摘することができる。

第一は、請求の内容が同一の給付ないし形成を目的とするものについても、実体法的視点の差異によってこれをいわば質的に区別し、既判力を及ぼさないことにするのか。新説が伝統理論に挑戦した主な論点であった。そして、実体法上いわゆる請求権競合とされてきた事例を出発点とし、同じ給付や形成を目的とする同一の紛争とみられるものについては、その一回的解決を図ろうという機能的な立場に立った見解が展開された[(1)]。この「紛争解決の一回性」という新説の基本的視点を徹底するならば、問題は請求の質的な同一性にかぎらない。訴訟物論争は、いわばそのコロラリーとして、判決効の客観的範囲の分野において、さらに論点をひろげかつ深めることになった。

第二に、金銭債権などのように請求が量的に可分なものについて、その一部を分割して請求することができるのか。ことに、一部請求についての判決の既判力は残部請求に及ぶのか。伝統的に一部請求を肯定してきた通説および旧判例理論に対しては、つとに兼子博士による批判があり[(2)]、判例理論も一部修正されたが、新説はさらにこれを徹底して展開した[(3)]。

第三に、判決理由中の判断に拘束力をみとめるかどうかである。右の二点がともに、訴訟物の範囲を拡げることによって、判決効のいわば外延のひろがりを問題にしたのに対し、ここでは判決効の内包的な深まりが問題とされる。したがって訴訟物論争とは別にすでにドイツ普通法以来の古くて新しい問題である。新堂教授のいわゆる争点効の理論は、つとになされた兼子提案を新たに「紛争解決の一回性」の視点から展開して、この問題に再び脚光をあてることになった[(4)]。

(4)　判決効の客観的範囲をめぐる三つの論点は右のようにその現われる場面を異にしている。しかし、伝統理論と新説の間にある基本的な問題意識の対立は、三つの論点を通じて共通である。すなわち、伝統理論は、民事訴訟における処分権主義を強調し、とりわけ訴訟対象を特定するについての当事者（ことに原告）の意思を重視する。処分権主義が実体法上の権利処分の自由を根拠とするものであるために、訴訟物の単位もまた実体法上の権利を基準として特定される。実体法上量的に分割行使できる権利については、原告の意思によってその一部を訴訟物として特定できる。こうして特定された訴訟物についての判決の拘束力は、訴訟物をこえては拡がらず、またその前提としてなされた判断にも生じない。さもないと当事者の意思を超え、予測しない拘束力を生ずることになるからである。

これに対して、新説は、訴訟物の特定について、実体法上の権利処分の自由を論拠にした原告意思の尊重を拒絶し、公的制度としての民事訴訟の紛争解決機能を対置する。そのためには、何よりもまず、訴訟物を実体法的視点から解き放す、紛争解決の目的にふさわしい基準に従って特定しようとする。そこで、判決効の範囲も、実体法上の権利や当事者の意思を基準にするのではなく、民事訴訟という公的制度目的から「紛争解決の一回性」の理念に即して拡大される。社会的ないし制度的にみて同一の紛争を、実体法的視点によって質的に分割し、あるいは原告意思によって量的に分断することは、この目的機能を阻げる。判決理由中であっても、十分に争われて判断された争点について、再度紛争をむしかえすことは許されない、というのである。

このような両説の基本的視点の対立は容易にかみあわない。わが国でもすでに十数年に及ぼうという論争史の中で、それぞれの場面について理論的な根拠づけは双方から出尽くし、いまや争点は両説が実務においていかなる機能を果たすかという実践的な場面に移ったともいわれる。もしそうであれば、本来極めて実践的な機能目的をもって登場した新説の土俵のうえに双方が登ったことを意味しよう。そこでは、伝統理論に対しては、既存の私法法規上の権利規定だけを基準にして審判の対象を特定することによって、果たして複雑化した紛争の実態に適切に対処できるのかが問われよう。新説に対しては、訴訟物や判決効の範囲拡大によって、審判すべき事項や遮断効をうける事項が当事者の予測を超えることになれば、充実した適正な審理を期し難く、当事者にとっては不意打ちとならないのかが問われよう。

したがって、問題の焦点は、双方にとって右の問いかけに答えるべく訴訟物や判決効の範囲を画する適切かつ明確な基準は何であるか、ということでなければならない。本稿はこのような基本的問題意識に立って、判決効の客観的範囲をめぐる前述の三つの論点についての判例理論を検討してみることにする。

（1）　たとえば、三ケ月章「訴訟物論における連続と不連続」民事訴訟法研究Ⅲ一三七頁、新堂幸司「訴訟物の再構成㈢」法学協会雑誌七五巻五号五九五頁以下など参照。
（2）　兼子一「確定判決の残額請求」民事法研究Ⅰ三九一頁。
（3）　三ケ月「訴訟物をめぐる戦後の判例の動向とその問題点」民事訴訟法研究Ⅰ二四五頁、五十部豊久「一部請求と残額請求」実務民事訴訟講座Ⅰ七五頁。
（4）　新堂幸司「既判力と訴訟物」法学協会雑誌八〇巻三号二九五頁、同「条件付給付判決とその効果」民事訴訟雑誌一〇巻一頁。

二　請求の質的同一性――実体法的視点の差異と既判力

⑴　判　例

㈠　判例理論によれば、請求はその基礎となる実体権によって特定されるが、これは原告の法的呼称によってではなく、陳述された事実関係によって決まる。最高裁昭和三四年九月二二日判決（民集一三巻一一号一四五一頁）は、不当利得返還請求権のみが成立する事実関係のもとでは、陳述の中に不法占拠や損害金という語がみえても、法的評価ないし表現を誤ったものにすぎない、とする。こうして特定された請求の法的性質決定は確定判決によって確定される。最高裁昭和三二年六月七日判決（民集一一巻六号九四八頁）は、金銭債権につき分割請求として勝訴判決を得たものは、後訴で同じ債権を連帯債権として主張しえない、とした（もっとも本件ではこの確定力が残額請求にも及ぶかが問題となった。後述三⑴㈡参照）。

㈡　同じ給付を目的とする請求において、基礎となる実体権が異なれば、別異の請求として前訴判決の既判力は及ばない。しかし、請求の異同は、単なる法的呼称の差異ではなく、陳述された事実関係や実体法上の権利相互の関係によって決まる。第一に、いわゆる請求権競合の事例については、訴訟物も別であり既判力は及ばない。

既判力について直接この趣旨を判示する最高裁判例はまだないが、下級審判例はこの伝統理論を維持するものが殆どである。特定物引渡訴訟について、広島高裁岡山支部昭和三〇年五月二七日判決（下民集六巻五号一〇二六頁）は、贈与契約無効取消による不当利得返還請求権に基づく明渡請求を棄却した判決の既判力は、所有権に基づく明渡請求に及ばない、とした（なお大判昭和一二年七月一〇日民集一六巻一一七七頁参照）。また、金銭債権についても、京都地裁昭和二九年八月二三日判決（下民集五巻八号一三三四頁）は、手形債権請求を棄却した判決の既判力は、原因関係となる売買代金請求に及ばない、とする。不法行為と債務不履行との関係についても、福岡地裁小倉支部昭和三六年三月一八日判決（判例時報三二〇号一四頁）は、前者による損害賠償請求を棄却した判決の既判力は後者に及ばない、とする（大判昭和一一年一二月二二日民集一五巻二二七八頁同旨）。

(ハ)　第二に、請求の基礎となる異なった実体権が、実体法的にみれば相互に両立しない択一関係にあっても、訴訟上は仮定的に陳述されうるところから、異なった訴訟物とみとめられることがある。たとえば、賃貸借契約解除を前提とする損害金請求を棄却する判決の既判力は、右契約の存続を前提とする賃料の請求に及ばない（福岡高判昭和三九年八月六日下民集一五巻八号一九四六頁）。学説上しばしば設例される、売買契約による代金支払請求と売買契約が無効で目的物が消費されたことによる不当利得返還請求との関係も同様である。

しかし、同じ契約を売買とみるか請負とみるかのように、同一事実関係ないし契約についての解釈の相異にすぎないといえる事例については、単なる法的呼称の問題として処理できることもあろう。最高裁昭和四一年一〇月六日判決（判例時報四七三号三一頁）が、金銭消費貸借としての支払請求において、既存債権を目的とする準消費貸借の成立を認容できるとしたのは、原告の単なる法的名称には拘束されない趣旨に解しえよう。相互に択一関係に立つ実体法的視点の差異が、訴訟物の相違をもたらすか、あるいは単なる法的名称の差異にとどまるかは、陳述された事実関係に重大な食違いがあるかどうかによるようにみえる。

(ニ)　このように伝統理論を維持する判例理論の中で新説の影響をみとめることは極めて困難である（わずかに

訴の変更について、仙台地判昭和三六年一月二一日判例時報二五九号三四頁が、原因関係の売掛代金債権から手形債権への変更は、攻撃防禦方法の変更にすぎないとして新説を採用した）。したがって、判例理論は、①同一の給付を目的とする実質的に同じ紛争について、ただ実体法的視点を変えるだけで再度のむしかえしを許すことになる、あるいは、②前訴判決で勝訴した原告に二重の給付判決を許すことになる、など新説の批判をうけることになる。大阪高裁昭和四三年四月二四日判決（判例タイムズ二二一号一四〇頁）は、不法行為による損害賠償を認容した確定判決は、これと同一事実関係に基づく不当利得返還請求の後訴を排斥しないとして、二重の給付判決をみとめ、二重払の危険は執行段階で調整すれば足りる、という。ただ、択一関係に立つ場合には、原告勝訴の確定判決は、そこで確定された法的視点と両立しない後訴の法的視点を排斥することになるし（前述最判昭和三一年六月七日参照）、敗訴原告に対しては、事実関係に差異がなければ、法的視点の差異は法的呼称の相違にすぎないとして対処する方向を、判例自身の中にみとめることができる。請求権競合の事例についても、一定の限度で同様の構成が可能ではあるまいか。

(2)　学説の解決の試みと展望

伝統理論と新説の厳しい対立の中にあって、学説はあらたに二つの方向に打開策を求めているようにみえる。一つは、事実関係の同一性を実体法上の法律要件をつかって明確化し、訴訟物および既判力の範囲を画定する基準にしようとする途である。ヤウエルニッヒは、弁論主義的訴訟構造のもとでは、当事者の提出した事実関係を基準として訴訟物と既判力の範囲が画定されるが、この事実関係の枠づけは実体法規範を使ってのみ可能になるという(1)。山木戸教授の説かれる「事実関係の同一性」と「発生要件の同質性」の識別基準(2)も、ほぼ同様の範囲に帰するのではなかろうか。一方で訴訟物をひろげ、他方で既判力を陳述された事実関係に限ろうとする見解（シュワープとハープシャイド）の矛盾を避け、両者に共通な適正範囲を画しようという趣旨である。

他は、実体法上の請求権を再構成することによって、観念的には数個の請求権が考えられても、社会的実在としては一個の請求権しか考えられないときには、これを一個の訴訟物とみる方向である。とりわけ請求権が処分対象として一個とみられる場合には社会的実在としても一個の権利があるとして、処分対象としての請求権を訴訟物とみるヘンケル理論およびこれに従う奥田・斎藤教授などの、いわゆる新実体法説がこれである[3]。

これらの二つの方向は、細部の違いを除けば、訴訟物の範囲についてはほぼ共通の結論に達する場合が多い。同一の電車事故による不法行為に基づく損害賠償請求権と債務不履行に基づく損害賠償請求権は訴訟物が同じであるが、手形債権と原因関係の債権とでは別である。また、売買契約に基づく代金支払請求権と売買契約が無効で目的物が消費されたことによる不当利得返還請求権とでは訴訟物は別とみられる。ともに事実関係の同一性を基準とするからであり、この点に新旧両説の和解点があるとの指摘もある（シュワープ）。

ところで、訴訟物は実体法的に無色であるとする新説においても、とくに、既判力・執行力の拡張されるべき承継人の範囲を決めるときは、結局は実体法的な構成を基準とせざるをえない[4]。もし、処分対象としての実在的請求権を訴訟物として構成できるならば、この間の矛盾も解消しよう。他方、訴訟手続の成果である判決効の正当性は、広義の弁論主義的訴訟手続のもとでは、当事者の訴訟手続形成への積極的な寄与によって保障される。逆にいえば当事者は、手続形成過程において審判の対象および将来の既判力の範囲を常に予測できなければならない。ある請求権の発生要件を充足する事実関係断面（Sachverhaltausschnitt）が、必然的に他の請求権の基本的要件も充たす場合であれば（ヤウエルニッヒ）、単一の訴訟物をみとめても当事者の予測をこえることはない。また、この場合の競合する請求権は、処分対象としては単一の実在的請求権とされるのではあるまいか。わが判例法は、択一関係に立つ請求権の差異が、訴訟物の異同を左右するか否かの基準を事実関係の異同に求めてきた。同様の方向は右のような論拠の下に請求権競合の事例にも拡げることができるように思われる。

（1）Jauernig. Verhandlungsmaxime, Inquisitionsmaxime und Streitgegenstand,（1967）,この論文の書評として書かれた拙稿、Streitgegenstand und Verfahrensmaximen, ZZP 83, 245参照。

（２）　山木戸克己「訴訟上の請求について」民事訴訟理論の基礎的研究一二四頁以下参照。
（３）　Henckel, Parteilehre und Streitgegenstand im Zivilprozeß. 1961, S.249ff. ins. 262ff.; 奥田昌道「請求権と訴訟物（上）（下）」判例タイムズ二一三号四頁、二一四号二頁、斎藤秀夫・民事訴訟法概論一三六頁。なお、上村明広「請求権と訴訟物」民事訴訟雑誌一七号一八九頁参照。
（４）　たとえば三ケ月章「特定物引渡訴訟における承継人の地位」民事訴訟法研究一巻二四九頁。

三　請求の量的同一性——一部請求の既判力

(1)　判　例

(イ)　大審院判例は、量的に可分な債権について、一般的にその一部を分割請求することをみとめ、判決の既判力は残部に及ばない、としていた。大審院昭和四年三月一九日判決（民集八巻一九九頁）が、一部を請求しても残部についでは時効中断の効果を生じないとしたのは、残部請求については既判力を生じないとの前提に立っていたといえるし、大審院昭和一八年五月三日判決（法学一二巻一一号九九九頁）は、直接、一部請求の既判力は残部に及ばないとして、一部請求で敗訴した当事者が後訴で残部を相殺に供することをみとめた。

(ロ)　ところが、最高裁は、一連の判例によって、一部であることを明示して訴を提起したか否かによって、残部請求についての既判力を区別する態度を明らかにした。すなわち、明示の一部請求については残部請求を許すが、一部であることを示さずあたかも全部請求であるかのようにして請求した、単純な一部請求については、残部請求を認めない、という立場である。最高裁昭和三二年六月七日判決（民集一一巻六号九四八頁）は、契約上の金銭債権が前訴で分割債権として認容されたのに、後訴で連帯債務と主張して、そこに生ずる残額を訴求したのに対して、「請求を訴訟物の全部として請求し……その請求の全部につき勝訴の確定判決をえた後において、今さら右請求が訴訟物の一部の請求にすぎなかつた旨を主張することは、とうてい許されない」と判示した。つまり、前訴が結果的にみれば一部請求にすぎなくとも、主張の仕方からみて全部として請求されたとみる場合には、残部請求は排斥される。これは単純な一部請求についても残部請求を認めてきた従来の判例に修正を加えるものとして重要である。その後、最高裁昭和四五年七月二四日判決（民集二四巻七号一一七七頁）は、治療費補償の単純な一部請求は、治療費全額の補償債権につき時効中断の効力を生ずるとして、単純な一部請求についての判例修正を追認することになった。

他方、明示の一部請求については、最高裁昭和三四年二月二〇日判決（民集一三巻二号二〇九頁）が、火災による損害賠償債権の一部を明示した請求は、残額債権の時効を中断しないと判示したのを経て、最高裁昭和三七年八月一〇日判決（民集一六巻八号一七二〇頁）は、直接既判力について、「一個の債権の数量的な一部についてのみ判決を求める旨を明示して訴が提起された場合は、訴訟物となるのは右債権の一部の存在のみであつて、全部の存否ではなく、従つて右一部の請求についての確定判決の既判力は残部の請求に及ばない」と判示した。これは、寄託契約違反に基づく損害賠償債権の一部を明示して訴求し許容された後、残額を訴求した事例であった。こうして、最高裁は一部請求を明示した場合にだけ、残部請求を許すが、明示しない場合にはこれを許さないという判例を確立したといえる。

(ハ)　いかなる場合に金銭債権の一部請求を明示すべきであろうか。訴訟上の請求が、同一契約上の債権についても履行期の違いによって特定され、あるいは同一不法行為による損害賠償債権については損害費目によって特定されるとすれば、特定して訴求された請求はとくに一部の明示を要しないであろう。福岡高裁昭和三二年四月九日判決（下民集八巻四号七三四頁）は、傷害により得べかりし利益喪失の損害賠償請求を棄却する判決の既判力は、精神上の苦痛を理由とする慰謝料請求の後訴に及ばない、とした。しかし近年、損害賠償請求の訴訟物を単一とみて、原告の訴求総額をこえないかぎり損害費目相互の流用をみとめる下級審判例が続出している（名古屋地判昭和四〇年七月二八日判例タイムズ一九五号一〇三頁、東京地判昭和四二年一〇月一八日判例タイムズ二一一号二〇三頁、東京地判昭和四三年八月六日判例タイムズ二二七号一六四頁など多数。五十部豊久・判例タイムズ二三〇号七七頁参照)。判例理論としては、最高裁の明示の一部請求理論を前提として、両者を統一的に理解する必要があろう。そのためには、損害賠償の訴訟物は同一であるが、損害費目、ことに財産的損害または慰謝料だけに特定された請求は、(明示の)一部請求とみとめられ、その既判力は残部請求を排斥しない、と構成すべきことになろう。しかし、実際には一部の明示はないのだから、明示の要件はかなり緩和されなければならない。

(ニ)　前訴口頭弁論終結後の損害について、最高裁昭和四二年七月一八日判決(民集二一巻六号一五五九頁)は、火傷による損害として、基準時までの治療費、慰謝料などの賠償を請求した前訴の確定判決は、基準時後に必要となった再手術の治療費を請求する後訴を排斥しない、とした。明示の一部請求理論によりながら、具体的事案では明示の要件をかなり緩和したことになる。さらに、最高裁昭和四三年四月一一日判決(民集二二巻四号八六二頁)は、母の交通事故による損害賠償について調停が成立した後に母が死亡したとして慰謝料を請求した本訴において、調停当時母の死亡が全く予想されなかったとすれば、死亡による慰謝料請求は受傷による慰謝料請求とは同一性がないから、調停調書により排斥されない、と判示した。当事者において母の死亡が予想されたかどうかが基準となった。ここから、口頭弁論終結後に生ずる損害の賠償請求について、最高裁の判例理論を推論すれば、次のようになろう。第一に、基準時に予測できた損害の賠償請求であっても、前訴請求が基準時までに生じた損害に限定されていた場合には、一部請求の明示ありとして、既判力に妨げられない。第二に、基準時に予測できない損害の賠償請求については、前訴の既判力に妨げられることなく常に許される。

(2)　判例理論の構成と問題点

(イ)　最高裁の判例理論は、こうして、一部請求を明示したかぎりで残部請求を許す点では、通説や旧判例理論を維持するが、一部請求の明示されない場合には残部請求を排斥する点で、新説に与することになった。したがって、明示の一部請求については新説の批判をうけ、単純な一部請求については通説からの反論を予想しなければならない[1]。

まず、明示の一部請求の既判力は残部請求に及ばないという判例の根拠は、通説と同様に、原告は処分権主義によって量的に可分な債権の一部を審判の対象として特定できるから、既判力もまたこの訴求部分に限られる、という点にある。実際的には、裁判結果の予測が困難なことや訴訟費用の負担などが分割請求を必要としている。しかし、これでは原告の恣意によって請求が量的に分断され、「紛争解決の一回性」に反し、ひいては被告の応訴の煩と裁判所の負担を増大するというのが反論の要点である。通説は実体法上の権利行使の自由を論拠とするが、実体法理論によっても、裁判外裁判上を問わず相手方を不当に煩わす態様での権利行使は制限される。そこで、原告の分割請求の利益との衡量のうえで、訴訟物を特定できる合理的な単位が追求されなければならないだろう。

他方、単純な一部請求の既判力が残部請求を排斥するとの判例理論は、一部の明示がなければ、訴訟物は債権全体であって、訴求額を全部として審判するのだからこの点も含めて既判力によって確定される、という構成であろう。これに対しては、判決理由中の判断に拘束力をみとめなければ、全部として認定した点に確定力をみとめることは難しい、また訴求額をこえた部分に遮断効を及ぼすのは、当事者の予測をこえた不意打となるなどの反論がある。口頭弁論終結後の損害につき、予測できなかったものを排除せず、あるいは一部請求の明示の要件を緩和した最高裁判例の趣旨は、基準時前の事情についても妥当しよう。この点では、原告の責に帰しえない事情の不知や全額請求の困難な状況を考慮して分割請求をみとめるアメリカの判例理論が参考になろう[2]。

(ロ)　このような問題点が最も顕著に現れるのは、近時交通事故訴訟などを中心に激増しつつある損害賠償訴訟においてである。この種の訴訟では、要件立証の困難や自由裁量による損害額の算定などのために裁判結果の予測がきわめて困難であり、一部請求を否定して全額を訴求させ多額の印紙貼付を求めるのは原告に酷な事情が

ある。(3)

もっとも、損害賠償訴訟の訴訟物を被侵害権利ごとに特定する見解によれば、極端にいえば個々の物件ごとに訴訟を分断することもできることになるが、これは損害賠償訴訟の現状にそわない。逆に、侵害行為が同一である限り、社会的に一つの紛争として訴訟物も一個とみる見解、さらに一部請求も否定するとすれば、遮断効の範囲は最も拡大される。しかし、判例や多数説が、財産的損害だけを訴求した前訴判決の既判力が慰謝料請求の後訴を排斥しないとするのは、十分に理由があるように思われる。財産的損害だけが審判されたのに、慰謝料請求を遮断するのは酷であるし、そうかといって釈明権によって慰謝料の訴求を強制するのは処分権主義に反することになろう。なお、身体障害についての損害額定額化の要請や自賠法三条の適用範囲などを考慮して人損と物損を区別する立場もあるが、社会的にこのような取扱が一般化すれば、訴訟上もその基準に従うことができよう。要するに、原告が請求原因としてこれらの項目を特定して訴求した場合には、判決の既判力は残部請求を排斥すべきではない。判例理論が損害賠償請求権を単一の訴訟物とみるならば、一部請求の明示の要件は緩和されなければならない。

(ハ)　前訴の口頭弁論終結後に生じた損害の賠償請求は、これが基準時に予測できなかったものであれば、既判力により排除されない、というのが判例理論と推認された。これはそれ自体としてはきわめて正当であるが、その論拠は必ずしも明らかでない。多数の見解はこれを一部請求の理論ではなく、既判力の時間的限界によって説明すべきであるという。(5)しかし、わが国の不法行為損害賠償請求においては、定期金賠償や変更判決の制度がとられていないために、いわゆる元本賠償方式により、将来の損害をも含めて「既発のもの」として判決時に確定する建前がとられている。(6)もしこの建前を前提とするならば、損害賠償請求権は、基準時において将来生ずべき損害をも含めて「既発のもの」として確定されたことになるから、基準時後に生じた損害を別途請求することは既判力に阻げられることになろう。そこで、同一の損害賠償請求権についても、原告は通常基準時に予見できる損害に特定して訴求しているという、処分権主義に基づく原告の訴訟対象特定権（これが一部請求の基礎）を論拠としないかぎり、予見できなかった損害の追加請求を許すことは難しい。もっとも、既判力効を限定的に解するか（山木戸克己・民商法雑誌四八巻二号二五二頁）、あるいは前述の建前自体を変更すればまた別論である。問題はさらに、この側面から再検討さるべきであろう。

（1）　通説および新説の要領のよい要約として、井上正三「金銭債権の一部請求の適否」続学説展望・別冊ジュリスト4号一二八頁、およびそこに引用の文献参照。
（2）　吉村徳重「アメリカにおける既判力の客観的範囲」法政研究三二巻二～六号合併号七四八頁〔『民事手続法研究』第三巻所収〕参照。
（3）　この点を強調するものとして、五十部豊久「損害賠償額算定における訴訟上の特殊性」法学協会雑誌七九巻六号七二〇頁、同・前掲論文・実務民事訴訟講座Ｉ七八頁参照。
（4）　損害賠償の訴訟物についての学説の要約として、五十部豊久「損害賠償訴訟の訴訟物」法学セミナー一四三号九頁、岩村弘雄「損害賠償請求の訴訟物」判例タイムズ二一二号一六八頁および同所引用文献参照。
（5）　五十部豊久・交通事故判例百選一三七頁など。
（6）　この建前を疑問とするものであるが、江藤价泰「判決において定期金賠償を命ずることの可否」実務民事訴訟講座Ⅲ二九一頁、倉田卓次「定期金賠償試論」判例タイムズ一七九号一九頁参照。

四　判決理由中の判断の拘束力——争点効

(1)　判　例

最高裁の判例はいずれも判決理由中の判断の拘束力を否定するが、既判力を否定するものといわゆる争点効をも否定するものがある。

(イ)　最高裁昭和三〇年一二月一日判決（民集九巻一三号一九〇三頁）は、登記抹消請求の判決の既判力は、判決理由中の所有権の判断に及ばないとした。前訴において、甲は乙に対して土地所有権に基づく移転登記の抹消登記を請求し勝訴していたが、後訴でさらに家屋収去土地明渡の訴求をしたのに対して、逆に乙は自己の土地所有権確認および移転登記請求の反訴を提起した。前訴判決の理由中で甲の所有権が肯定されていたが、これは主文において訴訟物として判断されたものでなくその前提にすぎないから既判力をみとめない、と判示した。さらに、最高裁昭和三一年四月三日判決（民集一〇巻四号二九七頁）は、所有権移転登記請求において、判決理由中の所有権の判断には既判力は生じないから、原審で勝訴した被告はこの点だけを理由に上告できない、とした。

もっとも、大審院判例においては、大審院大正一四年四月二二日判決（法律新聞二四一八号一八頁）が、所有権移転登記請求を認める判決の既判力は所有権には及ばないとしたのに対して、大審院昭和一二年四月七日判決（民集一六巻七号三九八頁）は、抵当権抹消登記請求の棄却判決の既判力が抵当権の判断に生ずることのありうる旨説示するなど、若干の動揺がみられた。しかし結局、最高裁判例は、この動揺を斥けて、所有権の移転登記や抹消登記請求についての確定判決は、その前提問題として判断された所有権の存否に既判力を生じない、との立場を確立していた。

(ロ)　ところが、その後に争点効理論が説かれ、これを肯定する下級審判例が続出していたので、最高裁昭和四四年六月二四日判決（判例時報五六九号四八頁）が、注目をあびることになった。事案は、甲が乙所有の家屋を買い受けその旨の登記をしたが、明渡がないので、乙を相手に家屋明渡を請求した前訴において、売買契約の錯誤と詐欺の抗弁を排斥して請求を認容する判決が確定した。逆に乙は甲に対して、同じ売買契約の錯誤または詐欺を主張して所有権移転登記の抹消を訴求したが、原審が詐欺による取消をみとめて乙の請求を認容したので、この点はすでに前訴において確定しているとして争われた。最高裁は、「右確定判決は、その理由において、本件売買契約の詐欺による取消の抗弁を排斥し、右売買契約が有効であること、現在の法律関係に引き直していえば、本件不動産が甲の所有であることを確認していても、訴訟物である本件建物の明渡請求権……の有無について既判力を有するにすぎず、本件建物の所有権の存否について、既判力およびこれに類似する効力（いわゆる争点効……）を有するものではない。」と判示した。(イ)の最高裁判例の趣旨にしたがったものといえるが、①前訴が登記請求ではなく明渡請求であった点、および②既判力だけでなく争点効をも否定した点において、従来の判例を一歩進めた意味をもった。

(ハ)　争点効についての下級審判例は、これを肯定するものと否定するものに分かれていた。初めて争点効を肯定した、京都地裁昭和四〇年七月三一日判決（下民集一六巻七号一二八〇頁）は、争点効の詳しい要件を説示し、その後の典型となった。事案は、所有権に基づく土地明渡請求の前訴において、所有権の存否が決め手となって敗訴した被告が、逆に前訴原告を相手に同一土地所有権確認および移転登記手続を請求したものであったが、前訴判決理由中の所有権の判断に争点効がみとめられた。後訴では前訴で主張されなかった取得時効を主張して所有権を理由づけようとしたのである。これに続く東京地裁昭和四一年四月二〇日判決（下民集一七巻三・四号三三二六頁）、大阪地裁昭和四二年八月一八日判決（判例時報五〇九号六一頁）はともに、基本的には、京都地判と類似した所有権に基づく明渡請求の事件において争点効をみとめた。ただ、もう一つの肯定例、広島高裁昭和四二年三月六日判決（高民集二〇巻二号一四四頁）とともに、前訴判決理由中の具体的な「事実関係」の判断に争点効がみとめられた点で、前掲京都地判が取得時効の主張があるのに「所有権」の判断に争点効をみとめたのと対照的である。争点効を否定する判例のうち、大阪高裁昭和四二年二月一五日判決（下民集一八巻一・二号一三六頁）は前出京都地判を破棄したものであったが、福岡地裁昭和四二年三月一日判決（判例時報四九〇号六七頁）、東京地裁昭和四二年四月二五日判決（判例時報四九〇号六三頁）も争点効を否定した。

(2)　判例理論の構成と問題点

(イ)　最高裁の判例理論の構成は前述の最高裁昭和三〇年判決の判決理由のなかで詳細に説示されている。そこには例の「訴訟物＝請求の趣旨（判示事項）＝判決主文に示された判断＝既判力の客観的範囲」の伝統理論が明確に展開されているが、何よりもこれを特定できる当事者（とくに原告）の意思の尊重が強調される。ドイツ民訴法成立前夜に展開された、かの既判力論争において、立法化を支えた論拠もまた、当事者意思の尊重と個別訴訟の任務の強調であった。すなわち、当事者が意識的に判決を求めているのは訴訟物だけであり、その前提事項は訴訟物との関係で争うにすぎないから、判決の効力も訴訟物の判断に限るべきであり、その前提としての判決理由中の判断に及ぼすべきでない。さもないと、当事者が相対的にこの訴訟限りで主張している事項に、絶対的に、個別訴訟をこえた効果を与えることになり、当事者の意思をこえることになる、というにある。

(ロ)　しかし、すでにこの論争において、サヴィニー理論が指摘していたように、この判例理論には、当初から、確定した権利関係の安定性が保たれず、矛盾した判決を生ずるという問題が潜んでいた。最高裁昭和四四年判例が示したように、前訴においてせっかく確定した所有権に基づく家屋明渡請求権も、相手方が逆に同じ家屋の所有権確認や抹消登記請求を起こすことにより、その安定性を根底から崩され、場合によっては矛盾した確定判決が相互に相拮抗する状況が生まれることになる（新堂幸司・中田還暦記念論文集下六九頁参照）。サヴィニー理論と立法との調整は、中間確認の訴の創設であったが、その後の運用はこの制度が殆ど利用されていないことを示している。この制度を活用しない当事者の責任であるから已むをえないとして放置できないというのが、この問題再検討の出発点であった。

(3)　学説の解決の試みと展望

(イ)　登記請求訴訟においては、登記が実質上の権利関係を反映すべきものであるから、実質的権利関係の存否自体が訴訟物をなし、この点にも既判力を生ずるとする兼子説（判例民事訴訟法一〇〇事件参照）は、極めて慎重な一提案であった。しかし、登記の技術性という特殊例外的な問題として提案されたために、多くの賛同者をうるにいたらず、最高裁昭和三〇年判決は、この見解に立った上告理由を斥けたのである。

(ロ)　参加的効力を当事者間にも拡張しようという兼子博士のもう一つの提案[1]は、既判力の拘束力ではなく、当事者間の公平という信義則の要請に基づくものであった。新堂教授の争点効論[2]が、この兼子説を積極的に評価したうえで、さらに、紛争解決の一回性と審判の便宜の要請という広い視点から再構成されたものであることはいうまでもない。既判力を判決理由中に拡げると、先決事項についても審判の順序が強制され、審判の便宜が損なわれる。そこで、既判力ではなく、信義則の適用を判決効として定着した争点効をみとめて、審判の弾力性と紛争解決機能の充実を図ろうとするものであった。当事者が真剣に争い、裁判所も実質的に審判を下した場合には、その争点の判断に拘束力をもたせようとする。争点効を肯定した前掲下級審判例は、このような要件のもとに信義則の適用としての拘束力をみとめたのである。「真剣に争う」や「実質的に審判を下す」などの要件が不明確かつ曖昧である点から、実務上の有用性が疑われたにもかかわらず[3]、これだけの下級審判例が出たのは、それだけ現場の裁判官にとってこの点の拘束力の必要性が痛感されているためともいえる。この見解の詳細な検討は別稿[4]に譲らざるをえないが、基本的には広義の弁論主義に基づく当事者の主体的地位についての配慮が欠けている点に問題がある。弁論主義手続のもとでは、裁判の相当性は、当事者の手続形成に対する積極的関与によって保障される。逆にいえば、当事者は手続形成過程において将来の裁判の拘束力を常に合理的に予測できなければならない。しかし他面、当面の訴訟物についての迅速な審判をさまたげることのないような配慮も必要である。判決理由中の判断に拘束力をみとめる場合にはこの点を考慮した慎重な、しかし明確な要件規定が必要である。この点についての最近のヘンケル理論[5]は、基本的にはこれと共通の問題意識に立って、判決理由中に既判力をみとめようとする注目すべき見解である。ここでこの点を詳細に検討するゆとりはないが、この問題で右のような視点に立って再吟味されなければならないことは確かである。

(1)　兼子一「既判力と参加的効力」民事訴訟法研究Ⅱ五五頁以下。

(2)　新堂・前掲（一注(4)）論文参照。中務俊昌「民事裁判の動向」現代の裁判七七頁、斎藤秀夫・民事訴訟法概論

三九五頁がこれを採用し、吉村徳重「判決理由中の判断の拘束力」法政研究三三巻三〜六合併号四四九頁以下〔「民事手続法研究」第三巻所収〕は批判的な再構成を試みる。なお、住吉博「争点効の本質について（一）（二）」民商法雑誌六一巻二号三頁、五号二六頁、伊東乾「判決の争点効」実務民事訴訟講座Ⅱ九三頁参照。

（3）倉田卓次「いわゆる争点効の理論について」判例タイムズ一八四号八一頁参照。

（4）吉村・前掲論文・法政研究三三巻三〜六合併号四八六頁以下参照。

（5）Henckel, Prozessrecht und materielles Recht 1970, S.149ff. 本書の紹介として文字浩「ヘンケル『訴訟法と実体法』」法学論叢八七巻五号七四頁参照。

（ジュリスト五〇〇号、一九七二年）

第五章　判決理由中の判断の拘束力

一　争点効理論と判決の遮断効

(1)　既判力の客観的範囲は判決主文に表示された訴訟物についての判断にかぎられるという原則〔民訴法一九九条〔現一一四条〕一項〕に対しては、一定の条件のもとで、判決理由中の判断にも拘束力を認める見解が主張されてきた。ことに新堂教授が争点効理論を提唱されて以来、判例や学説の注目するところとなり、この問題はわが国民事訴訟法学の重要な「争点」の一つとなった。

この争点効の理論[1]は、つとに兼子博士の参加的効力の当事者間への類推適用の理論[2]によって先鞭をつけられた途を、さらに英米法のコラテラル・エストッペルの法理の示唆をえて、「信義則が判決の一効力にまで定着した」拘束力として展開したものである、といわれる。そして、この理論の基本的発想は、訴訟物を異にする後訴において、判決理由中の判断に既判力を及ぼすのではなく、信義則による拘束力を認めることによって、審判の弾力性を維持しながら、紛争解決機能の増幅を図ろうとするところにある。そこで、前訴手続過程における当事者の攻防の態度を事後的に評価して理由中の判断に反する後訴での主張を信義則に悖るものとして排斥するのである。

(2)　他方、判決の遮断効を訴訟物を異にする後訴にも及ぼすことによって、判決理由中の判断の拘束力を認める見解がみられる。すでに通説は、前訴と訴訟物を異にする後訴でも、先決関係や矛盾関係がある場合には既判力の遮断効を認めてきたが[3]、さらに一定の法的関係があれば遮断効を拡大しようとする方向である[4]。しかもその中には、前訴手続過程における当事者の攻防の態様によって遮断効の範囲を画しようとする傾向があり(5)、その基本的方向においては、争点効理論へのいちじるしい接近がみられる。争点効理論を「訴訟物たる権利の前提事項についての判断に遮断効を認めようとするものであり、それは、訴訟物によってあらかじめ指示された遮断効の範囲を手続事実群の具体的展開に対応して調節する理論の一つの試みであった(6)」とする位置づけが、ほかならぬ争点効理論の提唱者によってなされているのはこのためである。

(3)　このような理論の展開のなかで提起された「争点」は多岐にわたる。本稿ではそのすべてについて論じつくすことはできないが、理論の展開につれて問題とされた基本的な論点を明らかにしたいと思う。

（1）　新堂幸司・民事訴訟法（昭四九）四二五頁以下にこの理論の集約がある。同所注（1）(一)(二)に引用の文献参照（以下本文中を含めて本書を新堂・頁数で引用する）。
（2）　兼子一「既判力と参加的効力」民事訴訟法研究二巻五七頁、六四頁以下。
（3）　中野＝松浦＝鈴木編・民事訴訟法講義（昭五一）四四四頁以下〔吉村徳重〕参照。
（4）　すでに争点効理論の提唱以前に、ツォイナー理論を採用した上村明広「既判力の客観的範囲に関する一問題」岡山大学創立十周年記念論集（昭三四）一八一頁の立場であった。後述三(2)参照。
（5）　ことに西ドイツにおける Henckel, Prozessrecht und materielles Recht, S. 149-232（1970）がそうである。文字浩「ヘンケル『訴訟法と実体法』」法学論叢八七巻五号（昭四五）七四頁、吉村徳重「判決理由の既判力をめぐる西ドイツ理論の新展開」法政研究三九巻二～四合併号（昭四八）四五三頁（本書一〇三頁）は、これを紹介し争点効理論との対応関係を指摘する。上村明広「判決効の拡張をめぐる利益考量」法学教室〈第二期〉7（昭五〇）六五頁、六八頁にはヘンケルと類似の視点がみられる。
（6）　新堂幸司「訴訟物概念の役割」判例評論二二三号（判例時報八五六号（昭五二））一二頁、一五頁。

二　争点効理論の展開

(1)　争点効と通説・判例との関係

新堂教授は争点効を定義して、「前訴で当事者が主要な争点として争い、かつ、裁判所がこれを審理して下した判断に生じる通用力で、同一の争点を主要な先決問題とした異別の後訴請求の審理において、その判断に反する主張立証を許さず、これと矛盾する判断を禁止する効力」(新堂・四二五頁)とされる。

たとえば、〔例A〕　売主甲が買主乙を相手に売買代金の支払いを請求したのに対して、乙は売買無効を主張したところ、これが認められて甲敗訴の判決が確定した。その後、甲が乙に対してすでに引き渡した目的物の返還を請求した後訴において、乙が同じ売買の有効を主張立証することは、争点効によって許されない。

〔例B〕　XがYを相手に売得を理由とする建物の明渡請求をしたのに対して、Yは売買の詐欺による取消を主張して争ったが認められず、X勝訴の判決が確定した。他方YがXに対して同一建物の右売買を原因とするXの所有権取得登記の抹消を認める訴を提起して、再び詐欺による売買取消を主張立証することも、争点効によって許されない。

これらの事例は、当事者が前訴とは訴訟物を異にする後訴で、前訴の判決理由中の判断に反する攻撃防御を提出した場合であって、通説によればこれが既判力によって遮断されることはない。判例でも、争点効を認める下級審判決(京都地判昭和四〇年七月三一日下民集一六巻七号一二八〇頁、東京地判昭和四一年四月二〇日下民集一七巻三・四号三二六頁、広島高判昭和四二年三月六日高民集二〇巻二号一四四頁など)が相次いだが、最三小判昭和四四年六月二四日(判例時報五六九号四八頁)は、〔例B〕と類似の事例において、「既判力およびこれに類似する効力(いわゆる争点効……)を有するものではない」とした[(1)]。通説・判例の根拠は、民訴法一九九条〔現一一四条〕一項が既判力を主文における訴訟物の判断にかぎるところにある。つまり、同条の趣旨(2)に従って、①まず、訴訟物を当面の訴訟における審判の最終目標とした当事者の意思を尊重して、不意打ちを防止するとともに、訴訟物についての弁論の充実を図って、判決効の正当性を担保しようとするところにある。②ついで、前提問題の判断に既判力を認めないことによって、この点についての当事者の自由な訴訟活動と裁判所の審判の弾力性を確保するという実践的意図に支えられている。

争点効理論もまた、「既判力を主文の判断に限定した現行法の枠組の中において」(新堂・四二八頁)、この②の実践的意図を強調するところから出発する。だから、当事者は前提問題につき、他の訴訟物への影響を心配することなしに、その訴訟かぎりで自白したり、争わなかったりすることができる。しかし、当事者が「いったん主要争点として争った以上、その結果を関連した別個の請求の当否の判断の基礎として通用させるほうが、むしろ当事者間では公平である」(新堂・四二七頁)。そこで、〔例A〕の後訴における乙の主張は、前訴での自己の主張を認めた判断に反し、禁反言にあたるものとして、許すべきでないし、〔例B〕の後訴におけるYの主張は、前訴で排斥された自己の主張の繰り返しであるが、「手続上保障された相手方の主張を争う機会と権限をすでに実際に利用した者が相手方に負う結果責任として」(新堂・四二八頁)、そのむし返しを禁ずるのがやはり公平である。このように、当事者間の公平ないし信義則に支えられた争点効は、裁判所の立場からも、審判の弾力性をそこなわずに、関連した紛争に統一的な解決を可能にする手段として望ましい、というのである。

(2)　制度的効力か信義則の具体的適用か

こうして、争点効は、「既判力と並び、これを補完してより充実した紛争解決の実を収めさせる」(新堂・四二八頁)、判決の制度的効力として構想される。だから、当初から、「信義則の一発現であることを認識しつつも、判決の制度的効力としてとらえて、判決の他の効力とも比較しながら、その適用範囲を決めることが(3)」必要とされてきたのである。その後の学説が、争点効は既判力を主文の判断にかぎる民訴法一九九条〔現一一四条〕一項の合理的な根拠をそこなうことにならないのかを問題にしたのも、このためであった。つまり、争点効が、審判の弾力性を確保するために、前提問題についての当事者の審判の順序の指定や上訴の利益を認めない[4]だけでなく、明確な基準もなしに、[5]事後的にこの点の判断に拘束力を認めるとすれば、当事者にとって合理的に予測のできない不意打ちとなったり、[6]「注意の集中が行われず正当性の担保を欠く判断」に拘束力を認めることにならないのか[7]が問われることになった。そして、こうした当事者の手続上の地位を保障する同条の趣旨をそこなわない範囲で争点効を認めうる要件を明らかにしようとする努力が重ねられた。[8]

しかしこれに対しては、争点効を信義則の具体的適用の問題とする立場からの反論がある。小山教授は、争点効理論を「判決の効力と信義則とから争点効を合成しようとした」ものとみて、これは判決の効力（既判力）の根拠を信義則に求めなければ成り立たない、とされる。[9]さらに、中野教授は、だから、争点効を一定の要件が充たされた場合に生ずる判決効として位置づけることは疑問であり、具体的場合につき個別的判断を要する信義則の性質上、判決効としての要件の定式化をあきらめ、個別的、回顧的な判断である信義則の適用として純化をはかるべきであるとされる。[10]たしかに、争点効の判断は後訴から前訴を回顧して個別的、事後的になされるが、だからといって、当事者の手続権の保障が不要になるわけはないから、その判断の結果が当事者に不意打ちにならない歯止めが必要である。ことに、信義則の一般条項としての危険性を考えるならば、信義則としての争点効適用の具体的な基準の探求は、判例法の形成をまつ以前の学説の任務であるといえる。[11]竹下教授が、新たに、信義則適用の標識に焦点をあて、矛盾挙動禁止の原則によるか失権効の法理の趣旨によるかによって、理由中の判断の拘束的効果を認める要件が異なることを明確にされる[12]のは、このような任務に答えるものと評価できる。

(3)　信義則による判決効としての争点効

新堂教授は、争点効理論のこのような展開に対応して、既判力を含む判決効の根拠を当事者の手続権保障と自己責任を内容とする信義則に求めようとされる（新堂・四〇六～四〇七頁、四二九頁参照）。争点効を、信義則の具体的適用の面だけに解消せずに、既判力とともに信義則に基づく判決効とみる趣旨であり、これには十分の論拠があると思われる。まず、信義則の具体的適用の結果ではあっても、理由中の判断の拘束力として判決効の作用と異なるところがないとすれば、前述のように民訴法一九九条〔現一一四条〕一項の趣旨をそこなわない配慮を要する。さもないと信義則によるいわゆる「法規違反の法創造」[13]となりかねないだけでなく、同条に含まれる合理的な根拠をも無視することになる。争点効理論が、争点効の要件の明確化に努めるとともに[14]、不利益な理由中の判断について上訴の可能性がないときには争点効を否定するのも、このような配慮に基づくものと評しうる。[15]

また、信義則の具体的適用として理由中の判断に拘束的効果を認める場合にも、その要件は大筋において争点効のそれと大きく隔たるわけではない。たしかに、竹下教授の指摘されるように、有利な判断に反する矛盾挙動か不利な判断に反するむし返しかで信義則適用の標識は異なる[16]。しかし両者ともに、相関連する後訴において、前訴判決の結論に不可欠の理由中の判断に反する当事者の主張を、前訴の審判過程からみて、相手方の結果への信頼を保護すべき禁反態の原則に悖る[17]として排斥する点では共通である。この大枠のなかで、さらに矛盾挙動の禁止かむし返しの権利失効かでその適用基準が具体化されることになろう。元来、争点効理論も、理由中の判断の拘束力として信義則を具体化するにつき考慮すべき要素の抽出を図ったものと評価できる。だから、争点効の要件といっても、一応の基準であって、さらに矛盾挙動かむし返しかなどいくつかの類型に具体化さるべく、結局は具体的事例と密着した判例法の形成を通じて法的安定性を目ざすことを予定しているのである[18]。

(1)　新堂幸司「争点効を否定した最高裁判決の残したもの」中田還暦記念論文集（下）（昭四五）四〇七頁はこの判決を詳細に批判する。

(2)　伝統的には、ドイツ民訴法三二二条の立法趣旨にかんがみ、①の前段が説かれた。斎藤秀夫「判決主文と既判力の範囲」法学八巻四号（昭一四）三六一頁、兼子・前掲論文研究二巻六二頁。が、伊東乾・民事訴訟法の基礎理論（昭四七）一一九頁は①の後段を強調する。近年、これに加えて、②の機能的理解が強調されるようになった。たとえば、新堂・四一五頁、四二七頁。いずれも尊重すべき同条の合理的根拠である。

(3) 新堂幸司「条件付給付判決とその効果」民事訴訟雑誌一〇号（昭三八）九頁。

(4) すでに争点効提唱以前に、井上正三「既判力の対象と裁判所の選択権（一）（二）」立命館法学三二号（昭三五）七三頁以下は、それ故に、判決理由中の判断に既判力を認めることができないと説いた。

(5) 倉田卓次「いわゆる争点効の理論について」民事法の諸問題Ⅲ三二五頁は、実用性の見地から要件の不明確性を批判した。

(6) 吉村徳重「判決理由中の判断の拘束力」法政研究三三巻三～六合併号（昭四二）（『民事手続法研究』第三巻所収）四四九頁、とくに四八六頁以下は、当事者の主体的地位を尊重して不測の結果防止のための要件を採った。

(7) 伊東乾「判決の争点効」実務民事訴訟講座2（昭四四）一〇二頁以下、同・前掲書一一九頁以下、ことに一二三頁は、その結果「誤判の弊を拡大する」と批判する。

(8) 吉村・前掲論文(注6)四九三頁。また、住吉博「『争点効』の本質について（一）（二）」民商法雑誌六一巻二号（昭四四）一七五頁・同五号（昭四五）七五四頁は、争点効を前訴手続の第二次の貫徹力として、その要件の明確化を図る。とくに同五号七八二頁。

(9) 小山昇「いわゆる争点効について」ジュリスト五〇四号（昭四七）七五頁、八一～八二頁。

(10) 中野貞一郎「いわゆる争点効を認めることの可否」法学教室〈第二期〉4（昭四九）六一頁、六三～六四頁。

(11) 同旨、中野＝松浦＝鈴木編・民事訴訟法講義四八七頁〔上田徹一郎〕。奈良次郎「争点効」演習民事訴訟法（上）（昭四八）四七九頁、四八九頁は、実務上の見地から、最小限の要件の明確化が必要であるとして、吉村提案の要件を「一応の基準となりえよう」とされる。

(12) 竹下守夫「判決理由中の判断と信義則」山木戸還暦記念論文集（下）（昭五三）七二頁以下。

(13) contra legem の法創造作用は、顕著な歴史的社会的事情変更ある場合に認められるもので、当面の問題はそうした事例ではない。例えば、好美清光「信義則の機能について」一橋論叢四七巻二号七三頁以下参照。

(14) 新堂・四三一頁～四三四頁は争点効を生じる判断およびその発生の条件を明確化する。「大よその予測を可能にして、当事者に不意打を与えない予告としての役割を果」たすためである。新堂「参加的効力の拡張と補助参加人の従属性」兼子還暦記念論文集（中）四〇九頁、四三五頁。

(15) 竹下・前掲論文一〇八頁は、勝訴者に有利な理由中の判断には上訴可能性なくとも、矛盾挙動禁止の原則による拘束を生ずるとするが、これは既判力の双面性を認める場合と異なるところはない。なお、後述**四**(3)参照。
(16) ことに、むし返しの権利失効は、前訴において当事者が攻防をつくすべき規範的必要性が存し、後訴において相手方に応訴すべき規範的要求可能性がないという基準が付加される点で、矛盾挙動禁止と異なるという。竹下・前掲論文八三頁、九二頁。
(17) 権利失効もこの意味では矛盾挙動禁止の原則の発現形態と解され、両者を含めて禁反態の原則と呼ぶことができよう。磯村哲「シカーネ禁止より客観的利益考量への発展」末川古稀記念論文集（上）六〇頁、八〇〜八一頁参照。
(18) 新堂「前掲論文」兼子還暦記念論文集（中）四三四頁。

三　判決の遮断効理論の展開

(1) 既判力の遮断効と理由中の判断の拘束力

争点効を判決効とみれば既判力との関係が問題となる。ことに訴訟物を異にする後訴においても既判力の遮断効を認める場合には、理由中の判断が既判力の遮断効の作用として拘束力をもつ点において、争点効と重なり合うところが大きい(1)。もともと、通説は、既判力によって確定された訴訟物を先決関係とする後訴において既判力の遮断効を認めてきたが、さらにいわゆる矛盾関係ないし反対関係にある後訴においても既判力の作用を認めるものと思われる。〔例C〕甲の乙に対する建物の所有権確認請求の認容判決が確定した後に、乙が甲に対して同一建物の自己の所有権確認を求める訴を提起した場合には、訴訟物は異なるが、実体法上の一物一権の観念を媒介として、後訴における乙の所有権の主張は甲の所有権を確定した既判力の遮断効によって排斥される。同様に実体法秩序を媒介とすれば、〔例D〕甲の乙に対する建物所有権に基づく明渡請求の認容判決確定後に、乙が甲に対して明け渡された建物の所有権に基づく明渡請求をした場合にも、前訴判決の既判力の遮断効が及び、判決理由を争うことは当然に排斥される。

(2)　実体法関係を媒介とする遮断効の拡張

さらに、このような実体法上の関係を一般化することによって、前訴で確定された法的効果の目ざす法秩序が後訴請求によって否定され意味を失うような法的な関係があるときには、前訴判決の既判力が及び、判決理由も争えなくなるとの見解を生み(2)、ひるがえって、先決関係や矛盾関係の範疇を同様の実体法秩序を参照して緩やかに解することによって、既判力の遮断効を拡張しようとする傾向を生んでいる(3)。要するに、判決の構成要素である判決理由は、判決主文の結論を支えるかぎりにおいて既判力を生ずるが(4)、後訴においてこの判決理由を争うことが、結論としての法的効果の目ざす法秩序を覆すことになる場合には、既判力の遮断効によって排斥されるというわけである。

これらの立場によれば、〔例Ｅ〕〔例Ａ〕の前訴で代金支払いを命ずる甲勝訴の判決確定後に、乙が甲に対して売買目的物引渡を請求した後訴で、甲が売買の無効を主張しても既判力によって遮断される。また、〔例Ｆ〕甲の乙に対する建物所有権に基づく抹消登記請求を認容する判決確定後の、乙の甲に対する所有権確認および所有権に基づく明渡請求も、前訴判決の既判力によって遮断される。

(3)　前訴手続過程による遮断効

しかし(2)の見解には前訴手続過程における審判の具体的経過を考慮する訴訟手続上の配慮を欠いている。そこでヘンケルは、前訴手続過程において当事者がどの程度に前提問題の確定に寄与すべききっかけを与えられたかによって、判決理由の既判力を画しようとした(5)。つまり、前訴での審判の過程において判決の結論にとり重要となった前提問題については、当事者は緊張して訴訟追行をするきっかけをもつから、その点の判決理由の正当性も担保され、そのかぎりで判決理由に拘束力を認めることができるとした。

これに対して、新堂教授は前訴手続過程における当事者の実際の攻防の展開にもう一歩立ち入って(6)、これを新たに「手続事実群」として訴訟物を超えて判決の遮断効を及ぼしうる範囲を調整しようとされる。[7] 前訴手続の具体的な経過を見ることによって、遮断効による不意打ち防止と相手方の信頼保護の限界を画しようとする趣旨である。こうした「手続事実群」によって、まず、当事者の実際の攻防の経過を考慮した具体的な手続権保障の観点から遮断効の範囲が調整される。この視点は極めて貴重である。[8] ついで、この「手続事実群」は、もっぱら前訴手続終了後、後訴における事後的な評価に服し、結局、どの範囲で訴訟物を超えて遮断効を認めるかは、後訴裁判官の評価規範としての総合的な政策判断に委ねられる。[9]

しかしたとえば、最一小判昭和五一年九月三〇日（民集三〇巻八号七九九頁）が後訴を信義則に反して許されないとしたのを、このような視点から、訴訟物を異にする後訴における前訴判決理由中の所有権の判断の遮断効によって正当化することができるであろうか。[10] 前訴の訴訟記録に現われた所有権をめぐる実際の攻防の展開を「手続事実群」として事後的に評価するだけでは、どの程度の実際上の攻防があれば所有権自体の判断について手続権保障があるとして遮断効を正当化できるかについての確たる基準は必ずしも明らかにならない。そのためには、同時に、すでに前訴手続の具体的な経過において、当事者が所有権の存否を必争点として攻防をつくすべく規範的に期待されていたかどうかを考慮すべきではなかろうか。そうした規範的な期待に応えて現に攻防が展開された場合に初めて、その結果としての理由中の判断に拘束力を認め、これに反する所有権の主張のむし返しを許さないとすることが、当事者の予測を超えた不意打ちにならず、相手方の決着ずみとの合理的な期待と信頼に答えることになるといえるのではないか。[11] そしてそうした基準であれば、たんに事後的な評価規範としてだけでなく、前訴手続過程における行為規範としても機能すべきものと思われる。

（1）　すでに中野・前掲論文六四頁が両者の守備範囲の不明確さを問題とし、ことに、井上正三「一部請求の許否をめぐる利益考量と理論構成」法学教室〈第二期〉８（昭五〇）七九頁、八三頁は、具体的手続経過を考慮して遮断効の要件を決めれば争点効・既判力の基本的な差は失われる、と指摘する。

（2）　上村・前掲論文（注一3）。ツォイナー理論以後の西ドイツ理論の展開については、吉村・前掲論文（注一5）四六〇頁以下参照。
（3）　柏木邦良「西ドイツ民事訴訟法学の現況（9）」ジュリスト五三二号（昭四八）一〇一頁注（50）。中野・前掲論文八三頁は遮断効の範囲を明確にすることが争点効の発展にとり不可欠とした。柏木「前掲論文（8）」ジュリスト五三一号七五頁は、このシュヴァーブ説が西ドイツの学説・判例上優勢であるという。
（4）　判決の包摂決定（Subsumtions-schluß）全体の既判力理論を前提とする、この相対的既判力説については、吉村・前掲論文四六六頁参照。
（5）　前注一5参照。上村・同注引用論文六八頁も、前提問題のむし返し禁止の範囲決定については、衡平の見地から、具体的手続経過における問題解決への当事者の寄与のきっかけを基準としている。
（6）　すでに新堂・四三三頁は、ヘンケルが既判力拡張としたため、手続の具体的経過における当事者の攻防の実際を考慮するのを差し控えていると批判していた。
（7）　新堂・前掲論文（注一6）一二一頁以下。
（8）　すでに井上・前掲論文八三頁が強調していた視点であった。
（9）　すなわち、法的安定や訴訟経済の要請が強く働き、当事者の手続権を不当に奪われないとの留保のもとに最大限の遮断効を認めるべき政策決定の問題であるとされる。新堂・前掲論文一二五頁、一二四頁参照。
（10）　新堂・前掲論文一二七頁以下は肯定。
（11）　ことにむし返しの権利失効を認めるには、前段階から、権利行使の規範的必要性が要求される。竹下・前掲論文八三頁。なお前二注（16）参照。

四　若干の個別的論点

以上によって、争点効理論と判決の遮断効の理論とは、ほぼ共通の土俵のうえで共通の方向を目ざしていることが明らかになった。したがって、どのような場合に判決理由中の判断に拘束力を生ずるかをめぐる論点も、争点効と判決の遮断効とでほとんど異なるところはない。

(1)　主要な争点――法律要件事実か権利関係か

主要な争点とは、その争点の判断によって判決の結論が左右される争点、つまり判決主文に不可欠の争点といえるが、「前訴においてその請求自体を争うのと同様の真剣さで双方が争ったはずである」（新堂・四三一頁、傍点付加）事項ともいわれる。「真剣に争った」だけでなく、「はずである」という規範的な期待可能性が前提とされている。

こうした必争点が、訴訟物たる権利の根拠・障害・消滅規定の法律要件に該当する事実にかぎられるのか、さらに訴訟物の前提となる権利関係をも含むのかについては争いがある。(1) 争点効を肯定した下級審判例のほとんどはこうした主要事実についての判断の拘束力を認めたものである（前掲の東京地判昭和四一年四月二〇日、広島高判昭和四二年三月六日のほか、大阪地判昭和四二年八月一八日判例時報五〇九号六一頁、東京地判昭和四九年五月一五日判例時報七五六号九〇頁、東京高判昭和五〇年七月一六日判例時報七九八号三二頁）が、京都地判昭和四〇年七月三一日（前掲）だけは、正面から訴訟物の前提となる所有権の判断に拘束力を認める。ただそのためには、前訴手続過程において、当事者双方がとくに前提たる権利関係自体を攻防の焦点とすることを期待され、現にその点を攻防の焦点としたことが必要であろう。(2)

(2)　判決事由の選択的競合

ことにいくつかの棄却事由のうちの一つが棄却判決の理由となった場合に、その判断に拘束力を認めうるかが問題となる。〔例Ｇ〕〔例Ａ〕の代金支払請求で乙は売買無効のほか弁済も主張しともに争点となったが、売買無効を理由とする棄却判決が確定した後、乙が甲に対して弁済したものの不当利得返還請求をした後訴で、甲は売買有効を主張しうるか。甲は前訴で売買無効をこれが唯一の棄却事由であった場合のように緊張して争うべききっかけがないとして、拘束力を否定する見解がある。(3) しかしすでに、売買無効を争うべききっかけがあるかどうかは、棄却事由が唯一か複数かの形式的基準によるのではなく、売買無効が根本的な問題の解決になるかどうかで決まるとの提案がある[4]。結局、こうした事情をも含めて、前訴手続の過程で当事者がこの点を真剣に争うべく規範的に期待され、現に争った結果の判断には拘束力を認めるべきことになろう[5]。

(3)　上訴可能性との関係

判決の結論に不服はないが理由中の判断だけを不服とする上訴を認めるべきではないから、一般原則によって上訴の可能性のない当事者に対しては、理由中の不利な判断に拘束力を否定するのが相当である[6]。前訴の下級審で全部または一部敗訴した者は、上訴の利益があるから、判決理由中の不利な判断につき拘束力をうけるが、全部勝訴した者は、上訴の利益がないから、理由中の不利な判断には拘束されない[7]。相手の上訴によって上級審での審判の機会があれば足るとの見解もあるが[8]、全部勝訴者に不利な理由中の判断は、判決にとり不可欠でないことが多く、またすでに下級審で全面勝訴した者がこの点を上級審で強いて争うきっかけはないから、拘束力を認める必要はない[9]。だから、〔例H〕〔例G〕の代金支払請求で売買は有効だが弁済されたとの理由で勝訴した乙は、上級審を経て判決が確定した場合にも後訴で売買無効を主張立証して弁済したものの不当利得返還を請求することができる。

(4)　前後訴訟間の関連性

判決理由中の判断は主文における訴訟物との関係で形成されたものだから、他の訴訟物との関係でも拘束力を認めるには、両訴間に一定の関連性が要求される。「係争利益がほぼ同等」であることを要求するのは（新堂・四三四頁）、主要争点についての前訴での攻防の緊張度が後訴の関係でもこの点の判断の正当性を担保することになるからである。利息請求の判決理由中の元本債権の判断は、係争利益の異なる元本請求の後訴では拘束力を生じない。これは主文の判断の正当性を担保するという民訴法一九九条〔現一一四条〕一項の趣旨に合致する。また「将来の訴訟において問題になることが合理的に予測できる」（吉村）後訴にかぎるのも、同条の趣旨に即して、当事者の予測を超えた不意打ちを防止するためである。「請求の基礎同一ないし牽連の関係あること」（倉田）や「追行する利益に関連性が認められること」（住吉）あるいは「社会関係における同一紛争関係」（竹下）などの提案も、ほぼ同様の趣旨をより具体的な利益や社会関係によって示したものと評価できる。前訴における争点の攻防が後訴発生を合理的に予測できるような客観的状況のもとで行われた場合には、この点の判断には後訴でも当事者の自己責任を問い、相手方の信頼を保護すべき事情があったといえるのである。

（1）住吉・前掲論文（二）七八二頁は主要事実にかぎると説くが、一般には先決的権利関係も含むと解されている。新堂・前掲書四三一頁以下、竹下・前掲論文一〇〇頁以下。

（2）竹下・前掲論文一〇一～一〇二頁の周到な説明参照。

（3）このヘンケル見解（吉村・前掲論文（注一（5））四七二頁参照）には「後訴をおそれてむやみと主張や抗弁を提出したとき、拘束力の認められる範囲がきわめて限定される」との批判もある。文字・前掲論文八七頁。

（4）上村・前掲論文六八～六九頁。

（5）新堂・四三三頁は争点効を肯定する。問題は当事者の主体的意思と無関係に裁判所のたまたま選んだ棄却理由によって判決効が異なってくるところにある。井上・前掲論文八三頁は、だから、「真剣に争った」との要件を外せないという。本文の要件はより客観的な基準を提供して同様の機能を果たすのではなかろうか。

（6）通説的立場であるといえる。新堂・四三七頁、奈良・前掲論文四九〇頁、中野・前掲論文六三頁、竹下・前掲論文一〇七頁以下。ただし、後注(7)(8)参照。

（7）理由中の有利な判断については矛盾挙動禁止の原則との関係から別個の考慮を要するとする竹下・前掲論文一〇八～一〇九頁参照。

（8）奈良・前掲論文同頁、新堂・四三七頁。

（9）竹下・前掲論文一〇八頁。また〔例H〕で（i）弁済だけが認められた場合や、（ii）唯一の抗弁であった弁済が認められた場合にも、乙は売買無効を主張して同様の不当利得返還請求ができる。竹下・前掲論文九八頁。（i）以外については兼子・前掲論文六六頁、新堂・四三四頁は反対。

（三ケ月章＝青山善充編『民事訴訟法の争点』、一九七九年）

第六章　判決理由中の既判力理論の展開

――西ドイツ理論の展開

一　序説

(1)　確定判決の理由に拘束力を認めるべきであるかという問題は、近時わが国民訴理論の一焦点となっているが、ドイツ普通法における既判力論争以来の古くて新しい問題であることは周知のところである。ドイツ民訴法典成立をもって一応の解決をみたと思われた、かの論争は、ことにツオイナー理論の鋭い問題提起を契機として[1]、再び新しい展開をみせている。

(2)　新堂教授のいわゆる争点効理論を契機とするわが国における理論の展開も[2]、一方では、このツオイナー理論に触発されたという側面をもつ。しかし他方、つとに兼子博士によって提唱されていた参加的効力の当事者間への類推適用の理論[3]を展開した、信義則の判決効への定着化の理論でもあった点[4]で、ドイツにおける既判力拡張論とは異なった側面をもっている。小山教授はこの点を明瞭に分析され、争点効を信義則の効力とみるか、判決効（既判力）とするかによって、その根拠や接近の方法が異なってくる、とされる[5]。事実、この種の拘束力を判決効として位置づける場合には、既判力の範囲限定におけると同様の配慮が必要とされるであろう。

(3)　わたくしが旧稿「判決理由中の判断の拘束力」――コラテラル・エストッペルの視点から――において[6]、この種の拘束力の根拠と要件の検討を試みたのは、これを判決効（既判力）として位置づけようという視点に立つものであった[7]。したがって、判決理由に拘束力を認めるについては、既判力の範囲を「主文ニ包含スルモノ」

にかぎるとした現行民訴法一九九条〔現一一四条〕一項の立法趣旨とされるもの、つまり、当面の訴訟目的を主眼とし、これとの関連においてその前提事項を争うにすぎない当事者の主体的意思を尊重し、かつ訴訟の迅速で弾力的な処理を可能にする拘束力の範囲を探る必要があった。

そこではとりわけ、アメリカ法における判例法則として形成されてきた、コラテラル・エストッペル法理の根拠と要件が、わが国や母法国ドイツ理論との比較法的対比を通じて明らかにされた。そして結局、判決理由の拘束力は、(イ)前訴における主要事実に関する争点の判断のうち、判決主文に必要不可欠の前提となったものであって、(ロ)後訴において将来問題となることが合理的に予測できる場合にかぎって認められる、とした。これは、コラテラル・エストッペルの法理において一般的に認められてきた要件でもあるが、そこでこのような要件を生み出した根拠を要約すれば、次のような四つの配慮であるといえよう。(8) ①まず何よりも、民訴手続における当事者の主体的地位（意思）や利益を尊重する立場から、拘束力を判決にとり必要不可欠な争点の判断にかぎり、当事者が付随的ないし選択的に争った前提事項の判断に及ぼすべきでない、との要請による。(9) ②これは他方、拘束力を訴訟手続上当事者や裁判所の注意の集中すべき不可欠の争点についての判断にかぎって、判決の正当性を保障する趣旨でもある。③また、当面の訴訟処理に必要なかぎりで最小限の訴訟負担に止めるべきである。④最後に、当事者の予測できない拘束力を認めず、当事者に不意打判決の不利益を与えてはならないという要請である。

わたくしが、このようなコラテラル・エストッペルの法理を参照して得た結論と新堂教授の争点効理論との差異はこうであった。すなわち、結局のところ、新堂説は、「当事者が真剣に争い、裁判所も実質的に審判した争点の判断」につき争点効を認めたのに対し、私見では「真剣に」や「実質的に」という曖昧な要件を避け、これに代えて、前述のように、判決主文にとり不可欠の前提であるところから、当事者が当然に主張立証をつくすことが期待できた主要争点の判断にかぎるとしたこと、および後訴における拘束力が合理的に予測できたことを強調した点であった。私見では、当事者が現にど・の・程・度・ま・で・主張立証をつくしたかは問題にならないわけである。

このような差異を生じたのは、基本的には、新堂説が強調した紛争解決の一回性と審判の便宜の要請もさることながら、むしろさらに、広義の弁論主義に基づいた当事者の主体的地位（意思）の尊重と拘束力の予測可能性を強調したためであった(10)。これは、民訴法一九九条〔現一一四条〕一項の趣旨でもあるから、判決理由中の判断に拘束力を認めるについても、同様の趣旨を配慮して、その限界を明確化すべきであると提案してきたのである(11)。

判決理由の拘束力をこのような要件のもとに認めようとする試みに対しては、二つの側面から反論がなされた。その一つは、問題を一般条項としての信義則適用による具体的かつ柔軟な処理に委ねておくべきであって、判決効（既判力）として構成すべきでないとの批判である(12)。しかし、その効果として判決内容と矛盾する主張を排斥する点では結局のところ既判力の作用と異ならないのだから、基準の曖昧な一般条項を直接無媒介的に適用することは避けるべきであって、既判力規定と共通の趣旨に基づく明確な適用基準の定立こそが必要であると考える(13)。さもなければ、却って、既判力による法的安定性は事実上くずれさり、当事者は判決効の不意打ちをうけることに帰着するからである。その二は、右の要件では必ずしも適用基準が明確化されたことにならず、とりわけ、この拘束力の将来の訴訟における合理的予測可能性を要求しても、具体的には不明確であることを免れない(14)、という反論であった。

(4)　本稿はこの批判をふまえ、問題をさらに深化するために、その後に展開された新しい西ドイツ理論を検討することを目的とする。旧稿では、ドイツ理論については、ドイツ民訴法三二二条の立法趣旨およびこれとの関連におけるツオイナー理論の問題点の指摘に止まった。しかし、その後の西ドイツ理論は、実体法的意味関連の範囲において既判力を拡張するツオイナー理論の問題提起をうけとめ、これを現行規定の趣旨と調和させるためには、どの程度の制約を必要とするか、という問題意識に支えられて展開された。判決理由の既判力は、ツオイナーの実体法的意味関連だけではなく、さらに、訴訟手続過程においても、当事者の訴訟追行の緊張度を媒介とした判決の正当性の保障（バーダー・ヘンケル）(15)や、判決効の予測可能性（リンメルスパッハー）(16)を基準として制約されなければならない、というのである。これらの基準が、旧稿においてわたくしが提唱した「判決理由の拘束力」理論におけるときわめて類似した視点に基づいていることは明らかである。本稿がこの点を詳細に検討することを有益と考えたゆえんである。

（１）　Zeuner, Die objektiven Grenzen der Rechtskraft im Rahmen rechtlicher Sinnzusammenhänge, 1959（本書は以下 Zeuner として引用する）。このツオイナー理論についてはわが国でも多くの紹介や批評がなされている。伊東乾「書評」民事訴訟雑誌六号一九七頁、霜島甲一「紹介」法学協会雑誌七六巻六八九頁のほか、井上正三「既判力の対象と裁判所の選択権」㈠㈡、立命館法学三二号七三頁、三三号四七頁など。また上村明広「既判力の客観的範囲に関する一問題」法学と史学の諸問題一七九頁はわが国でも同様の立場をとる。

（２）　新堂幸司「既判力と訴訟物」法学協会雑誌八〇巻三号二九五頁、同「条件付給付判決とその効果」民事訴訟雑誌一〇号一頁の提唱に始まり、同「参加的効力の拡張と補助参加人の従属性」兼子還暦記念・裁判法の諸問題（中）四〇七頁などにおいてさらに展開された。中務俊昌「民事訴訟の動向」現代の裁判七七頁、斎藤秀夫・民事訴訟法概論三九七頁はこれを肯定する。吉村徳重「判決理由中の判断の拘束力」法政研究三三巻三～六合併号（「民事手続法研究」第三巻所収）四四九頁、住吉博「争点効の本質について」㈠㈡民商法雑誌六一巻二号一七五頁、五号七五四頁は、判決効ないし既判力効としてこれを再構成し、要件の明確化を図るが、小山昇「いわゆる争点効について」ジュリスト五〇四号七五頁、中野貞一郎「請求異議訴訟の訴訟物」実務民事訴訟講座10三七頁注⒅は、信義則の一適用としてのみこれを肯定する。倉田卓次「いわゆる争点効の理論について」判例タイムズ一八四号八一頁、奈良次郎「争点効」小山ほか編演習民事訴訟法（上）四七九頁は、実務的見地から要件の明確化を要求する。伊東乾「判決の争点効」実務民事訴訟講座2九三頁、三ケ月章「既判力の客観的範囲」学説展望ジュリスト三〇〇号二六三頁は否定的ないし懐疑的である。なお、新堂教授ほかの座談会「争点効をめぐって」Ⅰ～Ⅴ判例時報五八六号～五九二号参照。

（３）　兼子「既判力と参加的効力」研究Ⅱ五五頁、六五頁以下。

（４）　たとえば、新堂・前掲民事訴訟雑誌一〇号九頁。

（５）　小山・前掲ジュリスト五〇四号八二頁。

（６）　前掲法政研究三三巻三～六合併号四四九頁以下。

（7）　このような評価として、文字浩「ヘンケル・訴訟法と実体法」法学論叢八七巻五号七四頁、八六頁参照。
（8）　とくに、吉村・前掲法政研究三三巻三〜六合併号四六八頁以下参照。
（9）　選択的に競合する争点については判例の分れるところであったが、とくに、理由中の判断だけを不服とする上訴が認められないところから、この点の判断に拘束力を否定するのが多数である。吉村・前掲法政研究三三巻三〜六合併号四七八頁参照。
（10）　文字・前掲法学論叢八七巻五号八六頁は、この趣旨を正しく把握しているのに対し、住吉・前掲民商法雑誌六一巻一八九頁が、私見では紛争解決の一回性の要請をとくに強調するかのように述べているのは当らない。
（11）　住吉・前掲民商法雑誌六一巻七八二頁も、私見と類似の要件で争点効を認めるが、ただ、予測可能性の要件に代えて、「前後両訴により追行する利益の間に関連性が認められること」で足るという。奈良・前掲演習民事訴訟法（上）四八九頁は、私見の要件を一応の基準として認める。
（12）　小山・前掲ジュリスト五〇四号八二頁、同「争点効」続民事訴訟法判例百選一九三頁、中野・前掲実務民事訴訟講座10三七頁注(18)。後述のように、西ドイツにおいても同様の主張がある。Lent-Jauernig, ZPO 14Aufl. (1969) S. 186f.
（13）　So Zeiss, Die arglistige Prozesspartei, 1967, S. 111ff.; Zeuner, S. 77ff.; Henckel, Prozessrecht und materielles Recht, 1970, S. 199（本書は以下 Henckel として引用する）。もっともわが国においても、民事訴訟における信義則の適用を認めるのが一般である。中野貞一郎「民事訴訟における信義誠実の原則」訴訟関係と訴訟行為三八頁、山木戸克己「民事訴訟と信義則」末川古稀記念・権利の濫用（中）二六五頁、福永有利「民事訴訟における信義則」続学説展望一三〇頁、林屋礼二「民事訴訟と権利濫用・信義則」小山ほか演習民事訴訟（上）六五頁。しかし、この一般条項が民事訴訟のいかなる場面において、いかなる限度で適用されるかは慎重に決められねばならず、結局、山木戸教授がいわれるように、「既存の法規によって予定されているところを実現しまたは規定の存しないところを伝統的命題によって補充するものとして機能」させるのを原則とすべきであろう（山木戸・前掲権利の濫用（中）二八六頁）。信義則はこのかぎりで判決理由の拘束力と関連することになると考える。本文に述べたところもこの趣旨に他ならない。
（14）　たとえば、前掲座談会「争点効について」判例時報五八八号一二頁の谷口、新堂発言、住吉・前掲民商法雑誌六一巻七八二頁参照。

(15) Bader, Zur Tragweite der Entscheidung über die Art des Anspruchs bei Verurteilungen im Zivilprozess, 1966, S. 88ff insb. 90;（本書は以下、Bader として引用する。）Henckel, S. 155f. なお後述するところ参照。

(16) Rimmelspacher, Materiellrechtlicher Anspruch und Streitgegenstandsprobleme in Zivilprozess, 1970, S. 184ff.（本書は以下 Rimmelspacher として引用する）。この点についても後述するところ参照。

二　ツオイナー理論批判と西ドイツ理論の対応

(1)　ツオイナー理論

法的意味関連に基づいて判決理由にも既判力を認めようとするツオイナー理論の投じた一石は、ドイツ民訴法理論に波紋を拡げ、多くの議論の展開する契機となった。民訴法典の成立により一段落をみたと思われた、かの普通法における論争が、(1) 再び民訴理論における焦点として登場した感さえある。この西ドイツ理論の新展開が、普通法における論争といかに関連するかの検討は別の機会に譲らざるをえないが、ツオイナー理論が、現行法の立法過程において否定されたサヴィニー理論の単純な復活でないことはいうまでもない(2)。サヴィニーにおいては、いわゆる判決の基本要素（Elemente des Urteils）、つまり判決理由となった先決的法律関係に既判力を生じ、これが将来のすべての訴訟において拘束力を及ぼす(3)。これに対し、ツオイナーは、前訴で確定された請求と後訴で訴えられた法律効果との間に客観法に基づく一定の意味関連がある場合にだけ、判決理由の既判力を認めようというのである(4)。

ツオイナーは、訴訟物の同一性の他にも一致して既判力の認められてきた先決関係（Präjudizialität）における前訴・後訴の関係を出発点とする(5)。つまり、前訴で確定された法律効果が後訴の法律効果の先決問題となっている場合には、後訴は前訴の確定判決の内容的続行として現れるから、前訴判決の既判力が後訴に及び、前訴判決理由も争えない。この場合、前訴判決理由が取り消せなくなるのは、前訴で確定されたものと後訴における法律効果との間に実体法秩序による目的論的な意味関連があるからである。この法的意味関連を維持するために判決理由に既判力が生ずる。しかしてこの法的意味関連が認められるのは先決関係に限らない。従来の通説が、先決関係や矛盾関係という、法律効果相互の形式論理的構成だけに基づいて既判力を拡げてきたのは不当であって、むしろ法律効果相互間に目的論的に認められる実体法秩序の関連性を維持することが重要である。このような目的論的意味関連は、先決関係のない場合にも、後訴の法律効果が前訴で確定された法律効果の目ざす法秩序に属している場合には一般的にも認められる。このような法秩序における目的論的な意味関連を守るために必要なかぎりで判決理由に既判力が生ずる。こうして、たとえば、元本債権の目ざす秩序は利息債権を含むが、利息請求権は元本債権の秩序を目ざさない。同様に妨害排除請求権の目ざす秩序には所有権は属しない。判決理由の既判力をこのように限定することにより、サヴイニー理論に対して現行法の立法過程において加えられた反論にも答えようというわけである。つまり、この限度の判決理由の既判力であれば、個別訴訟の目的を超えて拘束力が及ぶこともなく、当事者の意思や予測に反することもない、と考えたものと思われる(6)。

（1）　普通法における論争について、霜島甲一「ドイツ民事訴訟法三二二条の前史」民事訴訟雑誌八号一〇八頁参照。なお、新たに、Kemeraus, Die Rechtskraftwirkung der Entscheidungsgründe nach gemeinem und partikularem Recht, AcP 167, 241ff. はこの論争に決着がついたわけではなく、ツオイナー流の判決理由の既判力を問題にするのは、立法者の意図にもそい歴史的にも正当であるという。これに対して、Gaul, AcP 168, 31 N. 19a の反論がある。

（2）　ツオイナー自身が強調するところである。Vgl. Zeuner, S. 2, 41

（3）　Savigny, System des heutigen römischen Rechts, Bd. 6, 1847, S. 350ff. insb. 358f.

（4）　Zeuner, S. 44　ツオイナー理論についてはすでに詳細な紹介がなされているので（前注一(1)参照）、ここではその概要を述べるに止める。

（5）　Zeuner, S. 13ff., 42ff., 51ff.

（6）　Zeuner, S. 43f. は、立法過程におけるサヴィニー理論否定に際して考慮された利益状態は、先決関係においては維持されているところから、一般的にこのような法的意味関連あれば、後訴における前提問題の確定力は当事者にとり直ちに予測可能かつ期待可能である、という。

(2)　ツオイナー理論批判

ツオイナーのいわゆる「法的意味関連」は、このようにすぐれて実体法的概念であり、具体的な訴訟過程において当事者や裁判所がいかに判決理由の形成に関与したかにかかわらない。もっぱら、前後請求における法律効果相互間の実体法秩序における目的論的意味関連を基準として、既判力の範囲が決められる。(7) しかし、既判力の限界づけにとって、実体法的な基準が重要であることはいうまでもないが、訴訟法上の手続的な配慮も欠かすことはできない。(8)「請求ニ付裁判シタル部分ニ限リ、確定力ヲ有ス」と規定するドイツ民訴法三二二条がこのことを要求する。ツオイナー理論に対する批判は、まさにこのような視点から、大別して次の二つの点に向けられている。(9)

その一は、前訴手続において、判決理由の形成につき当事者や裁判所がいかに関与し、あるいはどの程度までその関与が期待されかつ保障されたのか、という点である。(10) 前訴手続における当事者および裁判所の直接の関心事は、判決主文の裁判であって、判決理由はこれとの関係で相対的、付随的に問題となりうるにすぎない。したがって、この点にも既判力を認めるとなると、ペータースが詳細に批判したように、とりわけ次の二つの場合が問題となる。(11)

(イ)　まず、欠席判決や放棄・認諾判決のように、裁判所が判決理由について判断を表明していない場合である。たとえば、原告の請求原因によれば、売買代金請求か契約無効による不当利得返還請求のいずれかが可能である場合には、裁判所の判決理由の判断は不明であり、意味関連も明らかにならない。そこで、リンメルスパッハーがいうように、判決理由の既判力は、裁判所の判断が示されている事項に限るべきことになる。[12]

(ロ)　ついで、判決理由たりうる事由が選択的に競合している場合である。[13] 裁判所は労力の少ない迅速な審判のために、どれか一つを自由に選択できるが、判決理由に既判力が生ずるとなれば、裁判所の偶然の選択によって当事者は不利益をうける。そこで、当事者には自己に不利な事由を予備的に主張するなど、審判の順序を強制する権限を認める必要があるし、理由だけを不服とする上訴の利益をも認めなければならなくなる。しかし、その結果は、当面の請求の判断を直接左右しない余分の労力を費やし、訴訟手続を硬直、遷延させることになり、実務がこれに耐えうるかは疑問である。[14] そこで、バーダーやヘンケルのように、判決理由が具体的な訴訟過程の状況により、判決主文にとりまさに問題であった場合にだけ既判力を限定すれば、この点を争うことが当面の訴訟結果を直接左右しない余分の労力とはならないであろう。と同時に、当事者には判決理由の形成に寄与せざるをえないという緊張度が生まれ、その結果、当事者の関与が手続的に期待され、かつ保障されたことになるとともに、判決理由の正当性も保障されることになろう。[15]

その二は、前訴請求と後訴請求との間に存する、ツオイナーのいわゆる「法的意味関連」ないし「目的づけられた秩序」という基準では、将来の訴訟における判決理由の拘束力の予測可能性を保障したことにならず、不意打の既判力効を防止せんとする現行民訴法の趣旨に反する、という批判である。[16]

まず、これらの基準は予測可能な適用を保障するには余りにも不確実であって、人によって広くも狭くも解することができる。場合によっては、全私法体系が相互に意味関連をもつともいえる。[17]

ついで、実体法秩序における法律効果相互の結びつきが客観的に存しうるとしても、既判力の限界づけにとって問題なのは、当事者が具体的な訴訟手続上いかなる拘束力を予測できるかである。つまり、当事者は訴訟上、既判力によって、いかなる価値について危険を賭けているのかをあらかじめ計算することができねばならない。[18]
判決理由はあくまで当面の請求との関係で、相対的、付随的に争っているのであるから、軽微な請求についての判決理由がはるかに高価な後訴請求において拘束力をもつことになれば、当事者に不意打を与えることになる。当事者が訴訟において賭けているのは当面の請求の判決基準時における価値であって、後訴請求が前訴請求によって予測できた価値をこえるものであれば、判決理由の拘束力を及ぼすべきでない、というのである。

（7）Zeuner, S.176f. は、既判力をこう解することによって、訴訟モンロー主義が克服され、訴訟と実体法を結びつけることができると結論する。

（8）Vgl. Henckel, S.149f., 231f.; Rimmelspacher, S.184f.

（9）この二点は、同条立法過程において、サヴィニー理論に対する批判として述べられた二つの論点に連なる。その一は、個々の訴訟の当面の任務を超えることにならないのかという問題に対応し、その二は、当事者の意思と予測を越えた不意打となるという問題そのものである。Vgl. Hahn, Die gesamten Materialien zu den Reichsjustizgesetzen, Bd. II, 1881, S.290f. なお、吉村「判決理由中の判断の拘束力」法政研究三三巻三～六合併号（『民事訴訟手続』第三巻所収）四五二頁参照。

（10）この点を強調するものとして、Peters, Zur Rechtskraftlehre Zeuners, ZZP 76, 229, insb. 238; Bader, S.90; Henckel, S.155f.; Rimmelspacher, S.184f. などがある。

（11）Peters, a.a.O., ZZP 76, 233ff. ペータースのこの論文は最も詳細かつ包括的にツオイナー理論を批判検討している。

（12）Rimmelspacher, S.261f.

（13）Peters, a.a.O., ZZP 76, S.237ff. は、この場合の裁判所の選択権と当事者の予備的主張あるいは上訴の利益を強調する。これはまさに井上・前掲立命館法学三二号七三頁以下が強調した視点であった。Grunsky, Rechtskraft von Entscheidungsgründe und Becshwer ZZP 76, S.165は、同一の請求の後訴において判決理由の既判力を認め、ために判決理由だけを不服とする上訴を認める。

（14）この事情は将来予測もできない後訴において判決理由の既判力を認めるとすれば、さらに倍化される。Peter, ZZP 76., S.239-241; Vgl. auch Grunsky, ZZP 76, S.175f.

（15）Bader, S.90. が提唱し、Henckel, S.155f. が展開した視点である。Vgl. auch Rimmelspacher, S.184f., 194f. リンメルスパッハーにおいてはこれは当事者に弁論の機会を保障すべき要請、つまり審問請求権に基づく（Rimmelspacher,

S.177)。Bader, S.105も同様である。

(16) Peters, ZZP 76, 232; Rimmelspacher, S.184, 185ff. がこの点を強調する。So auch Stein-Jonas-Schumann/ Leipold, ZPO 19 Aufl., §322 IX 3 (S.1340); Habscheid, FamRZ10, 381f.; Grunsky, ZZP 76, 175.f

(17) So Stein-Jonas-Schumann/ Leipold, ZPO 19 Aufl., §322 IX 3 (S.1340); Lent, ZZP 73, 316 (302); Schwab, JZ 1959, 786; Habscheid, FamRZ 10, 381f.; Rimmelspacher, S.184; Bader, S.81 N.15 いずれも、この基準が確実、明確でないため既判力限界を画する基準となりえないという。

(18) この点を強調するのは Rimmelspacher, S.184, 191, 191f. である。なお Henckel, S.173f. もほぼ同旨に解される。

(3) 西ドイツ理論の対応

ツオイナー理論には、たしかに右のような問題があったが、従来の通説が曖昧に放置していた点に対する鋭い問題提起を含んでいた。とりわけ従来、訴訟物を異にする後訴請求においても前訴判決の既判力を及ぼすための基準とされてきた、先決関係や矛盾関係の概念が、具体的には、法的形式論理による概念構成いかんに左右される側面をもつだけでなく、実体法上の偶然の結びつきにすぎない点で、既判力の範囲画定の基準としては包括的とはいえない難点があった。[19] ツオイナー理論が、豊富な具体的設例をつきつけて、西ドイツ理論に対応を迫って以来、すでに一〇年余りの年月を経過した。その間、多くの学者がいろいろの反応をみせ、次第に理論を深化していった。

(イ) まず、ツオイナー理論を積極的に評価して、判決理由の既判力を認めるものに、ブロマイヤー、マルテン、ブルンスがある。[20]

ブロマイヤーによれば、前訴判決がこれと請求の異なる後訴においていかなる範囲で既判力を生ずるかは、両請求の法的状態の間の実体法的関連によって決まる。[21] 両請求が単に共通の前提問題をもつというだけでは既判力を生じないが、通説のように先決関係や矛盾関係に限って既判力を認めたのでは不十分である。さらに、既判力の目的に照らした「意味関連」を定めるとともに、当事者による予測可能性が要求される。こうして、先決関係・矛盾関係と並んで、ツォイナーの「意味関連」を限定的に具体化して既判力を認めた。つまり、①双務契約に基づく給付と反対給付のように、両請求が相互に依存関係にある場合、②不法行為に基づく原状回復請求と金銭賠償請求のように、両請求が共通の法律関係に基づく法的効果として選択的な関係にある場合、③計算請求と引渡請求のように、補助的請求が主たる請求に依存している場合の三つの類型的事例には、意味関連ありとして既判力を及ぼしたのである。

ブルンスもまた、訴訟モンロー主義を克服するためには、実体法の背景にあって判決と実体法の結節点となっている秩序内容に立ち帰るべきである、としてツォイナー理論を積極的に評価する[22]。彼は普通法理論展開の再検討を通じ、ことに現行法成立直後にサヴィニー理論を再評価したクレッペル理論[23]を参照して、現行法上の既判力対象限定の基準を探った。そして、先決関係と矛盾関係ではこの基準を提供することはできず、結局、法律効果とその基礎をなす法律関係が不可欠の「意味一体性」(Sinneinheit) をなし、これが判決における包摂決定の連鎖から既判力対象を限定する、という。つまり、訴の申立によって裁判を求められているところの、口頭弁論終結時における当事者の権利関係がこれである。この基準時における当事者の法的状態について、申立の範囲内でなされた裁判、つまり法的救済 (Rechtsbehelfe) を支える権利関係についての裁判が既判力対象である。こうして、裁判の求められている権利関係の範囲内においては異議や抗弁にも判決効が及ぶが、抗弁により関係づけられた独立の権利関係には及ばない。こうしてたとえば、売買契約のように双面的依存関係にある事例では、代金請求の基礎である契約の存否についての前訴判断は、反対給付の後訴において拘束力をもつ。さらに、利息請求や一部請求の判決も、元本請求や残部請求に既判力を及ぼすことになるが、この場合には期待可能性 (Zumutbarkeit) を保障するため、拘束力を制限することになろう、というのである。普通法理論、ことにクレッペル理論の影響が大きいこと明らかである。

(ロ)　これに対して、従来の通説の立場から、立法趣旨や制定法の文言を強調して、ツォイナー理論を拒否するものも多い。ブロックスによれば、既判力の範囲を決めるのは、目的論的考慮ではなくて、現行法の立法趣旨であり、これによれば明らかにツオイナー理論は否定される。(24) シューマン・ライポルトも、「意味関連」なる概念は不明確であって、予測可能な具体的基準を示すことができず、立法趣旨にも反する、という。(25) また、ファシングによれば、訴訟法上の制度である既判力の範囲を実体法的な基準によって画しても、明確な限界基準を見出すことはできない。(26) こうしていずれの立場からも、たとえば、双務契約に基づく給付、反対給付の関係においては、契約の成否の判断に既判力を認めるべきではない、とする。ヤウエルニヒは、このような事例については、実体法上の権利濫用や信義則を活用すべきであって、これにより当事者が単なる付随的な判決理由に拘束されないようにすべきである、とする点が注目される。(27)

(ハ)　しかし、ツオイナーのいわゆる「意味関連」なる基準には批判的であっても、ツオイナーによって提起された事例の多くは結果的には妥当であるとして、これを認めるための理論を考えようとするものも多い。そのための有力な構成は、判決における包摂決定（Subsumtionsschluss）全体について既判力を生ずるという従来からの理論である。包摂決定の各構成要素を示す判決理由は、確定された法律効果から独立して絶対的に既判力を生ずるのではないが、法律効果との関連においてだけ拘束力をもつ、という相対的既判力説である。シュヴァープ、(28) バーダーの強調するところであり、(29) レントの説く判決解釈としての判決理由の限定的拘束力も同じ趣旨である。(30)

シュヴァープは、確定された法律効果を維持する限度で判決理由に相対的既判力を認めるが、これとても後訴請求が前訴との間に同一性、先決関係、矛盾関係にある場合にかぎって生ずる、という。(31) ただ、これらの従来の概念を、通説が認めるよりもはるかに広く解することによって、ツオイナーの事例の多くに既判力を認めようとする。(32) たとえば、双務契約に基づく給付、反対給付の間には先決関係を認める。両請求は相互に密接に結びついているために、後訴で反対の判決があれば、前訴判決の存在を害せざるをえないからである。また、矛盾関係についても、後訴判決が前訴確定判決の効果を何らかの形で減殺する場合には認められる、という。ツオイナー理論を徹底的に批判したペータースも、シュヴァープのこの提案に従う[33]。しかし、先決関係・矛盾関係をこのように拡げることになれば、結局、ツオイナーの「意味関連」の不確実性を他の概念で置きかえたにすぎないことになろう[34]。

バーダーは、前訴請求の法的性質決定について同様の相対的既判力を認めるにつき、注目すべき分析を示した[35]。彼によれば、請求の法的性質決定は、請求についての個別化機能、先決機能、存続機能をもつが、判決理由の相対的既判力は、この存続機能と先決機能について生ずる。すなわち、存続機能においては、確定された法律効果の存続を崩す目的で判決理由を攻撃することは許されない。所有権に基づく引渡請求を認めた判決に対して、逆に被告が所有権を請求する後訴は、「所有権に基づく」との法的性質決定を攻撃することによって、前訴で確定された法的効果を否定することになる。また、先決的機能が認められるのは、前訴で確定された法律効果が、判決理由によって豊富化されて、後訴請求の先決関係に立つ場合である。

判決主文の解釈に必要なかぎりで判決理由の拘束力が生ずるとされるのは、存続的機能についてだけであるから、先決的機能について判決理由の既判力を認めるためには、さらに内在的正当化が必要である[36]。そのためには、単に包摂決定の一環として判決理由となったただけでは不十分であって、請求の性質決定が訴訟の結果にとりまさに問題となったために、判決対象の一部となったことを必要とする。たとえば、訴訟手続において反対債権による相殺が主張されれば、「故意による不法行為」という請求権の性質が判決対象となりこの点の性質決定に既判力を生ずる。この場合には、当事者も裁判所もこの主要問題につき十分に注意することができ、かつ多くの場合注意してきたことによって先決的拘束力が正当化される。判決対象の一部とならない単なる前提問題は、判決にとり必要的ではなく、その確定も裁判官の包摂活動の偶然に左右されるから、既判力を生じない。これに反して、具体的訴訟の結果にとりまさに問題になる性質決定については、判断の緊張度（Entscheidungsintensität）が大であって、これによって判決の正当性が保障される。右の意味で判決対象とならない単なる判決理由に既判力を拡げることは、当事者にとって不意打ちの危険を生じ、法治国家の原則および審尋権の保障に反することになる、というのである。

　バーダーはこのようにして、ツオイナー理論や従来の西ドイツ理論においては必ずしも十分に配慮されたとはいえない新しい視点を提供した。つまり判決理由は、前訴手続過程においてまさに問題であったために、当事者や裁判所の判断の緊張度が大となり、その結果判決の正当性が保障されたかぎりにおいて既判力を生ずる、というのである。

(19) So Zeuner, S. 14, 15, 27ff.; Rimmelspacher, S. 182; A. Blomeyer, Zivilprozessrecht (1963) §89 V 4 (S. 460). なお、Bruns, Zivilprozessrecht (1968), §44 I 3 S. 408は、この基準によりサヴィニー理論の実体論理的関連の議論をさけうると考えるのは、自己欺瞞であるという。

(20) ブロマイヤーやブルンスの他に、マルテンはツオイナー理論を積極的に評価しかつ弁護する。Martens, Rechtskraft und materielles Recht, ZZP 79, 404 insb. 437ff. つまり、法律効果は構成要件に依存するから確定された法律効果を争えないのは、その基礎となる構成要件要素を取り消せないからである。後訴の法律効果が確定された法秩序と矛盾するかどうかは、確定された構成要件を介してだけ明らかとなる。契約による支払請求を認めた判決により給付されたものを不当利得として返還請求できないのは、給付の適法性の要件である契約の有効性が支払判決において確定されているからである（Martens, ZZP 79, 440）。こうして、ツオイナー理論を肯定し、ペータースの批判に反論する（S. 441–444）。

　この外、後述の Henckel, S. 149–232, Rimmelspacher, S. 195–309が、ツオイナー理論の積極的評価を前提とした理論であることはいうまでもない。

(21) A Blomeyer, Zivilprozessrecht（1963）§89 V. S. 457ff. insb. S. 460ff.

(22) Bruns, Zivilprozessrecht（1968）S. 410; ブルンスは同書の §43, §44（S. 388–418）において、既判力の本質と客観的範囲を学説史的にも詳細に検討している。以下は既判力の対象、客観的範囲の概要である。とくに Bruns, Zivilprozessrecht, §43 IV, §44; S. 401–405; S. 407f. 409–411, 415–418参照

(23) Vgl. Kloeppel, Die Einrede der Rechtskraft nach der deutschen Civilprozessordnung, 1882

(24) Brox, Die objektiven Grenzen der materiellen Rechtskraft im Zivilprozess, Jus 62, 121, insb. 122f.

(25) Stein-Jonas-Schumann/ Leipold, ZPO 19 Aufl., §322 IX 3 S. 1340f. さらに、ツオイナーの事例は一視点からは解決できない多様性をもつとして、(イ)不作為請求と損害賠償請求、(ロ)不動産登記請求と物権の関係につき、それぞれ、前者の判決は後者の請求につき既判力をもつという。(イ)には先決関係を認め、(ロ)の登記請求権の判決には物権についての裁判が明示されているとみるためである。

(26) H. Fasching, Zivilprozessgesetzen III（1966）§411 Anm. 20 S. 707f. この他にも、既判力の訴訟法的理解、訴訟法規の文言、法的安定を目ざす既判力目的のいずれにも反することを論拠とする。

(27) Lent-Jauernig, Zivilprozessrecht, 14 Aufl.（1969）§63 III 2 S. 186f.; Vgl. auch Habscheid, FamRZ 10（1963）381; この説の問題点についてはすでに序説において述べた。Ⅰ注(13)参照。

(28) Schwab, Die Bedeutung der Entscheidungsgründe, Festschrift für Bötticher（1969）S. 321ff.; JZ 1959, 786f.; Rosenberg-Schwab, Zivilprozessrecht, 10 Aufl.（1970）§154 III. §155

(29) Bader, S. 81f.

(30) Lent, ZZP 73, 316 insb. 319f. つまり、レントも、所有権に基づく引渡判決における所有権の確定は、所有権が問題となるすべての後訴において拘束力をもつのではなく、所有権を否定すれば前訴判決の廃棄を意味する後訴においてのみ拘束力をもつ、という。

(31) Schwab, a. a. O., Festschrift für Bötticher, S. 333

(32) So Schwab, JZ 1959, 787; Rosenberg-Schwab, Zivilprozesrecht, §155 S. 807-809; Vgl. auch Pohle, JZ1963, 323

(33) Peters, ZZP 76, 242f. ペータースは、先決関係や矛盾関係を拡張することは、不確実性を伴い、限界づけに恣意がひそむことになることを認める。が、このカズイスティクは避けえない試金石であるという。

(34) So Rimmelspacher, S. 202

(35) Bader, Zur Tragweite der Entscheidung（1966）前注Ⅰ（15）. insb. S. 32-38, 81f.

(36) Bader, S. 88ff.; 57-59, 105

三　西ドイツ理論の新展開

(1) 序　説

ツオイナー理論に対する以上の批判と対応に立脚して、西ドイツ理論はさらに新たな展開を示した。それはヘンケルとリンメルスパッハーの見解である。[1]ほぼ同時期に現われた、この師弟による二冊の著書は、相互に似通った問題意識に支えられてはいるが、民事訴訟についての基本的な立場や理論構成の道具立てにはかなりの差異が認められる。両者が相互に影響し合っているのはいうまでもないが、とくにヘンケルにおいては、ツオイナー、ペーターース、バーダーの系譜が認められ、リンメルスパッハーにおいては、ヘンケルに至る右の系譜に加えて、普通法理論ないしこれを評価したブルンスの影響があるように見える。

ともに既判力の限界画定について、ツオイナーの実体法的基準を高く評価するが、これだけでは不十分であって、実体法的要素と訴訟法的要素を一体とした基準が必要であると説く（Henckel, S.149, 231; Rimmelspacher, S.184)。訴訟法的側面としては、とくにドイツ民訴法三二二条一項が、既判力を「請求ニ付裁判シタル部分」にかぎるとした立法趣旨が何を目的としているかが前提となる。ヘンケルによれば、これは既判力の前提としての判決の正当性（Richtigkeit）の手続的保障の範囲を示しているし（Henckel, S.155)、リンメルスパッハーによれば、判決効の当事者による予測可能性（Überschaubarkeit）の範囲を示している（Rimmelspacher, S.178f.)。ツオイナーの実体法的意味関連だけでは、訴訟の目ざす判決の正当性の保障や予測可能性の範囲に既判力を限定することができない、というのである。しかし問題なのは、いかなる論拠と基準によって既判力をこのような範囲に限定することができるか、ということであり、両者の議論もまさにこの点に集中されているといえる。

（1）　Henckel, Prozessrecht und materielles Recht (1970)（前注一（13））insb. S.149-232 および Rimmelspacher,

Materiellrechtlicher Anspruch und Streitgegenstandsprobleme（1970）（前注Ｉ（16））insb. S. 175-309（以下再び著者名だけで引用する）。前者については、文字浩「ヘンケル、訴訟法と実体法」法学論叢八七巻五号七四頁の紹介がある。

(2)　ヘンケルの見解

(イ)　判決理由の正当性の保障　ヘンケルによれば、判決理由に既判力を認めることができるのは、民訴法三二二条一項の立法趣旨からみて、第一に、既判力の前提としての判決の正当性（Richtigkeit）、ことに判決理由の正当性が訴訟手続の法的形成によって保障された範囲に限られる。(2)ところが訴訟手続の目的は当面の訴訟物についての判決であって、その前提にすぎない事項については、判決にとり必要なかぎりで付随的に争われるにすぎない。だから、すべての前提問題を終局的、一義的に確定する必要はないし、選択的に確定することもできる。また、「弁論主義の分野における、わが民事訴訟の構成によれば、事実関係の提供と確定についての責任の重要な部分は当事者に委ねられ、これによって事実確定の正当性が保障されている。当事者は予期された判決を顧慮してこの責任をとるのだから、事実関係が判決にとり重要なかぎりでのみ、その確定に寄与することを余儀なくされる。この限界をこえれば、確定された事実の正当性はもはや手続形成によって保障されたことにはならない」（Henckel, S. 156）。

このように、一方において、当面の訴訟物についての判決を目ざす訴訟手続の目的と、他方においては、事実関係の提供と確定の責任を当事者に委ねる弁論主義とを前提とすれば、当事者は判決に重要なかぎりで事実関係の確定に寄与するよう動機づけられ、その限りで強い緊張度（Intensität）をもって訴訟を追行せざるをえない。したがって、この範囲において、判決理由の正当性が訴訟手続上も保障されることになり、拘束力も認められる。当事者がこの責任を果たさなければ敗訴判決の不利益をうけるが、この制裁が逆に正当な判決発見に寄与するよう当事者を強制するのである。

しからば、具体的にはいかなる場合に、このような判決理由の正当性が訴訟手続過程において保障されたことになるのか。これは、ヘンケルによれば、前訴手続において請求棄却あるいは認容の判決理由となりえた事由が、口頭弁論終結時の訴訟状態において、選択的に競合していたかどうかによって決まる。ヘンケルは請求棄却判決の時的限界に関する拘束力の事例を出発点とする。(3) たとえば、①売買代金請求において、被告が契約無効事由だけを主張したところ、これを理由に請求が棄却された場合には、判決理由に拘束力を生ずる。②これに対して、被告が契約無効とともに支払猶予の抗弁を提出し、あるいはさらに、これらの抗弁が争われたので証拠を提出した場合には、結局、契約無効により請求を棄却する判決理由には拘束力を生じない。ツオイナーは、①のみならず、②の場合にも判決理由に拘束力を認め、この点について口頭弁論終結後の新事由を提出しなければ再訴ができないとする。(4) しかしこれでは、たまたま選ばれた判決理由により拘束力の内容が異なることになるので、原告は、これらの選択的に競合する事由について審判の順序を指定できるか、少なくとも審判の順序が法定されている必要があろう。(5) しかし、このような要件は原則として（相殺の例外を除き）認められないので、②の場合には拘束力は生じない。そこで、原告が口頭弁論終結後に履行期が到来したことを証明して再訴すれば、②については契約無効の判決理由に拘束されないが、①についてはなおこの点の拘束力を認められる。ヘンケルによれば、この差異が生ずるのは、原告が請求棄却を免れるためには、①では契約無効事由を争わざるをえなかったが、②では必ずしもそうではなかったからである。つまり後者の場合には、原告はすでに、支払猶予を争いえず、あるいは立証されたものと考えることもあるから、契約無効を争う必然的な動機はなく、この確定には手続形成上の正当性の保障がない、というのである。(6)

請求認容判決においては、原則として、すべての請求原因事実の認定とすべての抗弁事実の否定が必要であるから、被告はこれらの判決理由に拘束される。ただ、前訴手続において、選択的に請求認容事由が競合した場合として、選択的な請求原因事実のどれかが確定され、あるいは新訴訟物概念を前提とすれば、選択的な法的視点の一つが決定された場合が考えられる。これらの場合にも、選択的棄却事由による請求棄却判決におけると同様の関係が認められる(7)。

それ故結局、請求棄却又は認容判決には、口頭弁論終結時の訴訟状態によって、それぞれに選択的棄却又は認容事由が競合していた場合には、判決理由における事実確定および法的性質決定に拘束力を生じない。だから、これらの選択的に判決理由たりえた事由の一つにつき新事実が提出されれば、前訴判決理由に拘束されずに新たな審判を求めることができる。そこで、判決理由に拘束力を生ずるのは、当事者が前訴手続において敗訴を免れるために、まさに判決理由となった、この棄却又は認容事由を争わざるをえなかった場合に限られる。そのかぎりで、これは判決の包摂決定の拘束力、つまり、訴訟物およびその不可欠の前提についての裁判の拘束力にすぎない、という(8)。

(ロ)　経済的価値の同一性　ヘンケルが判決理由の既判力を認めるために要求する第二の基準は、前訴と請求内容を異にする後訴においては、請求の経済的価値が前訴のそれと同一でなければならない、という要件である(9)。判決理由の正当性の手続的保障を要するという第一の基準は、前述の通り、既判力の時的限界における拘束力をめぐって展開された。だから、請求内容は変わらないが、口頭弁論終結後に請求の基礎となる事実が変わった場合が問題であった。そこで請求内容が前訴、後訴で異なる場合にも判決理由の既判力を認めるためには、さらにいかなる基準を要するのかが問われなければならない。

ヘンケルがここで、請求内容の同一性に代わる調整基準として経済的価値の同一性の概念を導入するのは、基本的には訴訟物を処分対象として構成する観点に連なる(10)(11)。訴訟上は原告の特定した請求内容を伴う訴訟物だけが、当事者によって賭けられ、当事者の訴訟追行もこの点に向けられる。当事者が訴訟追行を怠って敗訴すれば、既判力によって結果的には、実体法上の処分や権利失効と同様の効果をうける。財産法上の処分対象や失効対象は、実体法上はその経済的価値によって個別化される。そこで、訴訟上当事者が請求内容によって賭けるものも、このような処分対象としての経済的価値に他ならない。当事者がどの程度の緊張度をもって、訴訟を追行し、その結果に影響を与えるかも、係争の請求内容によって何が賭けられているかにかかっている。たとえば、利息請求や微々たる一部請求では訴訟費用のかさむのをさけたかもしれない当事者も、高額の元本請求や全額請求が問題となれば、より強度に関与したであろう。既判力が利息請求や一部請求額に限られるのは、当事者が判決によって、訴えられた請求内容から期待できた程度以上の負担をおうことは許されないからである。こうして、ヘンケルによれば、請求内容に代わって既判力を限界づける機能を引き受けるものは、当事者にとり訴訟で賭けられている経済的価値である。そこで、同じ請求原因に基づくが異なった請求内容についての新訴においても判決の拘束力を認めようとするならば、両訴において賭けられている経済的価値が同一の場合に限って許されることになる。

若干の具体例　　ヘンケルはこのような原則を豊富な事例について具体化するが[12]、その二三をあげれば次の通りである。

①前訴において他の事由が問題とならず貸金契約無効だけを理由に利息請求を棄却した判決は、元本請求の後訴において拘束力を生じないが、同じ理由による元本請求の棄却判決は、将来の利息請求を排斥する。前訴、後訴における経済的価値の大小による（Henckel, S. 176）。②所有権登記手続請求の前訴で、所有権がないことだけが問題となって敗訴した原告は、所有権確認の後訴を排斥される。逆に被告が前訴で敗訴した場合には、後訴において原告に所有権なしと主張することはできない。この登記手続請求は所有権ある場合にのみ認められるから、正当性の保障があり、経済的価値も同一である、という（Henckel, S. 180f.）。③所有権に基づく引渡請求訴訟において②と同様の理由で敗訴した原告は、所有権確認の後訴を排斥されるが、原告が勝訴してもその所有権が確定されることはない。後者の場合には他の法的性質決定の可能性もあり、被告にとっては物の引渡だけが問題であったので、この点を争わないこともありえたから、正当性の保障がない（Henckel, S. 183-185）。④双務契約に

基づく相互の請求権については、買主の目的物引渡請求の前訴が、もっぱら売買契約無効だけを事由として棄却された場合には、勝訴した売主は後訴で自ら代金請求をして契約無効を争いえない。逆に買主が引渡請求の前訴において勝訴した場合には、買主は後訴における売主の代金請求に対して売買契約の効力を争うことはできるが、売主の不当利得返還請求を争うことができない。前訴の結果によってこのような違いを生ずるのは次の事情による。つまり、買主（原告）敗訴の場合には、売主が前訴で売買契約を争ったのは目的物の代金に対する超過価値を賭けたのであるから、契約無効の拘束力を代金請求の後訴で認めても、これはすでに前訴で予期できた経済的負担に他ならない。これに対し買主勝訴の場合には、ただ双務契約に基づく両請求の有機的結びつき（funktionelles Synallagma）だけが確定され、給付を受領した買主は少なくとも物の客観的価値を支払わなければならない限りで拘束されるにすぎない。それ以上売主の代金請求＝代金の超過価値が争われ確定したわけではない（Henckel, S. 119–211）。⑤給付請求に対する弁済の抗弁と相殺の抗弁についての前訴判決理由中の判断は、それぞれ非債弁済としての不当利得返還請求と反対債権に基づく請求の後訴において、拘束力に差異を生ずる。これは正当性の保障の有無による。弁済の抗弁については他の抗弁も可能であり（とくに弁済だけしか棄却事由がなかったことが判明すれば別である）、審判の順序強制もないが、相殺の抗弁については、ドイツ民訴法三二二条二項により、例外的に既判力の制裁があり、審判の順序も強制されるから、正当性の保障が異なるためである（Henckel, S. 214f., 220–222）。

㈡　ヘンケル理論の評価・私見との照対対比　　こうしてヘンケル理論によれば、判決理由の既判力は、第一に、前訴手続における当事者の訴訟追行の緊張度により正当性が保障された場合にかぎり、さらに第二に、請求内容を異にする後訴においては、その経済的価値が同一な場合にかぎって認められた。ツオイナー理論においてはほとんど配慮されなかった第一の前訴手続における正当性の保障は、すでにバーダーの指摘したところであるし、選択的判決事由についての審判の順序の問題はペータースの批判したところであった。ヘンケルはこれらの視点を判決理由一般に総合的に展開して、ツオイナー理論と現行民訴法との調和を図る解決案を示したといえる。第二の後訴との関連については、ツオイナーがまさに法的意味関連として把握したところであった。「法的意味関連」が客観法秩序の目的論的概念であるに対して、処分対象としての「経済的価値の同一」は、実体法的価値概念であるとともに、当事者の訴訟追行の緊張度を左右する点で訴訟手続との結びつきをもつ基準として[13]、より具体化されたものと評価できる。ツオイナーの法的意味関連が不明確であって将来の拘束力を予測できないとする反論に答えるとともに、訴訟物を処分対象とする自己の理論との統一を図ったものと思われる。

判決理由の拘束力についてのヘンケル理論は、わたくしがアメリカ法におけるコラテラル・エストッペルの法理を参照して提唱した見解と多くの点で共通していることをここで指摘しておきたい[14]。何よりも基本的には、両説ともに、弁論主義のもとでの当事者の訴訟追行についての主体的地位と責任を前提としている点において共通である。そこから、ヘンケルによれば、判決にとり重要な前提事項であるために、訴訟過程において当事者がその確定に寄与せざるをえなくなったかぎりで、判決理由の拘束力も認められる。わたくしが、判決理由の拘束力の要件として、第一に、前訴手続において、主要事実に関する争点の判断のうち、判決主文に必要不可欠の前提となるものであることを要する、としたのもまさにこのためであった。ここで主要事実とは、ヘンケルの言葉をかりれば「前訴判決の包摂決定の一部として確定された事実」(Henckel, S.150) であり、請求された法律効果を生ずべき構成要件に当てはめられた事実である。ヘンケルもこれらの事実について、裁判所の判断を要求し、欠席判決にはこの種の拘束力を認めないが (Henckel, S.161f.)、争点となったことを必ずしも要求しない点において私見と異なる[15]。現に争われなくとも、判決にとり必要不可欠の前提となる判断であって、当事者が高度の緊張度をもって訴訟追行すべきものについては、拘束力を生ずる、というわけである。問題は、判決にとり必要不可欠の前提となる判断とは何か、である。コラテラル・エストッペルにおいても、この点について、選択的に競合している争点が問題となることは別に詳論した通りであるが[15']、ヘンケルはこれらの場合の一切に拘束力を否定したわけである。当事者による審判の順序の強制や理由だけを不服とする上訴を認め難いとすれば、ヘンケルの解決による以外にないように思われる。[16]

もっとも、この立場に対しては、「当事者が敗訴を恐れてむやみと主張、抗弁を提出したとき、拘束力の認められる範囲が極めて限定されてくる」との批判がある。[17] この批判は弁論過程における争点の整理によってかなり緩和されるものと思われるが、それでも争点が選択的に競合した場合の判決理由に拘束力を認めないことは、当事者の主体的地位や拘束力の予測可能性の保障を前提とするならば、むしろ当然の結果であろう。[18] また、この立場では、判決理由の拘束力が前訴判決基準時における訴訟状態に左右されるから、後訴においてこの点を事後的に確定する必要がある（Henckel, S. 171）が、これは不当であるとのベッチヘルの批判がある。[19] 後訴裁判所の負担をかえって増加することになるというわけである。この批判は争点効理論のように基準の曖昧な実質的要件により拘束力を認める立場には妥当しようが、[20] 要件の明確を期すヘンケル理論や私見には当たらない。[21]

第二に、前訴と後訴との関連について、わたくしが、将来の訴訟における拘束力を合理的に予測できた場合という要件をあげたのは、初めから予測可能性を示す具体的な基準による補正の余地を残したものであった。[22] ヘンケルによる処分対象としての経済的価値の同一性という基準は、この意味で注目に値する。要するに、前訴における請求内容から当事者が予測できた程度の経済的価値であって、すでに前訴において賭けられたものは、再び争わせないという基準である。ベッチヘルは、この基準自体が予測不可能であって、ますます既判力の不確実性を増大させると批判して、結局ツオイナーの法的意味関連に従い、経済的価値は異なっても既判力を拡張する勇気をもつか、あるいは判決理由の拘束力を全く否定するかのどちらかである、という。[23] しかし、この経済的価値は実体法上も処分対象を個別化する基準として構成された概念であるから、ツオイナーの法的意味関連よりは、むしろより具体化された基準であるといえる。[24] 問題は、実体法上この概念がどのように明確化されるかにかかっているといえるが、リンメルスパッハーは、まさにこのような視点から当面の問題と真正面に取り組んだわけである。

（２）　Henckel, S. 150-171, insb. S. 155f. ヘンケルはここで、前訴の訴訟物が後訴のそれと同一の場合およびいわゆる先決関係にある場合には、前訴基準時に確定した法律効果につき、裁判所は異なった判決ができないことを前提としている（Henckel, S. 169）。したがって、Henckel, Parteilehre und Streigegenstand im Zivilprozessrecht（1961）S. 302が、前訴判決基準時前に成立した事実は訴訟物の同一の限りで遮断されるとした立場は、このかぎりで維持されている、といえる。ただ、新たに、既判力の時的限界に関して、前訴判決基準時後に請求権の発生、変更、消滅あるいは履行期到来などをきたす新事実が後訴において主張立証されれば、前訴のそれと訴訟物を異にすることが強調された。ここでは訴訟物の同一性や先決関係は認められず、こうした場合には前訴判決の拘束力はかぎられた範囲にだけ認められる、というわけである（Vgl. Henckel, S. 151f., 154f., 169f.）。

（３）　Henckel, S. 150-163

（４）　Zeuner, S. 34

（５）　Henckel, S. 152f. 同様の視点をすでに、Peters, *ZZP* 76, 237ff. が指摘していたことについては前述した。

（６）　Henckel, S. 152f., 155, 156-158. また、所有権に基づく引渡請求訴訟において、(イ)被告が原告の所有権を争わず、自己の占有だけを争った場合と、(ロ)所有権と占有をともに争った場合とでは、被告の占有なしと認めた請求棄却判決の拘束力も異なってくる。(イ)については判決理由の拘束力を生ずるが、(ロ)についてはこの点の正当性の保障がなく拘束力を生じない（Henckel, S. 158-160）。

（７）　Henckel, S. 163-168 つまり、請求認容事由が選択的に競合していた場合には、認容判決理由に拘束力を生じない。判決理由となった事由だけを争わざるをえない緊張関係がなく、正当性の手続的保障がないからである。ただ、一方の事由ⓐが存在しないことが明らかになったため、他方の事由ⓑが唯一の請求認容事由となっていた場合には、認容判決事由ⓑに拘束力を生ずる。たとえば、被告がⓐを争い原告がその点の証拠を出さなかった場合や被告がⓐにつき抗弁を出し抗弁事実が証明された場合がそうである（insb. Vgl. Henckel, S. 165f.）。

（８）　Henckel, S. 170f.

（９）　Henckel, S. 171-175 第一の基準自体も、前訴・後訴の訴訟物が異なり、先決関係にもない事例についての原則であったから（前注（２）参照）、これは訴訟物の同一性も先決関係もない他の事例にも適用できるが、この場合はさらに第二の要件を要するというわけである。

(10) Vgl. Henckel, Parteilehre und Streitgegenstand im Zivilprozess, S. 27. ff., S. 262ff. ただ訴訟物の個別化にとっては、さらに、その請求内容（Anspruchsinhalt）の同一性が前提となるが（Henckel, a.a.O. S.278, 264）、ここでは、請求内容の異なる後訴との間で、経済的価値の同一性が問題となっているわけである。

(11) Henckel, S. 173f., 172

(12) Henckel, S. 175–231ここでヘンケルは二六の事例について詳細な論証を試みている。

(13) So Henckel, S. 232, 173

(14) 吉村徳重「判決の効力の客観的範囲」ジュリスト五〇〇号三六〇頁（本書七一頁）において、すでに同様の指摘をしておいた。吉村「判決理由中の判断の拘束力」法政研究三三巻三～六合併号（「民事手続法研究」第三巻所収）四四九頁以下の私見の概要は、本稿の序説一（3）において要約した。

(15) 私見によれば、相手方の主張を自認し、あるいは争わない場合には拘束力を認めるべきではない。けだし、当面の請求との関係にかぎって、先決事項を争わずに簡単に解決する途を開いておくべきだからである。吉村・前掲法政研究三三巻三～六合併号四六五頁以下参照。ただ、現に争われた論点については、判決主文にとり不可欠であって主張、立証を尽すべきであった場合には、現に主張立証が十分であったかどうかは問わない。

(15′) 吉村・前掲法政研究三三巻三～六合併号四七七頁以下参照。

(16) この場合には、当事者の主体的地位や利益の尊重を前提とすれば、当事者による審判の順序づけや上訴を認めるか、さもなければ、拘束力を否定するかの択一関係に立つことになる。吉村・前掲法政研究三三巻三～六合併号四九〇頁以下は、いずれを選ぶか決しかねたところがあった。審判の便宜と当事者の予測可能を重視する立場からも、後者を優位させるべきであろう。

(17) 文字・前掲法学論叢八七巻五号八七頁。

(18) 吉村・前掲法政研究三三巻三～六合併号四九五頁が、競合する争点の判断に争点効を認める立場の二律背反として指摘したところであった。

(19) Bötticher, Prozessrecht und materielles Recht, ZZP 85, 1, insb. 17f. これが訴訟経済の要請に反するだけでなく、当事者が自己責任において訴訟追行上このような状況を測定しなければならないかも疑問であるという。

⒇　座談会「争点効をめぐって」Ⅱ（判例時報五八八号一三頁）における馬場発言参照。
(21)　Vgl. Henckel, S. 191
(22)　吉村・前掲法政研究三三巻三～六合併号四九二頁参照。そこでは、予測可能の類型的基準を探るべきことを予定し、コラテラル・エストッペルにおける同一事件から生じた後訴に限るとの基準や後訴において主要事実になった場合に限るとの基準などを参照すべきことを指摘した。同論文四八一頁参照。
　また、住吉博「争点効の本質について㈡」民商法雑誌六一巻五号七八二頁は、「前後両訴訟間に関連性が認められること」に代えるが、これでは具体的な予測可能性を保障したことにはならない。
(23)　Bötticher, a.a.O., ZZP 85, 16f.
(24)　文字・前掲法学論叢八七巻五号八七頁も同旨の評価をしている。

(3)　リンメルスパッハーの見解

(イ)　法的地位の同一性　　リンメルスパッハーの既判力限界論は、第一に、ドイツ民訴法三二二条が当事者に対する予測可能性を保障し、不意打の判決効から当事者を保護しようとする立法目的を果しうる基準は何か、を探ることから出発する。[25]そのために明確な既判力の範囲を限界づける確たる基準として、「法的地位」（Rechtsposition）の概念を提示するのである。これは、ドイツ民訴法三二二条の立法者がまさに請求権（Anspruch）概念に期待したものに他ならない。立法者が統一的ないし一面的に考えたこの実体法上の請求権は、リンメルスパッハーによれば、二つの機能に応じた要素、つまり、価値への期待としての法的地位とこれを実現すべき法的手段（Rechtsschutzmittel, Rechtsbehelf）の二つの側面に分けて把握される。[26]そして、既判力の範囲についても、その最大の限界を定めて、当事者に訴訟における危険の予測を可能にすべき請求権の役割は、この法的地位としての要素が果たさなければならない。[27]

この場合の法的地位は、請求権の二つの要素のうち保護され、実現されるべき実体的価値であるが、他方給付訴訟はまさに実体法上の権利関係の保護実現を目ざすものであるから、法的地位は給付訴訟の対象であり、給付判決の対象である。また、法的地位は実体法上の処分対象としての機能をもつとされるが、この意味でも法的地位は判決対象である。すなわち、法的地位なしとして請求棄却されれば、実際には法的地位は存在したとしてもこれを実現する可能性は失われ、結果としては実体法上の処分の効果と区別できないのだから、その効果の生ずる対象も同一でなければならない。要するに法的地位は、処分対象であるとともに、判決対象でもあることになる（Rimmelspacher, S. 204-206）。リンメルスパッハーによれば、こうして、「この法的地位により、既判力限界の第一の確実な基準が得られたことになり、これによってツオイナーの法的意味関連も次のような基準と解しうるようになる。すなわち、その基準により、当事者には裁判対象およびそれにより訴訟上賭けたものと訴訟上の危険についての明確かつ鋭利な形象が保障される。そして他方、実体法において示された秩序機構が訴訟においても決定的なものとなり、こうして訴訟目的を実体法的秩序に向けようとする手続法的要請も充される。」（Rimmelspacher, S. 206f.）。

しかし、法的保護手段としての保護権によって法的地位の一部だけにつき判決が求められていれば、この一部だけが民訴法三二二条の意味の「請求権」である。法的地位が量的に可分であれば、法主体もこの部分の保護だけで満足できる。この場合には裁判対象もこの一部だけに限られ、既判力もこれを超えて他の部分には及ばない（Rimmelspacher, S. 207）。

そこでたとえば、所有権に基づく引渡請求という法的手段によって訴訟上主張されているものは、所有権という法的地位の本来の内容全体を含まず、ただ、①引渡訴訟の口頭弁論終結時において、②目的物の返還に化体された所有権の部分を含むにすぎない。この範囲を超えて既判力を認めることは、当事者に不意打を与えることになるからである。もっとも、所有権に基づく引渡請求権は、ことにその処分対象としての機能において、所有権の法的地位と異ならないから、結局、引渡訴訟の確定判決は、口頭弁論終結時における所有権を含めて確定するが、この時点以前については確定しない、という。そこで、基準時以前に生じた収益返還請求や損害賠償請求の後訴には既判力を及ぼさないことになる(28)。

(ロ)　法的関連性についての保障　　リンメルスパッハーの既判力限界論は、第二の基準として、当事者が拘束さるべき点＝法的関連性について審理されかつ判決されたことを要求する。しかも、この法的関連の解明に寄与する機会を当事者に与える手続を提供し、それ故まさにその結果の正当性を保障するかぎりでのみ既判力を生ずる(29)。

こうして、たとえば、リンメルスパッハーによれば、双務契約においては、請求権と反対請求権とは法的地位を異にするが、両請求の双務性が同時履行の抗弁権によって判決対象になった場合には、反対債権についても審判されたことになる。この場合、同時履行の抗弁権は、反対請求権の保護手段であって、この点の判断は反対請求権についての後訴においても拘束力を生ずる。これに対し、同時履行の抗弁が出されないか、先行給付義務あるために出せない場合には、反対請求の後訴においては何らの拘束力も生じない。反対請求権との関連性を考慮しない判決だからである。この意味で同時履行の抗弁権は相殺の抗弁が出された場合と同置される。法的地位を実現するための法的手段は、このように訴による必要はなく、抗弁によることも可能であって、この場合にも法的地位についての判断に既判力を生ずることになる（Rimmelspacher, S. 195, 218ff.）。

(ハ)　積極的既判力の範囲　　リンメルスパッハーの既判力限界論の第三の特徴は、これを消極的既判力と積極的既判力に区別して、その限界を論じた点である。消極的既判力の限界に関する注目すべき見解(30)の紹介は、ここでは省略せざるをえないが、いわゆる積極的既判力の限界によって、前訴、後訴で主張された法律効果が異なる場合に、前訴判決理由の既判力がどの範囲に及ぶかが問題とされる(31)。つまり、同じ法的地位についての判決の拘束力は、保護規範や保護手段（の種類）が変化しても存続するのか、存続するとすればいかなる範囲に及ぶのか、という問題である。

(a)　この場合に注目すべきことは、拘束力の結節点として、法的地位の存否の判断だけでなく、その確保と貫徹のために主張された保護権の判断をも含めた、請求権の基本要素（Elemente）についての判決に拘束力を生ずるとする点である。この基本要素は、さらに法的地位（①その存在、②誰がその主体か）と法的保護手段（③主張された具体的形式における法的救済か、④請求された領域に向けられているか、⑤原告は保護権の主体か、⑥被告はこの領域防禦の資格者か）につき、六つの基本要素に具体化される。しかし、これらの基本要素は、いずれにしても構成要件要素に従って一定の方法で確定されるのだから、拘束力の範囲を画するには、構成要件要素も考慮されなければならない（Rimmelspacher, S. 260f. 262）。

(b)　こうして、基本要素についての判決の拘束力を認めるための前提要件として、①まず、前訴において個々の基本要素が審理され、その存否が判決されたことを要する。②ついで、審理された基本要素の成立要件が同一であることを要する。実体法上の構成要件が異なっている場合にも拘束力を及ぼすと既判力により実体法を変えることになるからである。ただ、この場合に同一であるべき構成要件は、保護規範の要件である場合だけでなく、異議の要件の一部であってもよい。③また、これらの構成要件につき挙証責任分配が異なっている場合にも、既判力により実体法を変える惧れがある。挙証責任が同一人に帰属するのか、前訴で挙証責任を負わない者に不利にならぬかぎりで、既判力が認められる。④最後に、法的地位の同一性の範囲にかぎられる。個々の基本要素の判断の拘束力の最大限の範囲を簡単明瞭にして不意打ちを防ぐためである（Rimmelspacher, S. 261-264）。

(c)　積極的既判力を生ずべき後訴では保護規範が変わるから、訴訟資料の一部も変化する。そこで別に論じられている消極的既判力の時的限界[32]におけると同様に、ここでも拘束力が制限される。①認容判決については、判決理由とされた保護規範が変化した場合には、構成要件要素が変わっている部分には拘束力がないが、両規範にとり共通の構成要件要素については拘束力が残る。②棄却判決については、判決理由となった棄却事由たる基本要素のすべてが、新しい保護規範においても同様の構成要件要素に従い確定されるかぎりは拘束力をもつ。しかし構成要件要素が、異なれば、拘束力はない（Rimmelspacher, S. 265f）。

(d)　こうして、保護規範が変化すれば法的救済も変わるが、当事者が訴訟で賭けているものは、この特定の保護の可能性であって、法的地位自体ではない。だから、保護の観点が異なれば、前訴判決の拘束力も以上の原則に従って限定されなければならない(33)。

そこでたとえば、不法行為に基づく原状回復と金銭賠償のように、法的救済の形式だけが異なって他の基本要素が構成要件的にもすべて同じ場合には、原状回復請求認容、棄却判決ともに、同じ基本要素について拘束力をもつ。しかし、原因請求と手形請求のように、法的地位、法的手段（形式・侵害領域）ともに同じだが、基本要素の構成要件が異なる場合は問題がある。法的手段については構成要件が異なるから拘束力は及ばず、法的地位については構成要件は同じだが挙証責任が異なるから、この点を配慮したかぎりで既判力を生ずる、ということになる（Rimmelspacher, S. 269ff.）。

(25)　Rimmelspacher, S. 178, 184, 185ff., 203f. 従来の既判力の範囲画定の基準である、訴訟物の同一性、先決関係、矛盾関係も、当事者の予見可能性を目的としこれを実現してきたが、これでは実体法上の偶然の結びつきに左右される難点があった、という（Rimmelspacher, S. 178f., 182f.）

(26)　リンメルスパッハーは、Rimmelspacher, S. 15ff. の前半において、ドイツ民訴法の立法者が訴訟物とした統一的な請求権概念が、ヴィントシャイトの創設になる新しい概念であるところから、この概念の再検討とその後の理論の展開を通じて、このような結論を導き出す。奥田昌道「ヴィントシャイトの請求権概念をめぐる最近の論議について」法学論叢八八巻四—六号合併号五五頁、とくに六四頁以下、七九頁以下にこの点の詳細な紹介がある。こうして得た実体法上の請求権の二つの構成要素の有用性を、訴訟物問題の個々の試金石について個々的に検討するのが、Rimmelspacher, S. 175ff. の後半の部分である。その際、訴訟物の統一的解決という視点から吟味する必要はなく、個々の制度の目的をより有用に果す実際的解決をさぐるべきである、という。

(27)　Rimmelspacher, S. 202ff.

(28)　Rimmelspacher, S. 214–216, 185–193. たとえば、訴訟係属中に外的作用によって価値を毀損した絵の引渡訴訟に、最早興味を失った被告が敗訴した後、今度は損害賠償を訴えられた事例を考えれば、前訴判決の既判力を及ぼすことの不当が明らかである。前訴における当事者にとっては、基準時における絵の引渡が問題であって、ことに被告ははるかに高価な損害賠償についてまで防禦しておくべき立場にはないからである（insb. Rimmelspacher, S.191, 192f.）

(29) Rimmelspacher, S.184f., 194ff. この点につき、後述(4)(ロ)②参照。

(30) Rimmelspacher, S.226-258 簡単にいえば、消極的既判力は既判力の消極的作用ないし遮断効に対応し、判決された同じ法的地位についても、多くの異なった保護規範、保護手段があるから、保護規範が異なれば新訴を提起できるかの問題である。そして、消極的既判力の限界は、裁判所の裁判の機能が法律や当事者の限定によって阻げられずにどの範囲に及んだかによって決まる。つまり第一に、原告の提出した訴訟資料（事実関係）が手がかりを与えた保護規範についてだけ及び、後訴で他の保護規範が問題となれば及ばない。第二に、法律上の規定（管轄権や処分権主義など）によって、裁判権能が制約された限度に限られる。（Rimmelspacher, S. 226-245）。消極的既判力の時的限界については後述注(32)参照。

(31) Rimmelspacher, S. 259ff. 積極的既判力は再度同様の判断を要求する拘束力であるが（Rimmelspacher, S. 226f）、拘束力の範囲での訴訟の再提出は権利保護利益を欠く典型的事例として、消極的既判力を生じ後訴を否定するという（Rimmelspacher, S. 259）結局両者は相補う関係にあるといえる。

(32) Rimmelspacher, S. 245-258. 消極的既判力の時的限界として再訴が可能になるのは、①認容判決においては、判決理由となった保護規範だけでなく、判決理由たりえた保護規範の構成要件事実につき、基準時後に変化が生じた場合である。この場合の後訴で拘束力が残るのは、判決理由となった保護規範に変化が生じた場合の変化しない構成要件要素の判断にかぎられ、他の場合はすべて拘束力を失う。②棄却判決については、問題となったすべての保護規範の一つにつき、棄却事由たりえた一つの要件事実が変化すれば、常に再訴可能となる。変化を生じた規範については拘束力を残さず、変化を生じない規範についてだけ拘束力を残すとされる。こうして、基準時後に再訴の認められた後訴において、右の限度において、判決理由の拘束力が問題となる。

(33) Rimmelspacher, S. 267-304は、こうした事例九例について検討したのち、保護規範の変化にもかかわらず、右の(b)(c)の要件のもとでの積極的既判力が検証されたとする。

(4)　リンメルスパッハー理論の検討とヘンケル理論および私見との対比

(イ)　以上リンメルスパッハーの既判力限界論のうち、判決理由の拘束力に関する部分の概要を述べた。その特徴を一言でいえば、ツオイナーの目的論的な「意味関連」の代りに、実体法的な価値概念としての「法的地位」をすえ、これを中心に構成した見解である。この法的地位は、当事者の予測可能性を保障するために、既判力の最大の限界を画する明確な基準を提供するとともに、法的手段を通じて判決対象となり、法的手段が変わっても、積極的既判力を生ずべき結節点として、判決の基本要素となる、というのである。この法的地位は、さらに、処分対象としての機能をもつ価値概念であるとされる点でも、ヘンケルのいわゆる「経済的価値」の概念と対応する。ヘンケルのこの基準に対しては、なお不明確であるとのベッチヘルの批判があったが、これに代わるべきリンメルスパッハーの「法的地位」はどうであろうか[34]。

リンメルスパッハーによれば、法的地位の決定的特徴をなすものは価値であり、これは経済的概念ではなく規範的概念である。法的地位の同一性は、経済的価値評価によって決まるのではなく、法的地位の機能とされるところの処分対象、担保権の帰属点、履行の帰属点などの単複を決定する規範によって決まる。が、処分対象などこれらの事象は優れて経済的現象であるから、法規自体の内容を探求するには経済的考察が適切であるとし、結局、「法的地位の同一性は履行の帰属点の単複により決まる。これによって、法的地位の単複について手頃で明確な基準が得られたことになる」という。しかし他方では、この法的地位にいかなる経済的価値が帰属するかは第二の問題であって、これは法的地位のための救済手段の数、範囲および価値に関して答えられるとして、ここでも別途に経済的価値が問題とされる（Rimmelspacher, S.103-105）。このようにして得られた「法的地位」が、果たして、ヘンケルのいわゆる経済的価値の同一性よりも明確な基準を提供しうるかについて、ここでは即断はできない[35]。ただ、ヘンケルの説明に比べ、その内容を具体化するための手がかりや道具立てが豊富であることは明らかである。しかし、これが却って問題を複雑化しないという保障はない。

(ロ)　リンメルスパッハーの既判力限界論がヘンケル理論と異なる点は、判決理由の既判力の結節点として、法的地位や法的手段などを判決の基本要素として位置づけたことである。しかも、これらの基本要素は同一の構成要件要素により確定された限りで拘束力を生ずるとされるが、これは、ヘンケル理論において、包摂決定の一部となった事実確定や法的性質決定が直接拘束力をもつとされたのと異なる。このことは二つの意味をもっている。

①　ヘンケル理論では、前訴判決にとって不可欠な事実確定や法的性質決定は、前訴請求と経済的価値が同一の後訴において直接拘束力を生ずるが、リンメルスパッハー理論では基本要素の構成要件的確定というフィルターを媒介として拘束力を生ずる。たとえば、所有権に基づく返還請求の場合、その法的地位が基準時における所有権を含むとすれば、所有権は構成要件に従って確定されるから、前訴で審判された売買による所有権と審判されなかった時効取得による所有権は異なるという結果になろう[36]。この場合の所有権は、当面の引渡請求との関係で相対的に争われるのであるから、訴訟過程において判決との関係で、具体的に主張立証を尽くすことの期待された主要事実に関する争点の判断に拘束力を限定したほうが妥当であろう[37]。

②　また、リンメルスパッハーにおいては、「関連性」が直接審判の対象となったことを要求するのも、拘束力の生ずべき基本要素としての「法的地位」が両訴の関連性に他ならないからであろう。だから、双務契約における反対請求権が前訴請求とは別個の「法的地位」であれば、同時履行の抗弁権（法的手段）を通じてこの点が審判されない限り既判力は認められない。しかし、前訴においてこの抗弁が提出されなくとも、当事者が双務契約の効力を争わざるをえず、かつ後訴における契約無効の確定力が前訴で予期できた経済的負担を超えない限り、直接この点の拘束力を認めるべきであろう[38]。逆に、リンメルスパッハーにおけるように、抗弁権によって審判された反対債権の判断すべてに拘束力を生ずるとすれば、抗弁と反訴との区別がなくなるだけでなく、前訴判決にとり必ずしも不可欠でない付随的な判断にも常に既判力を生ずることになって不当である[39]。

(ハ)　ヘンケル理論や私見が強調した弁論主義のもとでの当事者の主体的地位と責任を前提とする視点は、リンメルスパッハーにおいては後退する。わずかに、法的関連についての審判に当事者が寄与できる可能性を与える手続によってその正当性を保障することを要求する。しかし、ここでは判決主文に不可欠であることからくる訴訟追行の緊張度が問題なのではなく、ただ、当事者の弁論と裁判所の判断の機会があったかどうかだけが問題である（Rimmelspacher, S. 194）。この点で、拘束力を審判の有無にかからせないツオイナー理論を一歩制限することになるが（Vgl. Rimmelspacher, S. 222）、ヘンケルが慎重に考慮した審判の順序強制への配慮はここでは欠落し、たとえば、請求を他の権利と関連づける抗弁はすべての相殺の抗弁と同置されてしまうことになる（Rimmelspacher, S. 220f.）。

㈡　リンメルスパッハーの既判力限界論のヘンケル理論とのこのような食違いは、基本的には、民事訴訟の目的ないし既判力の根拠についての理解の差異に深く根ざしていることを見落としてはならない。リンメルスパッハーによれば、既判力の目的と根拠は、①当事者間の法的安定性の保護、②裁判所の負担の軽減、③裁判所の威信の維持の三点にある（Rimmelspacher, S. 228f., 259）。これは、法的平和維持を民事訴訟の理念的目的と考え、そのための手段である私権の実現は前者を妨げないかぎりでだけ認められる、とする彼の訴訟目的観に根ざしていると思われる(40)。そこから、秩序維持の役割をもつ裁判所が、裁判を求められかつ裁判のできた範囲において既判力を生じ、そのかぎりで再度争わせないことが前述の既判力の目的にもそうことになる。判決理由の既判力についても、拘束力の生ずべき基本要素について裁判所が審理判決したことが重視され、訴訟過程における当事者の訴訟追行の緊張度が問題とならなかったのも、この理由によるものと思われる。

しかし、本来私人間の権利をめぐり対立する利益を調整するための民事裁判の既判力が、私人間に妥当する正義の観念を抜きにして、もっぱら国家的威信や法秩序維持の訴訟目的だけから根拠づけられるのは疑問である。これでは既判力によって、結果的には私権の侵害を生じうることを正当化することはできない(41)。これを理由づけるためには、この権利と調和したこれを制約できる内在的な論拠が必要である。ヘンケルはこのように反論して、民事訴訟をば私人の権利行使の場と解するとともに(42)、既判力の右のような効果を権利失効（Verwirkung）の原則によって根拠づける(43)。つまり「既判力の失権効は両当事者がすべての重要なものを訴訟に提出できたこと、そしてこの可能性が相手方のためにも役立つべきものであったことを根拠としている。訴訟の機会を利用しなかった者は、保護さるべき相手方のために、自己の権利をそれ以上行使することを失効する」。これは、既判力における法的安定性をば私法上の権利をめぐる法的安定性と統一的に評価し、既判力の失権効を、私的自治における自己責任の原則と相手方との信頼保護の観点からくる権利失効の原則によって論拠づけたものである。もちろん、既判力は双方当事者の対立する利益の評価に基づいて、勝訴当事者の保護すべき必要性を認めたことに立脚している。この場合に評価されるのは、訴訟外の権利状態だけでなくとりわけ訴訟上のその行使の容態であるから、その訴訟上の行使の容態によって実体権の効果に重要な影響を生ずることになる、というのである。

ヘンケル理論は、さらに判決理由の既判力については、前述の通り、当事者の訴訟追行の緊張度により判決理由の正当性が保障されたことを根拠とする。そして、当事者が判決基礎の形成に寄与すべき責任は、訴訟過程においてこれが判決にとり重要となった限りでのみ生ずる。しかし、当事者がこのような判決基礎形成の責任を果したかどうか、またどの程度に果したかは問題ではない。ただ、当事者が訴訟過程において必要となった判決基礎形成への寄与を怠った場合には、その程度において主張が排斥されるという既判力の制裁をうけ、これによって判決理由の正当性の手続的保障が確保されることになる（Henckel, S.156）。

このように既判力を当事者の懈怠した容態に対する制裁として捉えることは、既判力効を権利失効の原則により論拠づけることに由来すると思われる。換言すれば、権利失効の原則により既判力の失権効が根拠づけられることから、判決理由の正当性の手続的保障も確保されることになる。ただこの場合、権利失効の原則による既判力の失権効は、訴訟物の同一の範囲においては、当事者の提出できたすべての事実に及ぶことになろうが(44)、訴訟物を異にする後訴での判決理由の既判力については、さらに具体的な訴訟追行の高度の緊張度が要求され、拘束力の範囲はより狭く限定される。両者がいかに関連するかは、ヘンケルの説明だけでは必ずしも十分ではない(45)。

さらに、権利失効の原則による既判力の根拠づけに対しては、すでにベッチヘルの批判がある(46)。すなわち、訴訟の結果である既判力効は、当事者の行為に帰することはできず、むしろこれは裁判所の関与による法発見の結果であるから、その協力や瑕疵のほうがより重視されなければならない。十分に注意深く訴訟をしたが敗訴した当事者が、なぜ不当判決を甘受しなければならないのか。これは当事者の行為責任に根ざす権利失効の原則からは説明できず、法的安定性という公的利益の要請により根拠づけられなければならない、というのである。たしかに、民事訴訟は国家制度であり、判決は裁判官の関与する法発見の結果である。しかしながら、処分権主義、弁論主義のもとでは、判決の対象と判決の基礎をなす資料の提供は当事者に委ねられ、その責任とされている。その限りで、訴訟の結果は当事者の訴訟追行に左右され、結果的には実体法上の処分行為と異ならない効果を生ずる。その意味では、私法上の私的自治と自己責任の原則に照応した構造をもっている。これは民事訴訟法の基本的構造であって、当事者の訴訟追行の結果は当事者に帰すのが原則である。裁判所の瑕疵により当事者の訴訟追行を不当に評価した結果生ずる誤判は、いわば病理現象であり、これを理論の出発点とすべきではあるまい(47)。また、民訴法が、当事者に帰しえない確定判決の顕著な瑕疵を再審事由として取消を認めるのは、この間の事情を示すものといえる(48)。

(34)　Rimmelspacher, S. 48–107は、消滅時効の完成した請求権にも、給付を受領し保持する債権者の地位が残るところから、この地位を法的手段による要求権能や義務づけの要素をもたない法的地位として構成し、他の場合にも拡大する。そして、このような法的地位は、履行の帰属点であり、かつ、給付の法的原因であるという機能をもち、さらに、担保権の帰属点としての機能、処分対象としての機能、責任対象としての機能をもつ。

しからば、この法的地位の実質とその個別化の基準は何であるか。この点を明らかにするために、法的地位が従来から——ヘンケルをも含めて——請求権個別化の基準とされてきた請求原因や請求内容といかに関係するかを、法的地位の機能領域をめぐって検討する。そして結局、次のように結論するのである。つまり、法的地位はある価値を取得する期待と利益である。この価値に対する期待は、価値を取得する具体的な見込であって、受け取った価値を保持し、使用し、換価する権限をも伴うものである。この価値はいかなる時点でも一定の形式に化体されているが、この形式は、――間接的な請求内容としての給付内容のことであって――価値の同一性、つまり法的地位の同一性を決める基準とはならない。法的地位を基礎づける事情である請求原因も、法的地位の同一性の基準として適切ではない。こうして、その同一性を決める基準が何であるかにつき、次の本文のようにいう。なお、奥田・前掲法学論叢八八巻四―六号七九頁以下参照。

(35) リンメルスパッハーの「法的地位」の基準をここでいかに評価するかが問題となるが、本稿でこの点に深く立ち入るゆとりはない。他日を期さざるをえない。奥田・前掲論文八二頁の評価参照。

(36) この点で所有権の中間確認の訴を提起した場合の確認判決の既判力と異なることになろう。So Bruns, Zivilprozessrecht, S. 214 N. 25

(37) 住吉・前掲民商法雑誌六一巻七八二頁参照。吉村・前掲法政研究論文は、この点を明確に意識して論じていないが、主要事実の判断としたのは、構成要件的判断であるとの意味に他ならない。

(38) So Henckel, S. 199ff. 前述(2)(ハ)④の説明参照。

(39) Bruns, Zivilprozessrecht §44 IV S. 418; Kloeppel, Die Einrede der Rechtskraft, S. 135ff は、独立の権利をも既判力で確定するためには、そのための中間確認の訴を必要とする、という。中間確認の訴がなくとも常に既判力を生ずるとはいえない。

(40) Rimmelspacher, Zur Prüfung von Amts wegen（1966）S. 191ff. insb. S. 23

(41) Vgl. Henckel, S. 59ff.; ders., Vom Gerechtigkeitswert verfahrensrechtlicher Normen, S. 11ff. なおこの点につき、吉村徳重「西ドイツにおける各種訴訟促進案とその問題点」法政研究三六巻二―六合併号三六一頁以下（「民事手続法研究」第四巻所収）参照。

(42) Henckel, S. 61ff.

(43) Henckel, S. 96ff.

(44) Henckel, Parteilehre und Streigegenstand im Zivilprozess, S. 302; Henckel, S. 169 なおこの点につき、前注(2)参照。

(45) 権利失効の原則が、訴訟物である法的効果について作用したための間接的効果であるか、あるいは判決理由たりうる前提事実に直接作用したための効果であるかによる差異であろう。事実関係の遮断効の要件の緩厳の差異もこの結果であろう。両者をいかに位置づけるかは、既判力の根拠づけとの関係で問題となろう。

(46) Bötticher, a.a.O., ZZP 85, S. 20; ähnlich auch Kollhosser, JZ 1972, 291 (292)

(47) So auch Gaul, Zur Frage nach dem Zweck des Zivilprozesses, AcP 168, 27 insb. 53ff.

(48) Vgl. Henckel, S. 98ff. もっとも、この点についてはさらに検討する必要があろう〔この点を検討した論稿として、吉村徳重「再審事由──とくに四二〇条二項要件及び補充性・再審期間との関係」小室・小林還暦記念『裁判と上訴(下)』(本書一七頁以下) 参照。〕

四　むすび

(1)　以上において、判決理由に関するツオイナー理論以降の西ドイツ理論の展開をできるだけ詳細にたどってきた。この理論の展開を学説史的にみれば、すでに指摘したように、二つの系譜に区別できるように思われる。その一は、ツオイナー、ペータース、バーダー、ヘンケルに至る系譜であり、その二は、ツオイナー、(ヘンケル)、ブルンス、リンメルスパッハーの系譜である。前者は、ツオイナー理論に欠けていた、前訴手続過程における訴訟追行の状況や容態を配慮すべきことを強調する方向をとったのに対して、後者は、前訴における法的救済手段の基礎となる法律関係 (ブルンス) や法的地位 (リンメルスパッハー) についての裁判を既判力対象とみて、後訴におけるその同一性を強調する方向であった。第二の系譜のうち、ブルンスにおいては、サヴィニー理論を再評価しこれを現行法のもとで再構成しようとしたクレッペル理論の影響がみられ、また、リンメルスパッハーにおいては、ウィンドシャイドを通じてともに、普通法理論に連なる系譜をたどることができる。ただ、ブルンスやリンメルスパッハーにおいては、基礎となる法律関係や法的地位を現行法のもとで限定的に解釈し、その同一性の範囲内において、前訴で確定された構成要件要素が共通なかぎり、拘束力を認めようというわけである。

ヘンケル理論における「経済的価値」の同一性が、ここでの「法律関係」や「法的地位」の同一性に対応することはいうまでもないが、他方、ヘンケルが拘束点とする事実確定や法的性質決定は、第一の系譜に連なり、前訴手続過程において高度の緊張度による訴訟追行が期待された場合でなければならなかったわけである。

(2)　このような西ドイツ理論の展開とは別に、むしろ時期的にはこれより早く、わが国においても、[1]ツオイナー理論の批判と検討がなされていたし、さらに新堂教授の争点効理論が判決理由の拘束力について独自の理論を展開していた。わたくし自身の見解も、一方で、アメリカ法のコラテラル・エストッペルの法理を参照しながらも、他方では、これらのわが国独自の理論に立脚したものであったことはいうまでもない。残念ながら、これらのわが国独自の理論は西ドイツ理論に影響を与えないまま、むしろ時期的にはこれより遅れて、かの地でも類似の方向に理論の展開をみつつあることが明らかとなったと思う。

たとえば、井上正三教授のツオイナー批判における「裁判所の選択権」ないし「当事者の審判の順序指定権」の観点は、その後のペータースのツオイナー批判のそれと共通である。また、新堂教授が前訴手続過程における訴訟追行や審判の状況によって争点効を認められたのは、その後のバーダーやヘンケル理論と共通するところであった。ただ、ヘンケル理論においては、訴訟過程において判決にとり不可欠となった事項にかぎって、当事者がその確定に寄与すべき緊張関係にあった場合であれば、新堂理論におけるように、現に主張立証をつくしたことを必ずしも必要としない点で異なるだけであった。[2]この点に関連して私見が、ヘンケル理論と共通するところの多いことはすでに述べた。[3]さらに、信義則による争点効の根拠づけ以来、わが国においてなされた、判決理由の拘束力の根拠をめぐる理論は、[4]信義則の具体的法則に他ならない権利失効の原則により既判力を根拠づけるヘンケル理論と連なるものがある。とりわけ、小山教授が、信義則の適用としての争点効を主張されながら、なお信義則を根拠とする既判力効としての争点効の余地を示唆される場合には、[5]同様の方向を示すものと見ることができる。

(3)　こうして、ツオイナー理論以降わが国において独自に展開してきた理論は、西ドイツにおいても、とくに第一の学説史的系譜のなかに、きわめて類似した理論の展開を見出すのである。そこでいま、これをどのように受けとめるかが問われているわけである。もちろん、わが国理論が独自に積みあげたきた配慮や成果が、西ドイツ理論に欠落していることも多い。したがって、いたずらにこれを盲従すべきでないことはいうまでもないが、新たな理論の展開によってわが国理論を豊富化できるものがあれば、比較法的な見地から主体的にその努力を重ねることも必要であると考える。本稿では、このような見地から、西ドイツ理論の以上のような展開に立脚するとともに、その後のわが国理論の展開をも含めて、判決理由の拘束力の根拠を検討し、私見の新たな補強ないし補正を図るつもりであった。しかし、そのためには、稿を改めて独立の論稿とした方が適切であると思われるので、この点につきさらに別稿を参照して頂ければ幸せである。(6)

(4)　争点効理論以来のわが国における判決理由の拘束力理論は、リンメルスパッハーよりもヘンケル理論により多くの共通点を見出すことが、以上によって明らかになったと思う。ただ、リンメルスパッハー理論は、前述のように、学説史的には、ブルンス、クレッペル理論とともに普通法理論に連なる系譜をもち、普通法以来の豊富な概念道具を再構成して活用するなど注目すべき多くの視点を提供した。積極的既判力と消極的既判力の区別、判決理由の拘束点としての基本要素、さらに先決的法律関係に代る法的地位などがこれである。これらの点を正しく評価するためには、ブルンスやクレッペル理論との対比だけでなく、さらに遡って普通法理論の検討を要するように思われる。これは今後の課題とせざるをえない。

(1)　この点について、前一注(1)(2)の各文献参照。

(2)　小山昇「いわゆる争点効について」ジュリスト五〇四号八二頁は、この立場は疑問とされる。「真剣に争うか否かは当事者の自由であり、争わない自由にまで争点効の不利益を結びつけることは、……信義則適用の埒外のことがらであると思われるからである」。問題は信義則の内容は何かであろう。信義則の具体的法則に他ならない権利失効の原則によれば、ヘンケル理論も根拠をもつことになる。この点の私見につき、前三注(15)参照。

（３）　前述三(2)(二)参照。

（４）　新堂・前掲論文（前一注(2)および小山・前掲論文（前注(2)）参照。なお、住吉・前掲民商法雑誌六一巻一七五頁、七五四頁は、新たな視点から、既判力の本質を論じ、争点効もまた、既往の訴訟手続の貫徹力として既判力と共通であるが、既判力とは異なった要件のもとに、相対的な独立性をもつ第二次的な拘束力である、という。

（５）　小山・前掲論文（前注(1)八二頁。なお、新堂・前掲論文（前一注(2)）のほか、同「紛争解決後の損害の増大とその賠償請求」ジュリスト四三一号一四三頁や民事訴訟雑誌13号一八五頁の新堂発言参照。

（６）「判決の遮断効と争点効の交錯」新・実務民事訴訟講座二巻三五五頁（本書一四五頁）。

（原題「判決理由の既判力をめぐる西ドイツ理論の新展開」。九州大学法政研究三九巻二＝四号、一九七三年）

第七章　判決の遮断効と争点効の交錯

一　問題の所在

(1)　判決の争点効は[1]、前訴と異なった訴訟物についての後訴において、前訴判決理由中の判断に拘束力を認めたものといわれる。同じ訴訟物の枠内においては既判力の遮断効が及ぶのに対して、訴訟物を異にする後訴においては、既判力とは別個に、判決理由中の判断にも信義則による拘束力を認めて、判決の遮断効の範囲を柔軟に規律する途を開いたものと解されてきた。争点効を判決の効力とは別個の信義則適用の問題と解すれば[2]もちろんであるが、判決の制度的効力と解するとしても[3]、既判力とは別個の効力とされてきたのは、そのためであった。そしてこのことは、既判力の範囲を訴訟物の範囲と厳格に一致させる伝統理論を前提としつつ、訴訟物を異にする後訴でも、なお一定の範囲で柔軟な判決の遮断効を認めるという実践的立場からみれば、賢明な対応の仕方であったといえよう。

しかし、他方では、同様に訴訟物を異にする後訴において、前訴判決の既判力の遮断効を認めてきたこともまた周知の通りであった。前訴判決を先決事項とし、あるいはこれと矛盾関係に立つ後訴請求において、前訴判決の既判力を認める伝統的立場がそれであり[4]、さらにこれを一般化して実体法的意味関連のある後訴請求や拡大された先決関係や矛盾関係に立つ後訴でも、判決の既判力の及ぶことを認める学説の傾向がそれであった[5]。そして、もともと、争点効理論は、このような既判力拡張論のもつ硬直な側面をさけて、より柔軟に対処する途を求めたところに、その出発点があったことも今さら指摘するまでもない。[6]

(2)　ところが近年、この硬直な既判力に対して柔軟な争点効を対置する定式について、一定の平準化の傾向がみられる。ことに従来、既判力の範囲を訴訟物の範囲に限定し、争点効類似の拘束力を否定してきた判例が、[7]一方で、訴訟物の枠内での既判力の遮断効にも信義則等による柔軟な対処の余地を示唆するとともに、[8]他方では、訴訟物を異にする後訴でも、信義則に照らして判決の遮断効の及ぶことを認める旨を判示したことは注目に価する。[9][10]新堂教授は、この最高裁昭和五一年九月三〇日判決を評して、異なる訴訟物への前訴判決の遮断効を認めたものであるとともに、判決理由中の判断に遮断効を認めたものであるとされた。[11]そして、「『判決の遮断効』という広い観点からみるとき、争点効理論なるものは、訴訟物たる権利の前提事項についての判断に遮断効を認めようとするものであり、それは訴訟物によってあらかじめ指示された遮断効の範囲を手続事実群の具体的展開に対応して調整する理論の一つの試みであったと位置づけることができるのである」といわれる。

事実、判例の右のような傾向は、既判力や争点効の正当化根拠を手続保障や信義則に求めてきた学説の傾向と軌を一にするように見える。そうであるならば、ともに判決の遮断効とされる主文中の判断の既判力と判決理由中の判断の争点効とは、相互にどのように関連し合うものであろうか。前掲最高裁判決が、前訴とは訴訟物の異なる後訴における買収処分の無効の主張を排斥したのは、前訴判決主文の既判力の遮断効によるのか、あるいは判決理由中の判断の遮断効によるのか。訴訟物を異にする後訴における前訴判決の遮断効は、これを既判力と呼ぶか争点効とみるかで異なるべきではなく、共通の根拠と限界をもつべきものではないのか。

(3)　元来、争点効理論が既判力拡張論との対決の中から生まれてきたものであるだけに、いま再び両者を同じ「判決の遮断効」として統一的に把握し、共通の根拠と限界を探ることは必ずしも容易ではないように見える。[12]とりわけ、一方では訴訟物の枠内での既判力と他方では訴訟物の範囲をこえた信義則の適用としての争点効とを対置する見解が、前述の実践的立場から有力に主張されている状況の下ではなおさらである。しかし、既判力といい争点効といっても、ともに判決の遮断効として後訴における攻撃防御方法の提出を排斥する効力を生ずる以上は、両者を全く無関係に別個の根拠によって基礎づけることは適切ではない。だから、訴訟物を異にする後訴における判決の遮断効が、訴訟物の枠内での遮断効とどのように関連し、いかなる根拠と範囲において認められるかを明らかにすることが必要であると考える。判決の遮断効をめぐる理論の深化と多様化の進んでいる現状にかんがみて、このことが必要であるとともに可能にもなったものといえるからである。

（1）新堂幸司教授の提唱されたこの理論の集約されたものとして、新堂幸司・民事訴訟法四二五頁以下参照。なお、同書四二五頁注1(一)(二)引用の文献参照。また、吉村徳重「判決理由中の判断の拘束力」民事訴訟法の争点（本書八九頁）二七九頁以下に、争点効理論展開の概要を述べているので参照されたい。
（2）中野貞一郎「いわゆる争点効を認めることの可否」法学教室Ⅱ四号六一頁。
（3）たとえば、新堂幸司「条件付給付判決とその効果」民事訴訟雑誌一〇号九頁、新堂・民事訴訟法四二八頁、吉村・前掲民事訴訟法の争点二七九頁参照。
（4）たとえば、中野他編・民事訴訟法講義四四四頁以下〔吉村〕参照。
（5）その展開につき吉村・前掲民事訴訟法の争点二八一頁および二八二頁引用の文献参照。
（6）たとえば、新堂幸司「既判力と訴訟物」法学協会雑誌八〇巻三号二九五頁以下参照。
（7）最判昭和三〇年一二月一日民集九巻一三号一九〇三頁。
（8）最判昭和四四年六月二四日判例時報五六九号四八頁。
（9）最判昭和四九年四月二六日民集二八巻三号五〇三頁。
（10）最判昭和五一年九月三〇日民集三〇巻八号七九九頁。
（11）新堂幸司「訴訟物概念の役割」判例評論二二三号（判例時報八五六号）一一六頁。
（12）新堂・前掲判例評論二二三号は、その初めての試みであるといえる。本稿も同論文に負うところが大きい。

二　判決の遮断効の諸相――判例・学説における既判力と争点効の交錯

(1)　既判力の遮断効

(イ)　通説によれば、既判力の遮断効は訴訟物の範囲と標準時を基準として画定される。すなわち、確定判決の既判力は、口頭弁論終結時における訴訟物たる権利関係の存否の判断に生ずるから、この標準時以前に存した攻撃防御方法を提出してこの判断内容を争うことは許されない。訴訟物たる権利関係は、もともと時間の経過とともに発生・変更・消滅する性質を有するから、既判力はあくまで標準時における権利関係の存否を確定するものであって、この権利関係の発生・変更・消滅事由となる事実や証拠がすでに標準時以前に存在していた場合には、後にこれを提出して確定された判断内容を争うことはできない、という趣旨である。そこでは、標準時における訴訟物たる権利関係存否の判断の内容的拘束力（積極的作用）が先行し、この判断内容と抵触する標準時以前に存した攻撃防御方法の提出を排斥する遮断効（消極的作用）は、内容的拘束力の反射的な作用にすぎないとの理解が前提となっている。だから、前訴においてその基準時以前に存した事実や証拠を攻撃防御方法として提出しなかった場合には、これが当事者の過失の有無などの主観的事情によるかどうかを問わず、後訴でこれを提出して判決内容を争うことはできないとされてきた(1)。

そして、こうした既判力の遮断効は、後訴が前訴と同じ訴訟物を直接の審判対象とするか、あるいは先決事項とする場合だけでなく、さらに後訴請求が前訴判決内容と矛盾関係に立つ場合にも同様の作用を及ぼすものと解されている。すなわち、この場合の後訴においても、前訴判決の判断内容に反する攻撃防御方法を提出することは、これが基準時以前に存在した事実や証拠であれば、当事者の主観的事情にかかわらず遮断されることになる(2)。たとえば、甲が乙に対する家屋の売買による所有権確認の訴において勝訴した後に、さらに家屋明渡請求をした後訴において、乙は基準時以前に完成した取得時効の抗弁を提出することを遮断される。また、右の甲の所有権確認の勝訴判決確定後に、乙が甲に対して自己の所有権確認の訴を提起した場合においても、乙の後訴での取得時効の主張は排斥される。

(ロ)　ところが、〔1〕最判昭和四九年四月二七日は、[3] 相続債務の支払を求める前訴において、限定承認の事実を認めて相続財産の限度で支払を命ずる留保付判決が確定した後に、前訴の基準時以前に存した法定単純承認事由を主張して無留保の判決を求める訴を提起することは許されない、とした。限定承認の存在や効力についての前訴判決の判断には、既判力に準ずる効力を生じ、すでに前訴において主張することのできた事由を主張して、前訴判決の効力を争うことは、「権利関係の安定、訴訟経済および訴訟上の信義則等の観点から」許されないから、右の法定単純承認事由の主張も前訴の確定判決に遮断される、と判示した。

この判決は、前訴において主張することのできた事由について確定判決の遮断効を及ぼす根拠を信義則等に求めている点で注目に価する。[4] すなわち、一方、限定承認の存在や効力についての前訴判決に既判力に準じた効力を認め、これを権利関係の安定や訴訟経済の観点から根拠づける点では、判決の内容的拘束力の作用として遮断効を認める伝統理論を実質的に補強したことになるが、他方、法定単純承認事由が前訴基準時前に存在したというだけではなく、これを主張することができたという当事者の主観的事情を考慮して、信義則の観点から判決の遮断効を正当化しようとする点では、前述の伝統的遮断効理論とは著しく対立していると思われる。[5] ただ、前訴手続において主張することのできた事由については、なぜ信義則の観点から遮断効を生ずるのかは、いま一つ明らかでない。ここで信義則とされるものはおそらく権利失効の法理であって、一方当事者が前訴でこの事由を主張できたのに主張せずに訴訟が終結したことにより、相手方がすでに解決済みであると期待しても無理はないとの趣旨によるものと思われる。しかし、権利失効法理の適用のためには、前訴においてこの事由を提出することができただけでなく、提出することを規範的に要求されていたことが前提となろう。[6] つまり、当事者はこうした提出責任を負っていたのにこれを怠ったことに対する制裁として遮断効をうけるのである。(7)しかしそうであれば、この提出責任は何を根拠にどの範囲で生ずるのかが問われることになろう。

(ハ)　さらに、判決の遮断効を前訴手続過程の事情にかからせる傾向は、同一訴訟物の枠内にかぎらず、訴訟物をこえて遮断効を拡げる方向でも見ることができる。〔2〕最判昭和五一年九月三〇日は、(8)甲が乙に対して買収農地の買戻契約による所有権移転登記請求等を訴えた前訴で請求棄却の確定判決をうけたのちに、同じ農地の買収処分の無効を主張し抹消登記に代わる所有権移転登記請求、返還契約による所有権移転登記請求および耕作物収去土地明渡請求を訴えた事件において、本件後訴請求は「信義則に照らして許されない」として訴を却下し、原判決に対する上告を棄却した。「前訴と本訴は、訴訟物を異にするとはいえ、ひつきよう、〔甲が乙に対し、〕本件土地の買収処分の無効を前提としてその取戻を目的として提起したものであり、本訴は、実質的には、前訴のむし返しというべきものであり、前訴において本訴の請求をすることに支障もなかったのにかかわらず、さらに甲が本訴を提起することは、本訴提起時にすでに右買収処分後約二〇年も経過しており、右買収処分に基づき本件各土地の売渡をうけた右乙の地位を不当に長く不安定な状態におくことになることを考慮するときは、信義則に照らして許されないものと解するのが相当である」と判示した。

本件後訴が前訴と同様に所有権移転登記請求をする点では、請求原因事実の差異によって、前訴と訴訟物を異にするかについては見解が分かれるが、耕作物収去土地明渡請求をする点では訴訟物を異にすることに異論はない。しかも、本件土地明渡請求は所有権移転登記請求を棄却する前訴判決を先決事項とすることもなく、またこれと矛盾関係に立つとされる事例にも当たらない。それでも、①本訴が実質上前訴のむし返しであり、②前訴において買収処分の無効を主張して本訴請求をするのに何らの支障もなかったのに、③買収処分後二〇年も経過して本訴を提起すれば、乙の地位を不当に長く不安定な状態におくことになる事情があれば、本訴を提起することは信義則に照らして許されないとしたのである。これを前訴判決の既判力と呼ぶかどうかは別として、実質的には、信義則を根拠として、訴訟物の異なる後訴に前訴判決の遮断効を及ぼしたものと評しうる。(9)そして、本件判旨の摘示する①―③の事情のあるときに適用さるべき信義則が権利失効の法理であることは明らかである。この法理によれば本件では、甲は前訴において買収処分の無効を主張して本訴を提起することができたし、提起すべきであったのに、これをしないまま長年月を経過したため、相手方としてもその地位の安定を期待するのは当然であるから、今さら買収処分の無効を主張して実質的に前訴をむし返すのは許されない。ここでも、甲は前訴において買収処分の無効を主張できただけでなく、主張すべき期待ないし責任を負っていたことが前提となり、それにもかかわらずこれを怠ったために権利失効の制裁をうけると解すべきである。

(二)　学説のなかにも同様の法理によって、訴訟物の異なる後訴における前訴判決の既判力の遮断効を根拠づける見解があることは周知の通りである。ヘンケルによれば、弁論主義の下では、当事者は前訴判決にとり重要な前提事項については、その確定に寄与すべき密度の高いきっかけを与えられているから、当事者がこの寄与責任を果たさないときは、既判力による失権の制裁をうける。(10)判決〔2〕のような所有権に基づく移転登記請求の前訴手続過程において、甲の所有権の存否が唯一の前提問題として争われ、甲に所有権がないことだけを事由とする棄却判決が確定すれば、この前提問題の確定に既判力を生じ、後訴でこれを争う主張を遮断することになる。(11)判決〔2〕の具体的事例で、甲の所有権が唯一の前提問題として争われたといえるかは別として、(12)かりにそうだとしても、そうであればなぜ甲にこの点の確定に寄与すべき責任を生ずるのかは必ずしも明らかではない。この責任を怠れば失権の制裁をうけることが寄与へのきっかけを与えるというのは一種の循環論法であるし、弁論主義を論拠としただけでは未だ十分とはいえない。(13)さらに、前訴手続で当事者に寄与へのきっかけがあるから前提問題確定の正当性が担保されるとして、訴訟物を異にする後訴での遮断効を正当化できるかも問題である。(14)

新堂教授の「手続事実群」の理論は、これをさらに展開したものといえよう。(15)ことに前訴の前提問題についての理由中の判断の遮断効によって、判決〔2〕の結論を肯定する場合にはそうである。つまり、甲の所有権の主張の当否という共通の争点は前訴に不可欠の主要争点として、当事者の十分な主張立証活動が期待されるとするところまではヘンケル理論とも近い。しかしさらに、手続事実群の展開によって、この所有権の争いに一切かたをつけようとの了解や信頼を生んだと評価できる場合に、この点の判断に遮断効を認めるとする点に特色がある。従来の争点効理論が、前訴手続過程に一歩立ち入って、当事者が主張立証を尽くすべき主要争点につき現に主張立証を展開した場合の判断に拘束力を認めたのを、「手続事実群」に置きかえて再構成したものと評しうる。現に、判決〔2〕は、前訴では主張立証を尽くしたとはいえない買収処分の無効の主張を遮断したが、「手続事実群」の調整なしには、争点効の遮断効を及ぼしうるかは疑問の残るケースであった。

(2)　争点効と既判力の遮断効との交錯

(イ)　既判力の遮断効の右のような展開を前提とすれば、もはや争点効との隔りは余り大きくはないことになろう。〔3〕最判昭和四四年六月二四日[16]は、次のような事例において争点効を否定した。甲が乙を相手に売買契約を理由に家屋明渡請求をした前訴において、乙は売買の詐欺による取消を主張立証したが認められず請求認容の判決が確定した後に、今度は乙が甲を相手とする同じ家屋の所有権登記抹消を求める後訴請求において、再び右売買契約の詐欺による取消を主張したのを認め請求を認容した。「右確定判決は、その理由において、本件売買契約の詐欺による取消の抗弁を排斥し、右売買契約が有効であること、現在の法律関係に引き直していえば、本件不動産が甲の所有であることを確認していても、訴訟物である本件建物の明渡請求権……の有無について既判力を有するにすぎず、本件建物の所有権の存否について、既判力およびこれに類似する効力（いわゆる争点効……）を有するものではない」と判示した。

しかし、その後、すでに前述した最高裁判決〔2〕[17]は、訴訟物を異にする訴訟において、前訴判決理由中で否定された買戻（返還）契約の主張だけでなく、前訴では主張立証もなく審判もうけていない買収処分の無効による後訴請求をも排斥したのである。これは実質的には判決〔3〕の判旨を二重の意味で変更したことになろう。すなわち判決〔3〕のケースでいえば、第一に、前訴で否定された売買取消の主張をむし返した後訴請求を許さないことにしただけでなく、第二に、かりに乙が後訴で新たに前訴基準時以前に完成した取得時効を主張した場合にも、一定の場合には判決の遮断効を認め、後訴請求を排斥できることにしたものといえる。

争点効理論は、この場合、前訴における主要争点が、甲の所有権の存否であったか、あるいは売買取消や買戻契約などの個々の権利根拠事実や消滅事実であったかによって、結論が異なるとしてきた。[18] 当事者がどのレベルの争点に焦点を合わせて攻防を展開していたかによって決まることになる。前提問題である甲の所有権存否の判断に争点効を生ずるとすれば、あたかもこの点につき中間確認の訴が提起されたと同様に遮断効の範囲が拡がるように見える。[19] しかし、通常の私人間の紛争は抽象的な権利レベルよりも、具体的な売買の有効無効などの権利の発生、消滅事由に当たる事実をめぐって生ずることが多いから、訴訟上の必争点となるものも主要事実レベルに焦点を合わせるのが原則であろう。[20] 先決的な権利の存否が主要争点となるのは例外と考えられるし、かりに主要争点となったとしても、具体的な攻防の展開を見れば、後訴での買収処分の主張を遮断しえない場合もあると思われる。

これに対して、既判力拡張を説く上村教授は、判決〔3〕のケースでは、後訴での乙の売買取消の主張だけでなく、新たな取得時効の主張も、当事者の怠慢な訴訟追行に対する制裁として遮断すべきだとされる。[21] 判決〔2〕の買収処分の無効の主張も同様であると思われる。また、一旦自白した事実を後訴で争うことも許されない。真実発見の手段としての弁論主義の趣旨からも、当事者は実体真実に合致した裁判を実現するために協力すべく要請されるからである、とされる。しかしそれでは、当事者は争点をしぼるために自白や争わない態度をとることができなくなるし、当事者に一般的な協力義務を認めて、重要な前提問題については、訴訟物を異にする後訴でも、懈怠に対する制裁としての遮断効を拡げるとなると、当事者に対する不意打ちとなることをさけえないものと思われる。

(ロ)　そこで争点効理論は、遮断効の範囲にさらにしぼりをかけるのである。すなわち、前訴手続過程において、当事者が主要争点につき攻防を尽くすべく期待されているだけでなしに、現に攻防を尽くした場合にかぎって、この点の判断を争う攻防のむし返しを遮断される。[22] 具体的な手続過程における現実の攻防の展開を考慮すれば、たとえば判決〔2〕の前訴で、買収処分の無効をも含めて甲の所有権得喪の争点につき攻防の展開があり、後訴でこの点の主張を遮断するとしても甲の不意打ちとなることなしに、乙の解決済みとの信頼利益を保護することのできる限界を画しうると考えたためであろう。

新堂教授が新たに提案された手続事実群は、「判決の遮断効」という広い観点から争点効のこのような要件を再構成されたものといえることは前述した。しかし、この理論がさらに[23]、あらかじめ遮断効の範囲を警告してきた訴訟物の枠をこえた事項についても、訴訟物を異にする後訴において、手続事実群の展開を事後的に評価することによって、遮断効を及ぼすとする点では、争点効の守備範囲をはるかにこえることになる。これはもはや、前訴の訴訟物に不可欠の前提問題として攻防を尽くすべく期待されていた事項についての遮断効ではないからである。あらかじめ警告された遮断効の範囲に含まれる前提事項については、一般的な提出責任が認められるから、手続事実群の展開によって、具体的にも、さらに訴訟物の異なる後訴で遮断効を生じても、当事者の不意打ちにならず相手方の合理的期待にそうものであるかどうかをチェックすれば足ることになる。しかし、訴訟物の枠をこえてその前提問題にも含まれない事項の遮断効を、手続事実群の調整によって認めることになれば、その内容を具体的にルール化できるのであれば格別、そうでないかぎりは、手続事実群なるものに余りにも過重な要求をもり込みすぎたことになるのではなかろうか。[24]

(ハ)　ところで、争点効の認められる事例には、前述(イ)や(ロ)で取り扱った敗訴当事者による前訴での不利な判断に反するむし返しのほかに、勝訴当事者による有利な判断に反する矛盾挙動のケースがある。たとえば、売主甲が買主乙に対して売買代金支払請求をした前訴において、乙の売買無効の主張を容れた請求棄却の判決が確定した後、甲が乙に対して目的物返還請求をした後訴において、乙は売買の有効を主張立証することは許されない。竹下教授は、判決理由中の判断の拘束力を、不利な判断をうけた当事者に対する権利失効の法理による拘束力と有利な判断をうけた当事者に対する矛盾挙動禁止の法理による拘束力とに分類され、両者の間では、同じ信義則適用の標識にも差異があることを論証された[25]。ことに矛盾挙動禁止による拘束力は、前訴で争点となった事項にかぎらず自白された事項や上訴の可能性のない有利な判断にも遮断効を生ずる点で、権利失効の場合とは異なるとされる。

たしかに、矛盾挙動の禁止は前訴で自己の主張を容れた有利な判断に反する主張の遮断であるから、前訴で相手方の対立主張があったかどうかを問わない。また、勝訴者に有利な判断については、勝訴判決の既判力に上訴の利益がなくとも、後訴での不利な作用を否定しえないこと（双面性）と異ならない。しかし、矛盾挙動禁止も権利失効も、ともに信義則の具体化された原則として、相関連する後訴において、前訴判決の結論に不可欠の前提事項についての理由中の判断に反する当事者の主張を、前訴手続過程からみて、相手方の結果への信頼利益を保護すべき禁反態の原則に反するとして排斥する点では、共通の標識をもつこともまた事実である[26]。いずれの場合にも前訴判決の結論に不可欠の前提事項の判断にかぎることによって、当事者は攻防を尽くすべく期待されていたのだから、結果の有利不利を問わず、当事者の責任を問い、相手方の信頼利益を尊重すべき共通の基準を前提としているといえる。また、争点をしぼり、争わない事項を選択できる自由は自己に不利な主張を認める当事者に委ねられるべきであるから、自己の主張を容れた有利な判断に反する主張は、相手方が自白した場合でも遮断さるべきであろう。

（１）　兼子一・民事訴訟法体系三四〇頁、三ケ月章・民事訴訟法（全集）三〇頁、小山昇・民事訴訟法三五六頁、新堂幸司・民事訴訟法四一一頁など。

（２）　中野貞一郎他編・民事訴訟法講義四四四頁以下〔吉村〕、とくに四四六頁は、この場合の既判力の作用の態様を説明しているので参照されたい。

（3）　民集二八巻三号五〇三頁。

（4）　当事者が提出できないときには、遮断効も及ばないとする余地が生ずることになるからである。この点を指摘するものとして、新堂幸司「責任限度を明示した給付判決の効力」我妻追悼論文集・私法学の新たな展開六二頁以下、谷口安平「判批」判例評論一九三号（判例時報七六五号）一五一頁、吉村徳重「判批」民商法雑誌七二巻四号六八七頁がある。

（5）　もっとも、すでに最判昭和四二年七月一八日民集二一巻六号一五五九頁、最判昭和四三年四月一一日民集二二巻四号八六二頁は、後遺症の事例につき、前訴で発見ないし予想できなかった損害については、判決ないし調停の遮断効は及ばないとしていた。吉村徳重「損害賠償請求」演習民事訴訟法㊤二〇三頁（本書一九九頁）、ことに二一〇頁（本書二〇六頁）は、一般的にも、「基準時後の事情にかぎらずそれ以前に存した事情についても、およそ当事者にその主張が期待できなかった場合には、既判力に遮断されることはないとすべきであろう」と指摘していた。

（6）　竹下守夫「判決理由中の判断と信義則」山木戸還暦記念論文集㊦七二頁、ことに八三頁、九三頁。吉村・前掲演習民事訴訟法㊤二一〇頁。

（7）　水谷暢「後訴における審理拒否——近時の最判の論理」民事訴訟雑誌二六号五九頁以下は、これを提出責任効と呼び、判断効と対比して論じている。なお、上田徹一郎「遮断効と提出責任」民商法雑誌七八巻・法と権利３二三八頁参照。

（8）　民集三〇巻八号七九九頁。本件については、水谷暢・判例タイムズ三四五号八七頁、山木戸克己・昭和51年度重要判例解説、小山昇・民商法雑誌七六巻四号五九九頁、高橋宏志・法学協会雑誌九五巻四号七八八頁などの判例批評がある。新堂幸司「訴訟物概念の役割」判例評論二二三号（判例時報八五六号）一一六頁以下は、本件を詳細に論評したものである。

（9）　訴訟物の枠をこえて遮断効を及ぼす本判決の立場を踏襲する判例として、最判昭和五二年三月二四日裁判集民一二〇号二九九頁、東京地判昭和五二年五月三〇日判例時報八七四号五八頁などがある。新堂他編著・考える民事訴訟法（第二版）三二八頁以下参照。

（10）　W. Henckel, Prozessrecht und materielles Recht, 1970, S. 96ff. 155f. なお、ヘンケル理論については、吉村徳重

「判決理由の既判力をめぐる西ドイツ理論の新展開」法政研究三九巻二＝四合併号四五三頁（本書一〇三頁）以下、とくに四七一頁以下参照。
(11) Henckel, a.a.O., S.180f.
(12) 文字浩「ヘンケル、訴訟法と実体法」法学論叢八七巻五号七四頁、八七頁はこの要件に疑問を呈し、上村明広「判決効の拡張をめぐる利益考量」法学教室Ⅱ四号六八―六九頁は、棄却事由の重要性により決まるとする。
(13) 上村・前掲六六頁は、実体真実発見の手段としての弁論主義の下での実体真実に合致した裁判への当事者の協力義務によって説明する。
(14) Henckel, a.a.O., S.155f. は、この正当性の保障を根拠に前提事項の確定に拘束力を認める。上村・前掲六六頁も同旨。しかし、訴訟物の異なる後訴で不意打ちにならないかの問題が残る。
(15) 新堂・前掲判例評論二二三号一一六頁、ことに一一七頁以下。なお、同一二〇頁以下が、〈異なる訴訟物への遮断効の拡張〉とする点については後述参照。
(16) 判例時報五六九号四八頁。新堂幸司「争点効を否定した最高裁判決の残したもの」中田還暦記念論文集（下）七一頁に詳細な事案の内容紹介と論評がある。以下では、事案内容を簡略化した。
(17) もっとも、前訴で甲が買収処分の無効を主張したか否かについては、原審と最高裁で事実の確定にくいちがいがある。最高裁は、買収処分の無効の主張はあっても、請求原因としての主張はなかったと判断したのである。
(18) 吉村徳重「判決理由中の判断の拘束力」民事訴訟法の争点二八二頁（本書八九頁）参照。争点効を認めた京都地判昭和四〇年七月三一日下民集一六巻七号一二八〇頁は、甲の所有権に基づく土地明渡判決理由中の所有権存在の判断に拘束力を認め、後訴での乙の新たな取得時効の主張を排斥した。
(19) もっとも、坂原正夫「黙示による中間確認の訴え」法学研究五三巻一二号一八一頁、とくに二一〇頁以下は、黙示の中間確認の訴を認めても、後訴で新主張立証があれば遮断されない、という。
(20) 竹下・前掲一〇〇頁以下、とくに一〇二頁参照。
(21) 上村・前掲六七頁。
(22) 新堂・民事訴訟法四二五頁以下、とくに四三一頁以下によれば、争点効発生の要件は次のようになろう。①前訴手続において主要な争点となり、真剣に争ったはずであるという事項について、②当事者が主張立証を尽くし、③裁判所が実質的に判断をした場合には、④前訴と後訴の係争利益がほぼ同等であるかぎり、訴訟物を異にする後訴でも、前訴判決理由中の主要な争点の判断に拘束力を生ずる。

(23)　新堂・前掲判例評論二二三号一二〇頁以下。

(24)　その結果、手続事実群なる概念が、結局は、一種のブラックボックスとなって、裁判官の大幅な裁量に委ねざるをえないことにならないかを惧れるのである。

(25)　竹下・前掲八五頁以下。

(26)　磯村哲「シカーネ禁止より客観的利益衡量への発展」末川古稀記念論集・権利の濫用(上)八一頁は、「今日では、『失効』を『禁反態』(Verbot des venire contra factum proprium) 法原理の一顕現形態――として把える点にほぼ一致」している、という。なお、吉村・前掲民事訴訟法の争点二八〇頁参照。

三　遮断効の根拠と範囲画定の基準

(1)　判決の遮断効を、既判力によるか争点効によるかで区別せずに、統一的に把握するとすれば、その共通の根拠、ことにその範囲画定の基準を提供すべき共通の根拠は何であるかが問われなければならない。ところが、一方、既判力の範囲については民訴法一九九条〔現一一四条〕一項の規定するところであるし、他方、争点効は信義則の定着化として出発したところから、この点についての両者のアプローチには自ずから相違があったことは否定できない。しかし、争点効といえども、判決の遮断効としての解釈論を展開するものであるかぎり、さらには一九九条〔現一一四条〕一項の合理的な趣旨を考慮してみても、この趣旨に反しないかぎりにおいて、その範囲画定の標識を明らかにしようとしてきたのが、従来の学説の大勢であったといえる。(1) 争点効を含む判決の遮断効の共通の根拠と限界基準を問う接点はここにあるものと考える。

周知のように、民訴法一九九条〔現一一四条〕一項が、その母法であるドイツ民訴法三二二条と同様に、(2) 判決主文における訴訟物の判断にかぎって既判力を認めたのは、ドイツ法の立法趣旨にかんがみ、当事者の意思と個別訴訟の任務を尊重する趣旨に基づくものと解されている。(3) 処分権主義・弁論主義の支配する民事訴訟においては、当事者は当面の個別訴訟における審判の対象を指定することができるし、この審判の対象との関係で前提事項たる攻撃防御方法を自由に選択して提出し、あるいは処分することができる。それなのに、直接の審判の対象だけでなく、これとは別個にその前提事項の判断にまで既判力を認めることは、当事者の意思と個別訴訟の任務をこえ、当事者が訴訟中全く意識しなかった結果を生じることになって、許されない、という趣旨である。これは、民事訴訟が私法上の私的自治の原則に照応して処分権主義・弁論主義を採用し、当事者の意思自由（自己決定）を認めたかぎりにおいて、審判の目標とした訴訟物の判断についても自己責任を負い、既判力に拘束されることにしたものと解することができよう。(4)

これに対しては、訴訟において確定された法律関係の安定性を確保するためには、判決要素にも既判力を認めるべきであるとの反論があり、(5) ドイツ法成立過程においてきびしい論争があったこともよく知られている。(6) 立法者は結局この反論を斥け、代わりに先決的法律関係についての中間確認の訴を創設することによって反論に答えるとともに、当事者意思を貫くことにしたのであった。

そこで、今新たに、訴訟物を異にする後訴における前訴判決の遮断効を認めるにつき、法的安定性だけに根拠を求めることは、右の立法経過からみて問題があるだけでなく、それだけでは具体的に遮断効の限界を画する解釈論の指標としても余り役に立たない。内容が抽象的にすぎて具体的な基準を提供しえないからである。そこで、立法趣旨を考慮すれば、当事者の意思をこえた不意打ちとならないかぎりで、その自己責任を問いうる範囲を探ることから出発すべきであろう。

(2)　新堂教授は、既判力を正当化する根拠を、当事者としての手続保障とその結果についての自己責任に求めることから出発される。(7) そしてさらに、相手方との関係で当事者のうける不利な既判力の効果を、争点効と同様に、公平の観念ないし信義則によって正当化される。これは右の立法趣旨から出発して、訴訟物の異なる後訴での前訴判決の遮断効の範囲を画定するための根拠としても、適切な方向を示したものと考える。(8)ことに争点効と既判力とを共通の判決の遮断効として統一的に把握するには、こうした両者に共通の根拠によってその範囲を画定することが必須の前提であるといえる。かつてわたくしは、このように既判力の正当化根拠を「手続保障と自己責任および信義則に求める方向は正しいとしても、いうところの手続保障の内容は場面によってさまざまであり、どの程度の手続保障があれば、なぜ自己責任を生じ、信義則が問われるのかを明らかにする課題を残しているように思われる」(9)と述べたことがある。

新堂教授が新たに、訴訟物によりあらかじめ警告された遮断効の範囲を手続事実群の具体的展開によって調整しようとする前述の見解を提唱されたのは、(10)既判力か争点効かを問わず、手続保障の程度が訴訟物について当事者の地位についたという抽象的手続保障にとどまらず、手続過程の具体的経過を考慮した具体的手続保障があるといえる場合にかぎって、後訴における遮断効を正当化しようとしたものである。これらの手続事実群によって、①遮断効を認めても当事者の予測をこえた不意打ちだまし打ちとならず、②相手方が全紛争の解決を期待するのも無理でないと解される場合には、遮断効が及ぶことになる。だからここでは、前訴手続過程における具体的手続保障により、一方、当事者が後訴での遮断効を予測しうるかぎりでその自己責任を問い、他方、相手方が事件を解決済みと期待しても無理がないかぎりで権利失効を肯定して、遮断効を正当化しようとされているように思われる。しかし、すでに前述のように、この場合に自己責任や権利失効を問うためには、当事者が前訴において個々の攻撃防御方法を提出できたというだけでなく、さらに提出すべく期待ないし要請されていたことが前提となる。(11)それでは訴訟過程における当事者の提出責任は、一体どのような根拠によって認められるのであろうか。訴訟物が遮断効の範囲を警告することによって当事者に手続過程における行為規範を課するという役割を果たすという提案は、この意味で一つの卓見であるが、行為規範懈怠の制裁としての遮断効が行為規範の動機づけとされている点で一種の循環論法となっており、もう一つ別個の根拠づけを必要としよう。さらに、訴訟物の枠をこえて訴訟物を異にする後訴でも遮断効を及ぼす場合には、他の訴訟物との関係においてもなお、攻撃防御方法を提出すべき行為規範が前提となろう。

(3)　訴訟過程において当事者が攻撃防御方法を提出すべき行為規範が問題とされるようになると、この提出責任の有無によって遮断効の範囲を画しようとする学説の傾向がみられるようになった。

上田教授は、提出責任の有無によって遮断効の有無が決まるとされる。(12) この提出責任は、一方、積極的要因としての法的安定性や訴訟経済の要求および相手方当事者の地位の安定性の要求によって強化されるが、他方、消極的要因としての実体関係的手続保障や実体的法律関係への接近の要求との調整によって具体化される。ここで実体関係的手続保障の要求といわれるのは、当事者の実体法上の法的地位を訴訟法上評価した手続保障の要求である、とされる。一般に手続保障といわれるものの内容は、当事者の実体法上の地位との関連で具体化さるべきであるとわたくしも考える。(13) ただ、同様に実体権の発生・消滅事由の主張のうち、取消権などの形成権の行使だけが実体関係的手続保障を要し、弁済等の一般的権利得喪事由の提出は抽象的手続保障で足るとして、およそ実体関係的考慮を要しないといえるかは疑問である。すでに判決〔1〕が法定単純承認事由につき提出の可能性を問題にし信義則等を根拠にして遮断効を認めたのは、これが実体に関係するからであると考える。のみならず、提出責任の有無を法的安定性の要求と実体関係的手続保障の要求との調和点に求めるとすることによって、結局、遮断効を認めるべき場合を提出責任ありとして事後的に説明することはできても、訴訟過程における当事者の行為規範としての提出責任を導き出すことはできない。(14)

(4)　訴訟過程における行為規範としての提出責任を何によって根拠づけるかについては、さまざまな見解が主張されている。

第一に、実体真実に合致した裁判を可能にするために、当事者は事実を解明すべき訴訟法上の義務を負うとする見解がある[15]。当事者の宣誓供述義務（民訴三三八）、文書提出義務（民訴三一六・三一七）などを規定する法規の類推拡張解釈によるか、あるいは一般的な裁判への協力義務によるかは別として、当事者は真実解明のため一般的な事実解明義務を負うとする。ここではこの見解の詳細な検討を試みるゆとりがないが、基本的には訴訟物たる実体法上の権利関係が、当事者の実体関係的地位とは無関係に、訴訟手続において解明さるべき対象とされ、当事者はもっぱらその解明に協力すべき義務を負うものと把握されるから、当事者の訴訟追行上の主体的地位が軽視されるおそれがある点に問題があると考える。元来処分権主義・弁論主義をとる民事訴訟では、当事者は訴訟追行過程を通じて訴訟物たる権利関係を処分、形成、変更することのできる主体的地位に立っている。当事者は請求の放棄や認諾等によって訴訟物処分の意思を明示することによるだけでなく、攻撃防御方法を選択提出しあるいは懈怠することによっても、訴訟物たる権利利益を処分したと同じ結果を招くことができる。この当事者の主体的地位を前提としたうえで、なお、事実主張や証拠提出責任があると考えることによって、後訴における遮断効を正当化するとすれば、その根拠は何かが問われているのである。当事者の実体法上の地位との関連なしに、一般的な訴訟法上の事実解明義務を前提とすることは、実体的権利をめぐる紛争主体としての当事者の訴訟上の主体的地位と相容れないと考えられる。

第二に、提出責任は当事者が将来主張や請求をしようとする事項についてノーティスを与える責任としての顕在化責任であるとする見解がある[16]。たとえば、一部請求における一部の明示責任は残部請求を顕在化する責任であって、相手方はこの顕在化により、残部を念頭において争っておくことによって、将来生ずべき判決の事実的効果に対処できることになり、これが実質的意味での手続保障の中身になる、という。この立場では、当事者が顕在化責任を果たさなければ、一般的に将来の主張や請求を失権することになるのか、顕在化された主張や請求についての審判の提起責任をいずれの当事者がどのような基準に従って分担するのかなど、未だはっきりしない点が多い。ただ、この立場の前提となっている訴訟手続における当事者間の役割分担の理論[17]が、当事者相互間の実体関係、つまり訴訟前訴訟外の実体的生活関係を規律する規範との関連を抜きにして、訴訟手続上だけの責任分担の基準を導き出すことは不可能であるように思われる。

そこで第三に、攻撃防御方法の提出責任は、当事者間の実体的生活関係を規律する規範と共通の価値を根拠として認められる訴訟法上の提出行為責任である、とわたくしは考える。元来、当事者が私的紛争について訴を提起するのは、当事者間の私的利益をめぐる紛争過程の一環として訴を選択したことを意味しよう。[18] 訴が提起されると訴の利益の存在を前提として被告の応訴が強制され、訴訟過程が私人間の交渉の場となる点では、訴外の紛争過程とは異なるが、訴訟過程もまた同じ私的紛争過程の一環である点では共通の価値が妥当するものと解される。だから、訴訟過程における当事者の行為も、訴訟前訴訟外における私人間の生活・交渉関係を規律する行為規範と同様の価値に基づいて規律されるものと思われる。たとえば、私法上の契約締結過程や義務履行過程に付随して、信義則の要請に基づき多数の具体的な付随義務が認められるのと同様の価値に基づいて、訴訟追行過程における当事者の行為を規律する行為規範が認められるものと解される。攻撃防御方法の提出責任もこうした訴訟過程における行為規範の一つであって、この行為規範の基準を提供するものは、まず何よりも実体私法法規であると解される。従来から弁論主義のもとで主観的主張責任や主観的証明責任とされてきたものは、訴訟追行過程における当事者の行為を規律する行為責任であり、その懈怠に対して不利な判断の不利益が課されるのは、訴訟ではこれが最も効果的な制裁だからである。しかしさらに、訴訟内又は訴訟外の具体的事情によれば、情報や証拠が偏在するときなどには、当事者間の公平の観念や信義則からみて、主張・証明責任を負わない側にも事実や証拠提出責任を分担させるべき場合がある。これはまさに、実体私法上の付随義務と同様の価値を根拠として認められるべき訴訟追行過程における当事者間の行為規範であるといえよう。訴訟法上の文書提出義務の規定（民訴三一二・三一六・三一七条〔現二二〇・二二四条〕）等は、まさにこのような当事者間の行為規範としての提出責任を規定したものと解すべきである。[19]

(5)　以上の考察を前提として、判決の遮断効の範囲を画定する根拠についての一応の結論をまとめれば、次の通りとなる。この場合にも、前述した一九九条〔現一一四条〕一項の立法趣旨が出発点となる。ただ、訴訟手続過程に視点を合わせて遮断効の範囲画定の根拠を問うことになると、審判の最終目標としての訴訟物だけでなく、そのための攻撃防御方法についても、当事者の意思を問うべきことになる。

(イ)　そこで、まず第一に、当面の訴訟物の枠内においては、弁論主義に基づきどのような攻撃防御方法を選択・提出・処分するかは当事者の自由であるから、当事者が自由に選択・提出・処分することを決めた攻撃防御方法については、そのかぎりで、自己決定の結果につき自己責任を問われ、既判力による遮断効が及ぶ。また、当事者が懈怠によって攻撃防御方法を提出しなかった場合には、同じ訴訟物の枠内で提出することができたものであれば、遮断効を生ずる。一般的には、前訴基準時までに存在した攻撃防御方法であれば提出できたことが推定されるから、遮断効が及ぶと解されてきたものと思われる[20]。しかし、具体的な訴訟過程において当事者が個々の攻撃防御方法を提出できなかった特別の事情があれば、これに遮断効を及ぼすべきではないものと思われる。提出できないものの提出を期待することはできないからである。そこで、この場合の遮断効は権利失効の法理によって正当化される。つまり、当事者は、前訴の訴訟過程において提出することを期待され、要請されていた攻撃防御方法について、現にこれを提出することができたのに提出を怠った場合には、後訴で遮断されても不測の不意打ちになるとはいえないし、相手方としては未提出のままに決着がついたものと信頼する正当の理由があると解されるからである。

かくて同じ訴訟物の枠内での攻撃防御方法については、弁論主義により、当事者が自由に選択したかぎりでは自己責任の原則により、懈怠によって提出しなかったものについては権利失効の法理によって、遮断効が正当化されることになる、といえる。

(ロ)　そこで第二に、訴訟物を異にする後訴においても遮断効を認めるとすれば、その根拠と範囲限定の基準は何かが問題となる。

弁論主義の下では、当事者は訴訟物との関係でのみ相対的に攻撃防御方法を選択・提出・処分する自由をもつのであるから、別個の訴訟物との関係でまでこの点に遮断効を及ぼすのは、当事者の意思と個別訴訟の任務をこえるとするのが一九九条〔現一一四条〕一項の立法趣旨であった。

これに対して、弁論主義や提出責任は、実体的真実発見のための手段として、当事者に一般的な事実解明協力義務を認めたものであるとする見解によれば、前提事項の判断にも正当性の保障があり、未提出の攻撃防御方法や自白についても、当事者の責任を問いうるから、別の訴訟物との関係でも遮断効を否定する理由はないことになる。(21)

しかし、このような見解は、右の立法趣旨とは正面から対立するだけでなく、前述のように、民事訴訟が私的紛争過程の一環として提起され、弁論主義や提出責任もそうした訴訟過程における当事者間の行為規範として理解すべきであるとすれば、実体真実に合致する裁判のための一般的な解明・協力義務を前提として、遮断効を正当化することはできない、と考える。

前述のように、私人間の権利利益をめぐって民事訴訟が提起されるのは、それまでの私的権利利益をめぐる当事者間の対立交渉過程の一環として訴えが選択されたことを意味する。その訴訟過程において主要な争点となるものは、一連の私的紛争過程にとっても決め手となる必争点として攻防の中心をなした争点であって、この点の判断が訴訟物を別個に構成した後訴でも遮断効を生ずるとしても、一連の紛争過程に関するかぎり、およそ当事者の予測をこえた不意打ちとなることはなく、相手方の解決済みとの期待にそうものであると考えられる。(22)この場合を黙示的中間確認の訴えがあると擬制することは、(23)立法趣旨に忠実なようにみえるが、遮断効の根拠が権利失効の法理にあることを認識してその適用要件を析出すべき作業の意味を見失わせるおそれがある。また、この場合に中間確認の訴を擬制しなくとも、前述の一九九条〔現一一四条〕一項の趣旨に反することにはならないと解される。

ところで、この主要争点は、通常は、すでに一連の私的紛争過程において、売買取消や賃料不払による解除の成否などをめぐって争われてきたものが、必争点としてそのまま訴訟に持ち込まれる場合が多いであろう(24)。だから、通常は、権利の発生・変更・消滅事由にあたる事実をめぐって争われるのが原則である。先決的な法律関係自体が主要争点となってその判断に遮断効を認めうるのはむしろ例外的事例であると解される。たとえば、判決〔2〕のケースで、甲の所有権の存否が前訴の必争点として攻防の焦点となったといえるためには、一連の紛争過程の一環としての前訴の訴訟過程において、買戻契約だけでなく、買収処分の無効をも含めてこの際所有権の存否自体につき決着をつけるべきことが当事者間で要請されていたような特別の事情が認められる場合でなければなるまい。その場合には、訴訟物を異にする後訴でも、一連の紛争過程に関するかぎりは、甲は買収処分の無効を含む所有権の主張を遮断されることを予測できるし、乙もまたこの点を解決済みと期待しても無理ではないといえよう。しかし、こうした事情がなければ、買収処分の無効の主張を遮断すべきではない。この場合には、買収処分無効の主張は前訴で主要争点として判断されたわけではないから、甲はこの主張の後訴での遮断効を予測できず、乙もまたこの点が決着したとの信頼利益をもつとはいえないからである。

他方、勝訴当事者が、前訴判決に不可欠の前提問題についての有利な判断につき、後訴で矛盾した主張をすることを遮断される場合には、遮断効の根拠は矛盾挙動禁止の法理であることも前述した。この場合にも訴訟物についての主文の判断の拘束力ではないが、前訴判決に不可欠の前提問題の判断が、主文の判断と密着していて一連の私的紛争過程にとって決め手となる重要事項の判断であるところに、勝訴当事者の矛盾した主張を遮断する根拠があるものといえよう。たとえば、前述の例では、前訴で売買無効を主張して代金支払を免れた乙が、目的物返還を求められた後訴で売買有効を主張できないのは、売買の有効・無効が一連の紛争過程の決め手となる必争点だから、乙は後訴での遮断効を予測できたし、甲も前訴判決の結果を信頼する利益を保護さるべきだからである。矛盾挙動禁止の法理も、権利失効の法理とともに、禁反態の原則としては共通の要件に服するといえる。

(1) 吉村徳重「判決理由中の判断の拘束力」民事訴訟法の争点二七八頁（本書八九頁）以下、ことに二七九～八〇頁は、争点効理論のそのような努力の経過を明らかにした。

(2) 両者は、同じことを形式面と実質面から規定したものにほかならず、表裏一体の関係にあるとされてきた。たとえば、小室直人「既判力の客観的範囲」民事訴訟法の争点二六六頁。ただ、坂原正夫「民訴法一九九条一項の沿革について」法学研究五四巻四号四一頁以下は、一九九条一項の沿革を検討して、日本法があえて形式主義をとった立法趣旨から、ドイツ法とは異なり、判決主文＝訴訟物＝既判力の範囲に反する解釈は許されない、とする。

(3) 兼子一「既判力と参加的効力」民事法研究(2)六二頁、吉村徳重「判決理由中の判断の拘束力」法政研究三三巻三～六合併号（『民事手続法研究』第二巻所収）四五二頁以下、四八六頁。Vgl., Hahn, Die gesammten Materialien zur Civilproceßordnung, S. 290f. その他、判決の正当性の担保や自由な訴訟活動と審判の弾力性確保をも同条の趣旨とされるようになった。吉村・前掲民事訴訟法の争点二七九頁および二八〇頁注2参照。

(4) 小山昇「いわゆる争点効について」ジュリスト五〇四号七七頁以下参照。

(5) Savigny, System des heutigen römischen Rechts, Bd. 6, 1847, S. 350ff., insb. 358f. なお、文字浩「紹介」民事訴訟雑誌二五号二三六頁以下参照。

(6) 普通法における論争について、霜島甲一「ドイツ民事訴訟法三二二条の前史」民事訴訟雑誌八号一〇八頁。Kemeraus, Die Rechtskraftwirkung der Entscheidungsgründe nach gemeinem und partikularem Recht, AcP 167, 241ff. 参照。

(7) 新堂幸司・民事訴訟法四〇六頁以下、四二八頁以下。すでに、既判力の拘束力や遮断効を国家的法秩序維持や公権的紛争解決の必要性だけによって根拠づけるのではなく、むしろ、当事者間に妥当する価値、たとえば手続保障や信義則・信頼保護によって正当化しようとする傾向があった。この点につき中野貞一郎他編・民事訴訟法講義四五〇頁〔吉村〕、とくに四六八頁注9引用の文献参照。新堂理論はその集約であったといえる。また、ドイツでも同様の傾向がみられる。Vgl. Henckel, a. a. O., S. 96ff.

(8) わたくし自身も、処分権主義・弁論主義の下での手続保障を媒介とした自己責任の原則と相手方の信頼保護の観点からくる権利失効の法理によって、既判力を根拠づけその限界を画すべきであると繰り返し説いてきた。吉村徳重

「既判力か参加的効力か」演習民事訴訟法(下)八〇頁（『民事手続法研究』第二巻所収）、「損害賠償請求」同(上)二一〇頁（本書一九九頁）、「判決理由の既判力をめぐる西ドイツ理論の新展開」法政研究三九巻二～四合併号四八九頁（本書一〇三頁）、「再審事由」小室＝小山還暦記念論文集(下)一一六頁（本書一七頁）など参照。

(9) 中野他編・前掲書四五〇頁〔吉村〕。

(10) 新堂幸司「訴訟物概念の役割」判例評論二二三号（判例時報八五六号）一一六頁以下。

(11) 竹下守夫「判決理由中の判断と信義則」山木戸還暦記念論文集(下)八三頁、九三頁。権利失効の要件として、権利行使の可能性、期待、要請、責任のどの段階を要するかは今一つはっきりしない。相手方の期待が保護されるのだから少なくとも権利行使の期待可能性が前提となる。吉村徳重「西ドイツにおける各種訴訟促進案とその問題点」法政研究三六巻二～六合併号（『民事手続法研究』第四巻所収）三六二頁以下参照。

(12) 上田徹一郎「遮断効と提出責任——標準時後の形成権行使の場合を中心に」民商法雑誌七八巻・法と権利３二三六頁以下。

(13) 中野他編・前掲書四五〇頁〔吉村〕参照。そこでは、「要するに、これらの係争権利利益についての当事者や第三者の実体法上の地位と訴訟手続上の手続保障との関連を問うことなしには、手続保障があればなぜ自己責任を生じ、具体的にどの範囲で、どの程度の手続保障があれば、既判力を正当化するのか、についての実体的根拠と基準を示すことができない。」と指摘した。本稿もこの点の追求を目ざしている。

(14) 水谷暢「後訴における審理許否」民事訴訟雑誌二六号八〇頁。

(15) R. Stürner, Die Aufklärungspflicht der Parteien des Zivilprozesses, 1976（佐上善和「紹介」民事訴訟雑誌二四号二三八頁）を初めとして、わが国でも当事者の事実解明義務を唱える見解がある。たとえば、石田穣・証拠法の再構成二二五頁以下。また、小林秀之「民事訴訟における訴訟資料・証拠資料の収集——主要事実、間接事実の区別と文書提出命令・証拠保全を中心として(三)」法学協会雑誌九七巻八号一一八八頁以下、春日偉知郎「証明責任論の現状と将来」ジュリスト七三一号一四七頁などには、その好意的な紹介と評価がみられる。ただ、この解明義務の具体的内容については、たとえば、スチュルナーと石田説とではかなりの差異がある。実務上の要請に裏打ちされたこの理論のめざましい展開は、評価すべき多くの積極面をもち、具体的な取扱いにおいて結論的に肯定できる場合もある。ただ、ここでは、その理論的な根拠づけについて基本的な疑問が残ることだけを指摘しておきたい。

(16)　水谷・前掲民事訴訟雑誌二六号八〇頁以下。

(17)　井上正三「訴訟内における紛争当事者の役割分担」民事訴訟雑誌二七号一八五頁、ことに一九二頁以下参照。

(18)　私人の側からの裁判所利用の一環として民事訴訟を再構成しようとする最近の傾向は、このような把握を前提としている。たとえば、伊藤眞「民事裁判は何故利用されるか」民商法雑誌七五巻二号一九九頁以下、水谷暢「訴の利益論に対する一視角」法政理論（新潟大）一一巻三号三一頁以下など参照。

(19)　この文書提出義務を証人義務と同様の訴訟法上の一般的提出義務とみるか否かの議論もこのような視点から再構成されるべきであろう。一般的提出義務とみる小島武司「判批」判例評論一三四号（判例時報五八四号）一二八―一二九頁、住吉博「文書提出義務」民商法雑誌七四巻五号八〇三頁以下に対して、立法論としてはともかく、解釈論としては疑問とするのが一般であった。竹下守夫＝野村秀敏「民事訴訟における文書提出命令㈡」判例評論二〇六号（判例時報八〇四号）一二四頁、時岡泰「文書提出命令の範囲」民事訴訟法の争点二三二頁。

その間にあって、新堂幸司「訴訟提起前におけるカルテ等の閲覧・謄写について」判例タイムズ三八二号一〇頁以下が、実体法上の説明義務の一環として証拠保全手続によるカルテの閲覧・謄写を認めているのは注目に価する。

(20)　前述した判決〔1〕が、基準時前に存在した法定単純承認事由を提出することができたものとして、信義則等の観点から正当化される既判力に準ずる効力により遮断したのは、このような趣旨であろう。もっとも存在したものを提出できたと速断したことには批判が多い。たとえば、新堂幸司「責任限度を明示した給付判決の効力」前掲我妻追悼論集六二〇頁。

(21)　上村明広「判決効の拡張をめぐる利益考量」法学教室Ⅱ四号六六頁。

(22)　この点につき、竹下・前掲山木戸還暦記念論文集㊦九三頁以下参照。

(23)　坂原正夫「黙示による中間確認の訴え」法学研究五三巻一二号一八一頁以下。

(24)　竹下・前掲山木戸還暦記念論文集㊦一〇一―一二頁参照。

四　結　語

(1)　争点効理論は判決の拘束力の根拠を判決の判断内容の法的安定性の要求よりもむしろ手続過程に求める方向を切り拓く画期的な役割を果たした。当事者が手続過程において、主たる争点につきいかに真剣に争い攻防を尽くしたかによって、その点の判断に拘束力を認めるという発想を提起したからである。そこから、既判力の正当化根拠を手続保障に求める見解を生み出すことになった。結果志向から手続志向への転回点となったといってよい。

(2)　他方、民訴法一九九条〔現一一四条〕一項が既判力を訴訟物の判断に限定するのは、当面の訴訟物を審判の対象とする当事者の意思を尊重するという立法趣旨に基づいている。これは私的自治に照応する処分権主義・弁論主義の下での当事者の自己決定＝自己責任の原則によって、既判力の限界画定を根拠づける理論であることは前述した。当面の訴訟物について判決を求める当事者の意思を問題にするかぎり、訴訟物たる権利関係の存否を確定した判決内容に拘束力を認めることは、当事者意思に対応する結果といえる。

(3)　しかし、既判力を訴訟過程＝手続保障によって正当化しようとすると、訴訟過程における個々の攻撃防御方法についての遮断効の根拠を問題にせざるをえない。訴訟物について当事者たる地位についたという抽象的手続保障から、個々の攻撃防御方法についての具体的手続保障への展開である。同じ訴訟物の枠内では単に抽象的手続保障があれば、提出することのできなかった攻撃防御方法も遮断できるのか。判決〔1〕は提出することのできたものには信義則による遮断効を肯定するとした。当事者が攻撃防御方法を自由に選択したかぎりでは自己決定＝自己責任を問いうるが、そうでないものについては、さらに信義則＝権利失効の法理によりこれを補充ないし補完して、遮断効を根拠づける途を開いたものといえる。

(4)　判決の遮断効を信義則により根拠づけることによって、訴訟物の異なる後訴でも攻撃防御方法を遮断する途が開かれた。訴訟物との関係で相対的に取捨選択された攻撃防御方法を他の訴訟物との関係でも遮断することは、当事者の意思に反するため、自己決定＝自己責任によって正当化しえない。しかしその補充・補完としての信義則によるのであれば別だからである。当事者にとり不意打ちとならない限度で立法趣旨との調和も図られる。判決の遮断効と争点効との統一的把握が可能となったのである。

(5)　訴訟物たる権利の発生・変更・消滅事由に当たる攻撃防御方法の訴訟過程における提出についても、自己責任の原則や信義則を問題にすることは、訴訟過程を実体法上の生活交渉過程との照応関係として捉える途を開いたと考えられる。訴訟過程を当事者間の実体的権利をめぐる交渉過程（紛争過程）の一環として把握できるとすれば、手続過程の重視傾向は、再び当事者間の実体関係との関連を問題にする途を開いたのである。手続志向の実体志向との再結合への途といえる。

(6)　本稿においては、右のような基本的な視点と展望に立って、既判力と争点効との交錯する場面における判例や学説を検討して、「判決の遮断効」の共通の根拠と限界画定の基準を探ることを目的として考察した。

（鈴木忠一＝三ケ月章監修『新・実務民事訴訟講座（二）』、一九八一年）

第八章　相殺の抗弁と既判力
——弁済の抗弁との対比

一　学説の対立と問題解決の視角

(1)　相殺の抗弁については、これが訴訟上の相殺の主張であるか訴訟外の相殺の主張であるかを問わず、判決理由中の判断にも例外的に既判力を生ずる（民訴法一九九条〔現一一四条〕二項）が、その具体的な内容をめぐって学説の対立がある。反対債権が存在しないとして相殺の抗弁を排斥し、請求を認容する判決が確定した場合には、反対債権の不存在の判断に既判力を生ずる点では争いがない。しかし、相殺の抗弁を認めて請求を棄却する判決が確定した場合については、見解が分かれる。この場合にも反対債権の不存在の判断に既判力を認めれば足るとする多数説[1]に対して、訴求債権と反対債権がともに存在し、これが相殺によってともに消滅したという判断に既判力を生ずるとする少数説[2]が有力である[3]。

そもそも、一九九条〔現一一四条〕二項が、相殺の抗弁については他の抗弁と異なって、判決理由における反対債権の存否の判断に既判力を生ずると規定するのはなぜか。それは、相殺が訴求債権と反対債権とをともに対当額で消滅させる効果を抗弁とするものであるため、この点に既判力を認めないと、訴求債権の存否に関する紛争が反対債権をめぐる紛争に移しかえられて、判決による解決が意味を失うからである、といわれる。つまり、被告は、相殺を排斥されて敗訴しても、後に再び反対債権を主張して、同じ金額を取り戻すことができるし、また、相殺を認められて勝訴したのに、訴求債権は別の理由で存在しなかったから相殺は無効と主張して、反対債権を再度利用することが考えられる。そこで、こうした紛争のむし返しを阻止してこれを一挙に解決することを趣旨とする特則である、といわれる。(4)

多数説は、この趣旨を貫くためには、反対債権の不存在に既判力を認めれば、相殺が排斥されたときも、認められたときも、ともに、被告が再び反対債権を主張して、紛争をむし返すことを阻止することができるとするのである。これに対して、少数説の根拠は従来必ずしも明らかでなかったが、新堂教授は新たにつぎのような必要性によってこれを根拠づけようとされた。(5) すなわち、「一方では、原告が反対債権ははじめから存在していなかったとして不当利得返還請求や損害賠償請求をする余地があり、他方、被告が原告の債権は別な理由で不存在であったと主張して不当利得返還請求や損害賠償請求をする余地があり、これらのいずれの後訴請求も、前訴の紛争解決を実質的に崩壊せしめるので、これらを排斥する手段として『両債権の存在したこと、それが相殺によってともに消滅したこと』に既判力を認める必要がある」。少数説は果たしてこうした必要性によって正当化されうるのであろうか。後述のようにこれは甚だ疑問であるが、それにもかかわらず、なお、少数説の認める既判力を正当化する余地はあるのではないかと考えられる。(6) この点を明らかにすることが本稿の目的の一つである。

しかし、いずれの見解に立っても、相殺の抗弁によって反対債権の存否が実質的に判断されて請求認容あるいは棄却の判決が確定した場合には、当事者が再び反対債権や訴求債権を主張することはもちろん、不当利得返還請求や損害賠償請求をして、紛争をむし返すことも、前訴判決の既判力によって阻止されると解する点では、結果的に異なるところはないものと思われる。(7)

(2)　ところがこれに対して、弁済の抗弁については相殺の抗弁とは事情が異なる。弁済の抗弁を認めて請求を棄却した場合に、勝訴した被告は、後に、訴求債権はもともと成立していなかったと主張して、弁済したものの不当利得返還請求や損害賠償請求をすることができるだろうか。また、弁済の抗弁を排斥して請求を認容した場合に、敗訴した被告は、後に、実際にはやはり弁済をしたのだと主張して、弁済したもの（給付判決により履行したものでなく）の不当利得返還請求や損害賠償請求ができるだろうか。この問題にいかに答えるかをめぐっては、相殺の抗弁の場合とは異なり、学説の対立が著しい(8)。形式的にみれば、不当利得返還ないし損害賠償を請求する後訴は、前訴請求とは訴訟物を異にするから、前訴との間に先決後決関係や矛盾関係が認められないかぎり、後訴請求が前訴判決の既判力によって遮断されることはない。しかも、弁済の抗弁の場合には、相殺の抗弁におけるように判決理由中の判断に既判力を生ずるわけでもないから、この点を争って不当利得返還や損害賠償を請求してきた後訴を阻止することはできないことになろう。しかし、ことを実質的にみれば、不当利得返還や損害賠償を請求する後訴は、前訴で審判され確定されたものと同じ価値を争っているともいえる。後訴請求を認めることは、実質的には前訴判決で確定された法的効果を損ない(9)、前訴判決を空洞化するおそれがあるということになる(10)。前訴判決の既判力は、この場合の後訴にも遮断効を及ぼし、不当利得返還請求や損害賠償請求を排斥するとする見解は、このような考慮を前提としている。そして、前訴判決の遮断効を認めるとしても、弁済の抗弁が提出された場合にかぎるのか(11)、また、請求認容の場合と棄却の場合とで異なるのではないか(12)など、この点をめぐる見解はさらに細部にわたって対立している。

(3)　ところで、相殺の抗弁と弁済の抗弁とでこのように異なった対立状況が生ずるのはなぜであろうか。相殺の抗弁の判断についてだけ既判力を認める制定法があるためであることはいうまでもない。しかし、それではなぜ法は相殺の抗弁の判断についてだけ既判力を認めたのであろうか。この点については、一九九条〔現一一四条〕二項（ド民訴法三二二条二項）は、例外規定ではなく、事物の本質に基づく規定であって、弁済の抗弁にも類推適用されるとする見解もある(13)。しかし、わたくしは、法がとくに相殺の抗弁に既判力を認めたのは、相殺の抗弁が弁済や免除などの抗弁と異なった特殊性をもつことに基づいていると考える。それは、弁済などの通常の抗弁が訴求債権の消滅原因の主張として、もっぱら当面の請求を阻止すべき防御機能をもつに止まるのに対し、相殺の抗弁は、同様の防御機能だけでなく、さらに反対債権の貫徹を図るという追行機能も不可分に帯有している点にある。(14) もともと、相殺は、相殺適状にある受働債権と自働債権とを一方的意思表示によって消滅させることであって（民五〇五条）、相殺適状において不可分に結びついている受働債権に対する防御機能（Verteidigungsfunktion）と自働債権の貫徹機能（Durchsetzungsfunktion）とが相殺によって同時に実現されることになる。相殺の執行的効力（exekutorische Wirkung）とよばれるこの機能は、訴訟上の相殺、訴訟外の相殺を問わず、相殺の抗弁においても、手続法的に確保されなければならないと考える。被告が相殺の抗弁を提出するときには、相殺の防御機能と貫徹機能との訴訟追行上の不可分の実現を求めているのであって、裁判所のこれに対する審判の進め方や判決の効力もまたこのような機能に対応するものでなければならない。相殺の抗弁の審判においては、まず、訴求債権の存在を確かめ、さらに相殺の適法性を認定したうえで、反対債権による相殺の効果を判断するというように、審判の順序を強制されるのは、(15) このような両機能をともに満足させるためであると解される。けだし、訴求債権の存在を確かめないまま、かりにこれが存在するとしても、反対債権との相殺によって請求は認められないとしたのでは、相殺の抗弁の防御機能を果たすことにはなっても、反対債権を貫徹するという追行機能を果たすことにはならないからである。一九九条〔現一一四条〕二項が反対債権の存否の判断に既判力を認めるのは、このような審判の順序を強制して相殺の抗弁の追行機能を果たすことに対応するものであって、その逆ではないと考えるべきである。だから、裁判所が誤って、相殺を度外視した訴求債権の存在を確かめずに、いずれにしても相殺によって訴求債権は認められないとして請求を棄却した場合には、反対債権の存否の判断には既判力を生じないと解される。(16) 反対債権の追行機能は別訴に留保されることになろう。

これに対して弁済の抗弁は、免除や消滅時効の抗弁などと同様に、訴求債権の消滅原因を主張して、当面の請求を阻止するための防御機能を目ざすにすぎない。弁済の抗弁を提出する被告は、相殺の抗弁のように、同時に追行し貫徹すべき法的地位をもたず、(17) 弁済の抗弁が成立するかどうかを確定するために、法律上理由のない弁済であるとして不当利得返還請求権が存するかどうかを吟味する必要はない。(18) 当面の請求に対する防御機能に止まる弁済の抗弁においては、審判の順序を強制することはない。訴求債権の存在を確かめることなしに、かりに債権が存在するとしても、弁済によって消滅したとして請求を棄却できる。また被告の主張する給付が、訴求債権に関するものであるかどうか別として、そもそも給付されていないことを理由に弁済の抗弁を斥けて請求を認容できる。その後被告が、訴求債権は別の理由で存在しなかったと主張し、あるいは訴求債権と無関係の給付であったと主張して、給付したものの不当利得返還請求をしても、前訴判決の既判力によって当然に遮断されるとは限らない。前訴被告が後訴で追行している不当利得返還請求権は、前訴における弁済の抗弁によって追行される余地はなく、また審判の対象となることもなかったし、さらに、後訴請求の前提事項となる点についても、この点の判断の正当性を担保すべき手続保障が存在したとは限らないからである[19]。弁済の抗弁は防御的地位の主張に止まり、積極的に不当利得返還請求権を追行する機能は後訴に留保されるのが原則であるといえよう。ただ、後訴における不当利得返還請求が、実質的に前訴で確定された訴求債権の存在を争う防御的地位のくり返しであることもあるし、またそうでなくとも、前訴請求の攻撃防御による審判の経過が具体的に後訴請求の前提の審判に及んだこともありうる。前訴判決の遮断効の範囲を画するについて、この点をいかに評価するかの違いが、前述の見解の対立を生んだものといえる。

(4)　相殺の抗弁の特性をこのように把握することによって、この問題をめぐる学説の対立を分析し、問題を解決する新しい視角を得ることができると考える。従来の学説が、見解の対立を生ずる分岐点となった考慮にはさまざまなものがあった。なかでも重要な視角といえるものにつぎの二つがある。一つは、抗弁を提出した者が再度反対債権を主張し、あるいは不当利得返還請求や損害賠償請求をして、訴求債権をめぐる紛争を実質的にむし返す場合には、これを阻止すべき実際上の必要性にどのように対処すべきか[20]。二つは、抗弁についての判断の正当性を担保し、この点の判決効を正当化する手続保障があるかどうか、である[21]。そして、ここで取りあげた相殺の抗弁の特性、つまり、相殺の抗弁がたんに防御機能にとどまらず、これと不可分の追行機能をも目ざす点で、弁済の抗弁とは異なる特性をもつという観点は、新しい第三の視角である。この視角から光をあててみれば、さきの二つの視角も新しい意味をもつことになり、問題解決の筋道を明らかにすることができると考えるからである。すなわち、第一の実際の必要性に対処するためには、前訴判決の遮断効を後訴請求に及ぼす必要があるが、この判決効を認めるためには、第二の手続保障によってその正当性が担保されなければならない。そして、抗弁をめぐる審判の経過において、このような手続保障がどの範囲で確保されるかは、当該抗弁に防御機能を認めるにすぎないか、あるいはこれと不可分の追行機能をも認めるかによるところが大きいのである。

もともと、当面の請求の当否を審判の対象とし、その判断に既判力を限ることは、「当事者の意思と個別訴訟の任務」の要請するところであるから、そのための防御方法にすぎない通常の抗弁が原則として防御機能をもつに止まるのは当然である[22]。攻撃防御方法については、当面の請求の当否を判断するために必要な限りで審判すればよいから、この点の審判の順序にこだわらずに弾力的な審判ができるのである[23]。判決の効力も請求の当否を確定する判断に限られるから、当事者に不測の結果を招くことがない。しかし、相殺の抗弁においては、相殺によって反対債権を貫徹するという機能に対応して、この点の審判をも目ざすことが「当事者の意思」と考えられ[24]、その限度で当面の請求の当否を確定すべき「個別訴訟の任務」をこえた審判が要請されるという特性を認めることができる。したがって、相殺の抗弁については、例外的に、審判の便宜の制約を認めて審判の順序を強制し、これが手続保障となってこの点についての判決理由中の判断にも拘束力を認めるのである。このことがひいては第一の実際上の必要性に対処する所以でもある。相殺の抗弁には防御機能と不可分の追行機能が認められるという特性をこのように理解すれば、前述の三つの視角は実は相互に密接に関連し合っていることが明らかになる。

本稿ではこのような視角に立って、さらに個別的な問題を検討することにしたい。具体的には、相殺の抗弁を認めて請求を棄却した場合と相殺の抗弁を排斥して請求を認容した場合とで、前訴判決の既判力が、どのような根拠でどのような範囲に生ずるのかを、それぞれの場合に分けて吟味することにする。

（1）　中野貞一郎「民訴一九九条二項について」司法研修十周年記念論文集上民事編（昭三三）四八九頁（同・訴訟関係と訴訟行為一四一頁）、三ケ月章・民事訴訟法一二四頁、山木戸克己・民事訴訟法講義二〇七頁、斎藤秀夫・民事訴訟法概論三九九頁、小山昇・民事訴訟法改訂版三六二頁、菊井＝村松・全訂民事訴訟法Ⅰ一一二三頁、伊東乾・民事訴訟法の基礎理論一二七頁以下。

（2）　兼子一・民事訴訟法体系三四四頁、新堂幸司・民事訴訟法四一六頁、梅本吉彦「相殺の抗弁と既判力」民事訴訟法の争点二七〇頁。

（3）　その他、反対債権が存在し相殺によって消滅したことが確定するとするもの（小野木＝中野・民事訴訟法講義（増訂版）一五〇頁、細野長良・民事訴訟法要義四巻一九五頁）や反対債権が消滅したことについて既判力を生ずるとするもの（菊井維大・民事訴訟法下（補正版）三九三頁）などがある。

（4）　たとえば、兼子一・民事訴訟法体系三四三頁ほか。

（5）　新堂・前掲書四一六頁。梅本・前掲民事訴訟法の争点二七一頁参照。

（6）　わたくしは、すでに、中野他編・民事訴訟法講義四五七頁（吉村）において、このような指摘をしたことがある。

（7）　もっとも従来、多数説の立場から、後段の問題を論じたものは見当たらない。中野他編・民事訴訟法講義四五七頁、ことに同四七〇頁注24は、編者中野教授の示唆によって、この問題を論じたものである。

（8）　後述二(4)、三(2)参照。

（9）　Zeuner, Die objektiven Grenzen der Rechtskraft im Rahmen rechtlicher Sinnzusammenhänge, 1955, S. 85.

（10）　伊東乾「弁済の抗弁と既判力」山木戸還暦記念論文集上九九頁、一〇七頁、一〇八頁、同・民事訴訟法の基礎理論一二六頁、一三二頁

（11）　確定給付判決につき Zeuner, a. a. O., S. 96は弁済の抗弁提出の場合に限るとするが、Gaul, Materielle Rechtskraft, Vollstreckungsabwehr und zivilrechtliche Ausgleichsansprüche, JuS 1962, S. 1, 9f. は抗弁提出の有無を問わず遮断する、という。So Stein-Jonsa-Leipold, ZPO, 19 Aufl., §322 Anm XI 3, S. 1348（1969）

（12）　弁済を認めた請求棄却判決は、不当利得返還請求を遮断しないとするのが通説で、弁済を排斥した請求認容判決は、不当利得返還請求を遮断するとするものが多い。

（13）　Zeuner, a. a. O., 85f., 95f.

(14) Vgl. L. Häsemeyer, Die sogenante "Prozeßaufrechnung"— eine dogmatische Fehlakzentuierung, Festschrift für F. Weber, 1975, S. 215, bes. 222.
(15) 兼子一・民事訴訟法体系三四四頁、中野貞一郎「相殺の抗弁」訴訟関係と訴訟行為九〇頁、一二七頁以下参照。Vgl. St-J-Leipold, ZPO, 19 Aufl., §322 Amm VII 1, S. 333.
(16) So St-J-Leipold, ZPO, 19 Aufl., S. 1333.
(17) Gaul, a. a. O., S. 9f.
(18) Henckel, Prozessrecht und materielles Recht, 1970, S. 222.
(19) Henckel, a. a. O., S. 214f., 222.
(20) すべての見解に共通の視角である。たとえば、伊東乾・民事訴訟法の基礎理論一二六頁以下参照。なお、新堂幸司「既判力と訴訟物」法学協会雑誌八〇巻三号二九五頁、三一六頁以下参照。
(21) Henckel, a. a. O., S. 214f. 220ff. が強調した視点である。
(22) これがド民訴法三二二条一項の立法趣旨であった。吉村徳重「判決理由中の判断の拘束力」法政研究三三巻三―六合併号四五二頁参照。Vgl. Hahn, Materialien II 1 (Materialien zur Zivilprozessordnung) 1880, S. 291.
(23) この点の一般的な機能の仕方について、中野他編・民事訴訟法講義四六五頁（吉村）および同所引用文献参照。
(24) Hahn, Materialien, II 1, S. 292.

二　相殺の抗弁を認めた請求棄却判決の既判力

(1)　相殺の抗弁を認めて請求を棄却する判決が確定した場合に、民訴法一九九条〔現一一四条〕二項の既判力がどの範囲に及ぶかについては、学説の対立があることは前述した。もともと、旧民訴法二四四条には同項に対応する規定を欠いていたが、大正一五年の民訴法改正の際に一九九条〔現一一四条〕二項を新設したものである。しかし、同項を新設した立法者の意図が何であったかは、公表された資料からみるかぎり明らかでない[1]。ただし、

「相殺ノ為主張シタル請求」が反対債権を指し、訴求債権を含まないと考えられていたことが分かるだけである。(2)

そこで、民訴法改正に際してその母法ドイツ民訴法（ZPO）が参照されたことは確実であるから、その立法過程をたどることによって、わが民訴法の趣旨を推測するほかはない。ドイツ民訴法三二二条二項には「……反対債権ノ存在セザル旨ノ判断ハ、相殺ヲ主張シタル数額マデニ限リ、既判力ヲ有ス」と規定されている。これは一八九八年の改正によって、一八七七年の旧ドイツ民訴法二九三条二項が「……抗弁ニヨッテ主張シタル反対債権ノ存在又ハ不存在ニ関スル判断ハ……既判力ヲ有ス」と規定していたのを改めたものである。このドイツ民訴法改正の背景が、判決による相殺の理論から一方的意思表示による相殺の理論への変化や一八九六年のドイツ民法（BGB）における一方的意思表示による相殺の規定（§388BGB）の採用に対応するものであったことについては、すでに詳しい研究があり、(3)ここで再説する必要はない。相殺の抗弁が、訴訟上の相殺であるか訴訟外の相殺であるかを問わず、相殺の意思表示による両債権消滅の効果を防御方法として主張することであるとすれば、反対債権の現時の「存在」を認定することは不可能である。しかも、ドイツ民訴法改正当時の理由書によると、三二二条二項の「反対債権の「存在」の規定が削除された事情はよく理解できる。旧ドイツ民訴法二九三條二項の反対債権の「存在」の規定債権ノ存在セザル旨ノ判断ハ、……既判力ヲ有ス」とは、反対債権が存在しないとして相殺の抗弁を排斥し請求を認容した場合に限られ、相殺の抗弁を認めて請求を棄却した場合を含まない趣旨とされていた。(4)後者の場合には、相殺の意思表示によって反対債権は消滅するから、とくにその不存在に既判力を拡張する必要はないと考えられたためであった。(5)しかしこれでは、相殺によって勝訴した被告が、もともと訴求債権は存在しなかったために相殺は無効として、再度反対債権を主張し紛争をむし返すことを阻止できない。また、勝訴被告には、判決理由中の相殺の判断を争う上訴の利益も認めえない。その後の通説や判例は、このような根拠から、相殺の抗弁によって請求が棄却された場合にも、反対債権が相殺の結果もはや存在しないこと（Nichtmehrbestehen）にも既判力を認めるようになった。(6)

大正一五年のわが民訴法の改正当時、ドイツではすでにこのような見解が一般的であったから、とくに一九九条二項が「相殺ノ為主張シタル請求ノ成立又ハ不成立」と規定したのは、相殺を認め請求を棄却した場合にも既判力を生ずる趣旨を明記したかったのではないかといわれている。[7] いずれにしても、わが民訴法一九九条〔現一一四条〕二項が、相殺の抗弁を認め請求を棄却する判決にも適用される点で争いはない。そしてこの場合にも、反対債権が口頭弁論終結時において存在しないことに既判力を生ずると解する見解が多数説である、といえよう。[8] この立場では、「成立」の規定は立法上の誤りであるとして無視され、「不成立」は「不存在」と解さるべきことになる。実際的にも、このように解しておけば、前述のドイツ通説と同様に、相殺による請求棄却の場合にも、被告が他の理由で訴求債権は存在しなかったと主張して、再度反対債権を利用し、訴求債権をめぐる紛争をむし返すことを阻止することができるからである。わが民訴法一九九条〔現一一四条〕二項は、このような実際上の必要性に対処することを目的として、とくに例外的に判決理由中の反対債権の不存在の判断に既判力を及ぼす趣旨と解されることになる。

(2)　ところでツオイナーは、ド民訴法三二二条二項の前述の立法趣旨にかんがみ、相殺による請求棄却についても既判力拡張を認めるのは、立法者意思による例外規定ではなく、事物の本質から生ずる当然の必要性に基づくものであるとする。[9] この必要性の根拠となるのは、相殺によって双方の債権がともに消滅するという両債権の相互補正的意味関連である。これは、相殺によって双方とももはや請求できないが給付する必要もないという実体法上の意味関連であって、この関連を維持するためには、相殺により請求を棄却する判決は、反対債権を主張する後訴請求に既判力を及ぼす必要がある、とするのである。そして、同様の意味関連は、弁済による請求棄却の場合にも、訴求債権と弁済したものの不当利得返還請求権との間に認められるとして、この場合の後訴請求も前訴判決の既判力によって遮断されるとする。

しかしこの見解は、弁済の抗弁が当面の請求に対する防御機能に止まるのに対して、相殺の抗弁はさらにこれと不可分に結びつく反対債権の追行機能を目ざす手段であるという、審判手続過程における差異ないし特性を看過していると評せざるをえない。すでに詳論したように、弁済の抗弁は訴訟手続上は当面の請求に対する防御方法にすぎないから、実体法上の論理にかかわらずこれに従った審判の順序を強制されない。訴求債権の存在を確かめるまでもなく、弁済により直ちに請求を棄却できる。これに対して相殺の抗弁は、反対債権の追行機能をも不可分の目的とするから、相殺によって両債権が消滅し、反対債権が貫徹されたことを確定する審判手続を保障する必要がある。[10] 相殺の抗弁については、審判の順序が強制され、訴求債権が相殺を別にして存在すると認定されないかぎり、反対債権による相殺の抗弁を考慮できないとする立証説（Beweiserhebungstheorie）は、相殺の抗弁のこのような特性に対応している。[11] そして、相殺の抗弁を考慮するには、その前提として反対債権の存否もまた必ず審判しなければならないのである。このように、相殺の抗弁を認めて請求を棄却する場合の審判手続の過程をみてくれば、訴求債権と反対債権の存在がともに認定され、これが相殺によって消滅した結果もはや存在しないと判断するというように審判の順序が強制されるから、それぞれの判断の正当性を担保する手続保障が確保されていることが分かる。まさにこのような手続保障こそが、相殺の抗弁についての判断の既判力を正当化する基本的な根拠であると考えられる。[12] したがって、少数説が、訴求債権と反対債権がともに存在し、これが相殺によって消滅したという効果が確定されるとすることも、十分に正当化する余地があるものと考えられる。

(3)　以上の考察を前提にして、わたくしの結論を先に述べれば、訴求債権と反対債権がともに存在し、これが相殺によって消滅した結果、口頭弁論終結時には存在しないという判断に既判力を認めることができると考える。その意味するところはつぎの通りである。つまり、相殺の抗弁を認めて請求を棄却した場合にも、被告が反対債権を再度利用するのを阻止するという一九九条〔現一一四条〕二項の趣旨を充たすためには、反対債権の不存在を確定する必要があるし、またそれで十分であるとする多数説の立場はその限りで正しい。しかし同時に、相殺の抗弁の追行機能を果たすために前述の手続保障が要請されるとすれば、訴求債権と反対債権がともに存在し、これが相殺により消滅したという判断の正当性も担保されるから、この点にも既判力を認めることは必ずしも不当とはいえない。両説は相互に排斥し合う必要はなく、ともに正当なものとして是認することができるのである。[13]

①　まず、一九九条〔現一一四条〕二項の立法趣旨は、相殺による請求棄却の場合をも含めて、反対債権の二重の利用を阻止する点にあったと推察されるが、それでも、相殺を認めるには、相殺時に反対債権が存在していたという判断が不可欠であり、この点の手続保障も確保されているから、この判断にも既判力も認める趣旨と解することができる。そこで、一九九条〔現一一四条〕二項にいう「成立」は反対債権が「存在していた」という趣旨に解すべきであり、これを立法上の誤りと決めつけて無視する必要はない。また「不成立」は相殺により反対債権が消滅して存在しないという意味で「不存在」と解される。同様の事情は訴求債権についても認められる。訴求債権の基準時における不存在は同条一項によって確定されるが、二項はさらに訴求債権が相殺のときに存在していたという判断にも既判力を認める趣旨と解しうる。そうでないと、反対債権との均衡を保ちえず、当事者を不平等に取り扱うことになるからである。

②　ついで、訴求債権と反対債権が「過去に存在したこと」および「相殺で消滅したこと」の確定は、既判力が口頭弁論終結時の権利関係の存否を確定するという、既判力の時的限界に反しないかという疑問があろう。[14]これに答えて、両債権が口頭弁論終結時に存在していること、そしてその時点で相殺により消滅したことを確定すると解するのは、[15]判決による相殺理論（いわゆる訴訟行為説）に立たないかぎり困難であり、ことに訴訟外の相殺については、現行法上不可能であろう。[16]そこでむしろ、ここでは過去の権利関係の存在と相殺による消滅についても正面から既判力を認めうるかが問題となる。思うに、過去の権利関係の存否についても、現在の紛争解決に必要な限度で訴の利益を認める最近の学説判例の傾向[17]は十分に根拠があり、反訴に類した追行機能をもつ相殺の抗弁においても同様に解しうる。また、そもそも既判力の時的限界の理論は、口頭弁論終結時前に存した事由によって既判力の確定内容をくつがえす主張を排斥する遮断効の限界を意味するだけであって、過去の権利関係

の確定の有無までカバーすべきではないと考えられる。[18] これはむしろ判決理由中の判断にどの範囲まで既判力を認めうるかの問題であって、この点の判断の正当性を担保すべき手続保障や実際の必要性の有無によって別個に考慮すべきことがらであると解される。

③　そこで、問題はその実際上の必要性の有無である。新堂教授は新たに、従来の被告（または原告）が訴求債権（または反対債権）は他の理由により存在しなかったと主張して、不当利得返還請求や損害賠償請求をすることを排斥するためには、少数説による必要があるとされていることは前述した。しかし、こうした不当利得返還請求や損害賠償請求は、それぞれに反対債権（または訴求債権）の不存在の既判力によって遮断されると考えられるから、これによってとくに少数説に立つ必要性を根拠づけることにはならないと解される。[19] たとえば、前訴被告乙の前訴原告甲に対する不当利得返還請求では、乙は前訴判決の結果反対債権を主張できなくなったために、甲は債務を免れたが、実は相殺は無効で反対債権は存在する筈だから、甲は不当利得をしたと主張することになる。実際には反対債権は存在するから前訴判決は不当であるという主張は、不当利得返還請求の先決事項となるが、これはまさに反対債権の不存在を確定する前訴判決の既判力によって遮断される。一般に、弁済の抗弁によって請求を棄却された場合にも、訴求債務の不存在が確定されるから、後に原告が、実は弁済は無効で訴求債権は存在するのに被告は不当に債務を免れたとして、不当利得の返還請求をしても、これは訴求債権の不存在を確定する前訴判決主文の既判力によって遮断される筈である。相殺の抗弁による訴求債権の不存在の確定についてはもちろん、その追行機能からみれば、判決理由中の反対債務の不存在の確定についても、この一般原則と何ら異なるところはない。その限りでは、多数説で十分である。

④　それにもかかわらず、少数説によって、訴求債権と反対債権の存在したことを確定する必要性ないし実益がないとはいえない。訴求債権や反対債権の存在したことの確定が、当事者間あるいは当事者と関係人との間の他の権利関係にとって重要となることも少なくないからである。たとえば、相殺以前から相殺までの時期におけ

る延滞利息の支払を求める後訴請求において、債務者が少なくとも相殺時に訴求債権や反対債権が存在したことを争うことは前訴判決の既判力によって遮断される[20]。また、たとえば、債権者と保証人との間に債権の存在したことが確定すれば、主債務者との間に求償権が生ずる場合には（民四五九条一項参照）直接の既判力の作用ではないとしても、なお間接的に債権の存在したことを確定すべき実益が存する[21]。

⑤　最後に何よりも、相殺の抗弁の追行機能を実現するために、相殺の抗弁についての審判の順序が強制され、その判断の正当性を担保する手続保障が確保されていることが、この点の既判力を正当化する最も重要な根拠であることは前述した。その意味では、相殺の抗弁の特性に対応して既判力の範囲が拡張されたということができる。だから、もし裁判所が立証説をとらず、訴求債権を認定しないまま、これを仮定して相殺の抗弁を認めて請求を棄却した場合には、相殺の抗弁についての判決理由中の判断に既判力を生じない[22]。相殺のみによる棄却判決を争う被告の控訴の利益を認めずに控訴を却下した場合にも、やはりこの点の判決に既判力を認めえないことになろう。

(4)　他方、弁済の抗弁を認めて請求を棄却した場合に、被告が訴求債権は他の理由で存在しなかったと主張して、弁済したものの不当利得の返還を請求しうるかをめぐっても議論がある。ツオイナーが、この場合を相殺の抗弁による棄却の場合と同視して、不当利得返還の後訴請求は前訴判決の既判力に遮断されるとしたことは前述した。伊東教授はさらに、不当利得返還請求は前訴判決を空洞化し、前訴判決の判決利益と同一の利益を争うものであるから、一九九条〔現一一四条〕二項を援用するまでもなく、同条一項の既判力によって遮断されるといわれる[23]。しかしすでに述べたように、相殺の抗弁では、その追行機能によって、訴求債権だけでなく、反対債権の存否も同時に審判され、相殺によるその貫徹が確定されるが、防御機能にとどまる弁済の抗弁では、訴求債権の存在を確定しないまま、弁済の抗弁を認めて請求を棄却できる。だから、弁済の抗弁を判断するには、相殺の抗弁とは異なって、訴求債権が存在し、これが弁済に␣よ␣っ␣て␣消滅したかどうか、したがって給付したものの不当利得返還請求権が存在するかどうかを同時に審判すべき必要性はない。それ故、この点の判断の正当性を担保すべき手続保障を欠くことになる。このように防御機能にとどまる弁済の抗弁によって当面の請求を阻止しただけの判決の利益と積極的に不当利得返還請求によって追行される利益とが同一であるといえるかは甚だ疑問である。

そこで通説は、弁済の抗弁を認められて勝訴した被告が、実際には弁済のときには訴求債権は存在しなかったと主張して、弁済したものの不当利得返還を請求することを妨げられない、とする。前訴手続において、訴求債権が存在し、弁済によって消滅したことを確定する手続保障がないかぎり、この点を争う後訴を既判力で遮断することは妥当でない(24)。そのかぎりで通説は正しい。しかしかりに、前訴の具体的な手続過程において、訴求債権の存在が争点となって認定され、これが弁済によって消滅したと判断されて請求が棄却された場合には、なおこの点に拘束力を認めて不当利得返還請求を排斥できるのではないか。いわゆる争点効理論の出発点がこの点にあったことは周知の通りである(25)。一般的には、相殺の抗弁においては、その追行機能に対応して、訴求債権と反対債権の存否をめぐる判断の正当性を担保する手続保障がいわば制度的に確保されているのに対して、弁済の抗弁においては、その防御機能の限界性から、不当利得返還請求の前提事項が判断されるとは限らず、また判断されてもその正当性を担保する手続保障があるとはいえない。しかし、この場合にも、審判の順序を強制して審判の弾力性を損なうことなしに、しかも具体的な手続形成過程において実質的な手続保障が認められるとすれば、そのかぎりで拘束力を認めうるとする争点効理論の問題提起は積極的に評価さるべきである。そしてこれは、すでに、訴訟過程における具体的な手続保障を媒介として、前訴判決の遮断効の範囲を画する標識を具体化する努力のなかに解消されつつあるようにみえる(26)。ここではこれ以上この問題に立ち入るゆとりはないが(27)、ただ、弁済の抗弁により請求を棄却された勝訴被告には、弁済時の訴求債権の存在を認める判決理由中の判断を争う上訴の利益が認められないことをどのように評価するかという問題が残る。相手方である敗訴原告の上訴によって事件が上級審に移審し、被告も上級審でこの点を争う余地があれば足るとする見解もあるが(28)、これではなお手続保障は不十分であって、この点に拘束力を認めて不当利得返還請求の後訴を遮断すべきではない[29]。けだし、下級審で全面勝訴した被告には上級審までこの点を争うきっかけはないのが普通であり、あえて訴求債権がないのに弁済したと主張したい被告が、附帯控訴により、不当利得返還請求の予備的反訴を追加的に併合提起しないかぎり、同様の訴は別に留保さるべきであろう。これは要するに、弁済の抗弁が当面の請求を阻止する防御機能をもつに止まることからくる限界であって、この点で相殺の抗弁とは異なる。当面の請求を阻止して勝訴した被告が、積極的に自己の地位を実現する追行機能を果たすためには、不当利得返還請求の別訴が留保されているのである。

（1）　法曹会編・民事訴訟法改正調査委員会速記録七一七頁には、松岡氏の以下の説明がある。「此第二項は之は新設の条文でありまして相殺の為めに主張した請求の成立及び不成立の判断は之は判決で主張したわけではないけれども、矢張り裁判所に於て相殺の為めに主張した請求というものを適当と判断するから之は矢張り既判力を有せしめて確実にして置いた方が宜くはあるまいか……。」

（2）　司法省編・民事訴訟法中改正法律案理由書一〇八頁。

（3）　中野貞一郎「民訴一九九条二項について」訴訟関係と訴訟行為一四六頁以下。

（4）　Hahn, Materialien, Bd. VIII（Begründung der Novelle zur CPO), §293, S. 103（1898）

（5）　Seuffert, Zur Revision der Civilprozessordnung bei Einführung des BGBs, ZZP 16, 463, 467（1891）

（6）　z.B., Oertmann, Die Aufrechnung im Zivilprozessrecht, 1916, S. 243; St-J-Leipold, ZPO, 19 Aufl. §322 Anm. VII 1, S. 1332.

（7）　中野・前掲論文一五一〜一五二頁。

（8）　前出Ⅰ注（1）参照。

（9）　Zeuner, a. a. O., S. 85f.

（10）　Vgl. Häsemeyer, a.a.O., S. 222f., 224 なお、立証説が一般に承認されているから、予備的相殺の表示は、被告が訴求債権の審判を放棄せず、これを認諾せず、その基礎事実を自白しないことを指摘することに他ならない、との説明参照。

(11)　立証説について、中野貞一郎「相殺の抗弁」訴訟関係と訴訟行為一二七頁以下参照。もっとも、従来の見解が相殺抗弁の判断の既判力によって立証説を根拠づけるのは、両者の対応関係を示すかぎりでは正しいが、一種の循環論法に陥っている、といえよう。相殺の抗弁の追行機能によって立証説が要請され、これが、相殺抗弁の判断の既判力を正当化する手続保障となるとみるべきである。

(12)　Vgl. Henckel, a.a.O., S.221f.「反対債権が相殺によって消滅したために存在しないという確定にも既判力を生ずる」のは、立証説によって審判の順序が強制されることによって正当化されるという。

(13)　結果的には、Oertmann, a.a.O., S.251, 253が、「反対債権の不存在の確定」と並んで「反対債権が存在したことについての判断の既判力」および「訴求債権が存在したことについての既判力」を認めうるとするのと一部共通することになる。なお、Blomeyer, Zivilprozessrecht, S.465参照。

(14)　たとえば、菊井＝村松・全訂民事訴訟法Ⅰ一一二三頁は、そうした疑問から、「条文の文言からは離れるが」、多数説を支持する、という。

(15)　梅本吉彦「相殺の抗弁と既判力」民事訴訟法の争点二七一頁。

(16)　立証説との関係が問題となろうが、最終的判断の結果としては、相殺によって両債権が消滅した時点において（民法五〇六条二項）、両債権が「存在していたこと」および「相殺によって消滅したこと」が確定するというべきである。

(17)　最大判昭和四五年七月一五日民集二四巻七号八六一頁、最判昭和四七年一一月九日民集二六巻九号一五一三頁、学説としてはさしあたり、中野他編・民事訴訟法講義一七〇頁（福永）参照。

(18)　小島武司「既判力の標準時」演習民事訴訟法上五〇二頁、五〇五頁参照。

(19)　中野他編・民事訴訟法講義四五七頁、四七〇頁注24（吉村）参照。

(20)　So Redlich, Die Rechtskraft der Entscheidung über die Gegenforderung im Falle der Aufrechnung, ZZP 25, 357, bes. 387; Blomeyer, Zivilprozessrecht, S.465.

(21)　Vgl. Oertmann, a.a.O., S.252.

(22)　St-J-Leipold, ZPO, 19 Aufl., S.1333; いわゆる棄却説はこの結果を認めていた。中野・前掲論文訴訟関係と訴訟行為一二七頁、一二八頁参照。

(23)　伊東・前掲論文山木戸還暦記念論文集上一〇九頁、同・民事訴訟法の基礎理論一三二頁。
(24)　So Henckel, a.a.O., S.214.
(25)　新堂幸司「既判力と訴訟物」法学協会雑誌八〇巻三号二九五頁、とくに三一六五頁以下は、相殺の抗弁と弁済の抗弁の対比から出発している。
(26)　新堂幸司「訴訟物概念の役割」判例評論二二三号（判例時報八五六号）一二頁以下参照。
(27)　吉村徳重「判決理由中の判断の拘束力」民事訴訟法の争点（本書八九頁）二七八頁は、この問題の最近の傾向を整理し、検討したものである。
(28)　奈良次郎「争点効」演習民事訴訟法上四七九頁、新堂幸司・民事訴訟法四三七頁。
(29)　竹下守夫「判決理由中の判断と信義則」山木戸還暦記念論文集下七二頁、一〇八頁、吉村・前掲論文民事訴訟法の争点二八三頁。

三　相殺の抗弁を排斥した請求認容判決の既判力

(1)　反対債権の不存在を理由に相殺の抗弁を排斥して請求を認容した場合に、反対債権の不存在の判断に既判力を生ずることについては異論がない。一九九条〔現一一四条〕二項が請求の「不成立」と規定するのは反対債権の「不存在」と解される。ドイツ民訴法三二二条二項は「反対債権ノ存在セザル旨ノ判断」と明記するが、その立法当初の趣旨によれば、これは反対債権の不存在を理由に相殺の抗弁を斥け請求を認容した場合だけを指すと解されていたことは前述の通りである。いずれにしても、同項の趣旨は、この場合に反対債権の不存在の判断に既判力を認めないと、「被告は相殺を排斥されて敗訴しても、後日反対債権を主張して同一金額を取り戻すことができる」ことになって、請求の存否についての紛争が自働債権の存否の紛争に移しかえられて、判決による解決が無意味になるおそれがあるためである、といわれている(1)。

一九九条〔現一一四条〕二項がこのような実際上の必要性に対処するための立法であることはいうまでもない。しかしそれ以上の理論的根拠づけの試みは、従来のわが国の学説においてはほとんどみられない。ツオイナーは、この場合にも、例の法的意味関連の理論によって既判力拡張を根拠づけようとする。(2) すなわち、反対債権の後訴請求を認めれば、前訴判決が相殺を排斥して訴求債権の存在を確定した意味内容を否定することになるから、後訴請求は前訴判決の既判力により遮断される。のみならず、「相殺は債権主張の完全に有効な形式であって、要件があれば直ちに相殺をする債権者の満足をもたらす」という相殺の債権貫徹機能によって反対債権不存在への既判力拡張を正当化しようとする。すなわち、相殺の抗弁による反対債権不存在の判断に既判力を及ぼさないとなると、被告だけが反対債権を失う危険なしに、これを貫徹できる機会を利用できるから、当事者間の平等取扱の原則に反するというのである。これは相殺の抗弁に反対債権を貫徹すべき追行機能を認めていることを意味し、そのこと自体きわめて正当な認識であると評価できる。しかし、ツオイナーが、ついで、弁済の抗弁においても、弁済の給付による「積極的勘定の地位」(active Rechnungsposition) の主張があるとして、これを相殺の抗弁の反対債権と同視し、被告がこれを二重に主張できるのは当事者間の平等取扱に反するというのは当たらない。これでは、前述のような防御機能に止まる弁済の抗弁にこれをこえた追行機能を認めることになるからである。

ヘンケルは、反対債権の不存在の判断に既判力を生ずる規定は、この規定がなければ、給付判決の択一的な事由にすぎない判断につき、そのままではこの判断の正当性を担保すべき手続保障がないのに、既判力を認めたことになるという。(3) つまり、相殺の抗弁は、相殺が不適状であるか、実体法上禁止されているか、あるいは反対債権が存在しないかのいずれかを理由に排斥される。だから、反対債権の不存在に既判力を生じないとすれば、被告がこの点を争うべき緊迫した必要性はない。そこで反対債権の不存在の判断に既判力を認めることによって、この点を争うべき必要性を生み、そのことが反対債権の不存在の判断の正当性を担保することになっているというのである。しかし、これは一種の循環論法であって、判決効の正当性を担保する手続形成上の保障としては不十分であると考える。

思うに、相殺の抗弁が相殺により反対債権を貫徹する追行機能を果たすためには、反対債権の存否を審判することについて、相殺の適法性を確かめることを前提とする審判の順序が強制されると解すべきである(4)。相殺の不適状や実体法上の禁止の有無を不明確にしたまま、反対債権の不存在の判断によって相殺の抗弁を排斥することは許されない。相殺の要件を確かめずに反対債権は存在しないとする判断には必ずしも既判力を生ずるとはかぎらない(5)。相殺の不適状や相殺の意思表示の無効によって、相殺の抗弁が排斥された場合には、既判力を生ずることなく(6)、反対債権を貫徹する追行機能は別訴に留保されることになろう。かくて、反対債権不存在の判断に既判力を生ずるのは、相殺の抗弁の防御機能と不可分に結びつく追行機能に対応した手続形成上の保障によって、この点の判断の正当性が担保されるからであるというべきである。反対債権の不存在の判断に既判力を認めて手続保障を生み出すとするヘンケル理論は本末を転倒したものと評すべきである。

(2)　相殺の抗弁のこのような特性は、これを弁済の抗弁と対比することによってさらに明らかになる。弁済の抗弁を排斥されて敗訴した被告が、後訴においてこの点を争い、弁済したものの不当利得返還請求をすることができるか。確定した給付判決に基づいて履行したものを不当利得として返還請求をする訴や弁済によって債権が消滅したのに給付判決をうけたと主張して、給付判決自体による不当利得返還請求をする訴が、ともに前訴判決の既判力に遮断される点については異論がない(7)。しかし、以前に給付したものを不当利得として返還請求をする訴もまた、前訴判決の既判力によって妨げられるかについては見解の対立がある。

かつてライエルは、被告が給付したものは、弁済の抗弁を排斥した給付判決の確定によって、その目的を失い正当な法的原因なしの給付になるとみて、この場合の不当利得返還請求を認めうるとした(8)。しかし、訴求債権についての弁済のための給付がなされていないとして給付判決をうけた被告が、それでも訴求債権について弁済したのだと主張することは、明らかに前訴判決で確定された訴求債権の存在を争うことになるものと思われる。確定した給付判決がなされたから弁済したものが目的を失って不当利得となるというのは、明らかなこじつけにすぎない[9]。そこで、この場合の不当利得返還請求の後訴は、前訴で確定された法的効果を争うための擬制であるとし[10]、あるいは、前訴で判決されたものと同一の利益に関するものであるとして[11]、前訴判決の既判力によって直接遮断されるとする者が多い[12]。結局、前訴被告の主張の通り、訴求債権について弁済がなされたとすれば、訴求債権は消滅したはずであるから、前訴被告の不当利得返還請求の根拠は、被告が債権がないのに給付判決を得たのは不当な利得であるという点にのみ求めうることになろう[13]。これは前訴判決の不当を前提とするものであって、前述のように、後訴請求の先決事項として、前訴判決の既判力によって遮断される。

ところが他方、同様に弁済の給付はなされていないという理由で給付判決をうけた被告が、後に、やはり弁済の給付はしたが訴求債権に関するものではないことやその他の法律上の理由によって訴求債権消滅の効果を生じていないのだと主張して、給付したものの不当利得返還請求をした場合はどうか。この場合の後訴請求は前訴判決において確定した訴求債権の存在を直接争ってはいないから、前訴判決の既判力によって当然に遮断されるとはかぎらない。ヘンケルによれば、この場合、前訴における給付はなされていないとの判断は、給付判決の択一的事由にすぎないから、正当性を担保すべき手続保障がないとして、拘束力を生じない[14]。しかし、前訴手続においてこの判断の正当性を担保すべき手続保障があったかどうかは、択一的判決事由かどうかだけでなく、具体的な審判手続の経過をもみて決すべき問題であろう[15]。ことにこの場合には、給付のなかったことを争う敗訴被告には、上訴の利益も認められるから、手続保障があったといえる場合も十分に考えられる。そうした場合には、後訴請求が前訴判決に遮断されることを認める余地がある。他方、弁済が法律上の理由によって効力を生じていないとして請求が認容された場合には、弁済したものの不当利得返還請求をする後訴が前訴判決によって遮断されることはない[16]。

(3)　このように弁済の抗弁は、訴求債権に関するかぎりはその消滅原因を主張して、もっぱら防御機能を果たす防御方法である。したがって、一旦訴求債権の存在が確定した以上は、前訴の口頭弁論終結前になされた弁済をその後に主張して、確定判決の内容を争うことは、前訴判決の既判力によって遮断される。弁済の抗弁を前訴で提出したか否かを問わず遮断されることになろう。(17) しかも、前訴基準時前の弁済を主張して直接訴求債権の存在を争う請求異議の訴（民執三五条二項）や債権不存在確認の訴が許されないだけでなく、訴求債権の弁済として給付したものを不当利得として返還請求することも許されない。(18) この場合の不当利得返還請求は、結局、訴求債権の不存在を前提とするから、この主張は前訴給付判決の既判力によって遮断されるのである。

これに対して、相殺の抗弁は、防御機能だけでなく、これと不可分に結びつく追行機能を実現するための特別の取扱を要求する。訴求債権に基づく給付判決が一旦確定したのち、前訴で提出しなかった相殺を主張して、前訴確定判決の内容を争うことができるかについては、後述のような議論があるが、(19) 反対債権に基づく別訴請求が前訴判決の既判力に遮断されるのは、前訴において相殺の抗弁が提出され、反対債権の不存在の判断の正当性が、手続形成上担保されていた場合にかぎられる。この場合には、相殺の抗弁の防御機能と追行機能とが不可分に満足されたかどうかが確定するからである。

（1）　たとえば兼子一・民事訴訟法体系二四三頁。
（2）　Zeuner, a.a.O., S. 93ff.
（3）　Henckel, a.a.O., S. 220f.
（4）　So St-J-Leipold, ZPO, 19 Aufl., §322 Anm. VII 1, S. 1333.
（5）　St-J-Leipold, a.a.O., S. 1333 は既判力を生じないとするが、訴訟手続過程において、具体的に判断の正当性を担保する手続保障が認められれば既判力を生ずる余地がある、と解される。
（6）　一般的に認められている。たとえば兼子・前掲書二四三頁。
（7）　St-J-Leipold, ZPO, 19 Aufl., §322 Anm. XI 3, S. 348; Blomeyer, Zivilprozessreht, S. 471.
（8）　Reichel, Rechtskraft und ungerechtfertigte Bereicherung, Festschrift für A. Wach, III（1913）S. 75ff.

（９）　So Gaul, a.a.O., JuS 1962, S.9; St-J-Leipold, ZPO, §322, Anm. XI 3, S.1348.
（10）　Gaul, JuS 1962, S.10.
（11）　伊東・前掲論文山木戸還暦論文集上一〇七頁、同・民事訴訟法の基礎理論一二六頁。
（12）　St-J-Leipold, ZPO, §322, Anm. XI 3, S.1348.
（13）　Blomeyer, Zivilprozessrecht, §90 III S.471f.
（14）　Henckel, a.a.O., S.215.
（15）　吉村・前掲論文民事訴訟法の争点二八三頁参照。
（16）　Zeuner, a.a.O., S.91, 96.
（17）　Gaul, JuS 1962, S.9F.; St-J-Leipold, ZPO, §322 XI 3, S.1348. これに対して、Zeuner, a.a.O., S.96. は不当利得返還請求の後訴は前訴で弁済の抗弁を提出して排斥された場合にかぎり遮断されるとする。
（18）　もっとも、弁済が法律上効力を生じていないとして、その不当利得返還請求をする場合には、必ずしも遮断されないことは前述した。
（19）　後述**四**(2)参照。

四　結語――残された問題点

（1）　民法上の相殺は受働債権と自働債権が相殺適状にあれば一方的な意思表示によって対当額で消滅させることができるとすることによって（民法五〇五条以下参照）、相手方の受働債権に対する防御機能と自己の自働債権の貫徹機能とを不可分に実現する法制度と解することができる。相殺の抗弁はこのような相殺の私法上の機能を訴訟手続においても確保できるように構成さるべきである。本稿が相殺の抗弁もまた訴求債権に対する防御機能と反対債権の貫徹のための追行機能が不可分に結びついた訴訟手段であると把握してきたのは、そのような趣旨であった。

このように解することによって、訴訟上の相殺のみならず訴訟外の相殺の場合にも、相殺の抗弁についての審判の順序やこの点の判断の既判力の特性をよく理解することができる。訴求債権の存在を認定し、相殺適状や相殺の要件を確かめたうえで、反対債権の存否を判断することによって、相殺の抗弁の防御機能と追行機能が不可分に達成されたか否かが決まる。その結果、反対債権の不存在が認定されれば、結局、相殺の両機能を果たしえなかったことが確定し、反対債権の不存在の判断に既判力を生ずるし、反対債権の存在が明らかになれば、相殺によって訴求債権も反対債権もともに消滅したことが確定されて、相殺の両機能を果たしたことになる。また、相殺を別としても、訴求債権は存在しないとして請求が棄却され、あるいは相殺適状や相殺要件を認定できずに請求が認容された場合には、相殺の効果を生じていないことになるから、被告は別訴において反対債権の行使を妨げられない。このように相殺の抗弁が前訴において提出され、相殺の効力の成否について実質的に審判がなされた場合には、相殺による防御機能と貫徹機能とが不可分に達成されたかどうかが訴訟手続上も確定されることが明らかになった。

(2)　しかし、相殺の抗弁が提出されても、相殺の効力の成否について実質的に審判するに至らず、これが時機に遅れた攻撃防御方法として却下された場合には、相殺の抗弁の防御機能と追行機能の不可分の結びつきはどうなるのか。そしてさらに、相殺の抗弁が前訴の口頭弁論終結時までに提出されなかった場合には、この両機能はどうなるのかという問題が残されている。

前訴で相殺の抗弁が提出されなかった場合には、口頭弁論終結前に相殺適状でも、その後に相殺権を行使して前訴判決の確定内容を争うことは、既判力によって遮断されないとするのが通説である(1)。この立場では相殺の防御機能と貫徹機能の不可分の実現はともに後訴に留保されていることになる。ただ、同様の取扱は訴訟外の相殺については貫きえず、前訴基準時前の訴訟外の相殺を主張して確定した訴求債権を争うことは、前訴判決の既判力によって遮断されるとするのが一般である。もっとも、前訴で相殺の抗弁が提出されなかったときに、後訴での相殺の主張が既判力によって遮断されるかどうかは、前訴でこれを主張すべき提出責任があるかどうかによって決まるとの見解がある。[2] この立場では、ここにいう相殺の防御機能と貫徹機能の不可分の実現の要請も、提出責任を判断する基準としての「実体関係的手続保障要求」の一つということになろうから、訴訟外の相殺についても、前訴判決の既判力によって遮断されるかどうかはなお検討を要しよう。[3] 他方、相殺の抗弁が不適法却下されて請求が認容された場合には、訴訟上の相殺、訴訟外の相殺を問わず、相殺の抗弁は防御機能を果しえなかったことになり、訴求債権の存在が確定するが、相殺によって反対債権が実体法上消滅して行使しえないという効果が残るかについては議論がある。[4] 近年、訴訟上の相殺については相殺の効果を残さず、反対債権は消滅しないとする見解が有力であるが、訴訟外の相殺についても同様の取扱を認めうるかについては、なお異論が多い。[5]

(3)　しかしいずれにしても、同じ相殺の抗弁について、前訴手続でこれを提出して時機に遅れたとして却下された場合と全く提出せずに放置した場合とで、前訴判決の遮断効が一方は及び他方は及ばないとする根拠は何であろうか。また、いずれの場合にも、さらに訴訟上の相殺と訴訟外の相殺とで異なった結果を認めるのは妥当であろうか、など多くの問題がある。

ところで、ヘーゼマイヤーは、相殺の防御機能と貫徹機能との不可分の結びつきから出発して、この点について包括的な統一原理を展開している。[6] つまり、訴訟上の相殺か訴訟外の相殺かを問わず、相殺の抗弁が前訴で考慮されなかった場合には、これが全く提出されなかった場合と不適法却下された場合とを含めて、相殺の防御機能と貫徹機能とは不可分に実現されなかったことになる、とする。したがって、一方で訴求債権の存在が確定し、相殺によりこれを争う余地はなくなるが、他方反対債権も消滅することなしに自由な行使に委ねられることになる。ブロマイヤーは、相殺の抗弁が不適法却下された場合について、ベーゼマイヤーの結論を妥当として、さらに、これを前訴判決の既判力によって確保しようとする。[7] すなわち、訴求債権と反対債権の間には相殺を介して相互的意味関連が存在するとして、訴求債権の存在が確定されれば、相殺による反対債権の消滅を主張することは、前訴判決の既判力によって遮断されるというのである。

この新たな傾向は、相殺の防御機能と貫徹機能の不可分の結びつきという観点を、本稿で論じた相殺の抗弁が審判された場合に限定せずに、さらにこれをこえて一貫させたものであり、ことに本稿の立場からは興味ある問題提起である。しかし、この点を論ずるためには、相殺の抗弁の却下と不提出の場の相殺の効果や前訴判決の遮断効をめぐる多彩な見解を検討する必要があり、ここではその余裕がない。別の機会に譲らざるをえない。

（1）たとえば中野他編・民事訴訟法講義四五一頁（吉村）および同所引用の判例文献。兼子一・民事訴訟法体系三四一頁は、債務者が相殺適状の反対債権を覚知していた場合には、提出できたはずだから、前訴判決に遮断されるとされる。

（2）上田徹一郎「遮断効と提出責任」法と権利３民商法雑誌七八巻臨時増刊号(3)二三六頁以下。

（3）事実、池田浩一「既判力の時的限界」民事訴訟法の争点二六五頁は、「両債権者が別々に訴求・執行する煩を避けようとする民法の相殺制度」の特性から、訴訟外の相殺も既判力に遮断されない、として、訴訟上の相殺と同じ取扱をする。

（4）いわゆる訴訟行為説か新併存説かを問わず、この結果を承認する。さしあたり、中野他編・民事訴訟法講義二七二頁以下（鈴木重勝）および同所引用文献参照。

（5）訴訟行為説だけでなく、新併存説の立場からも、訴訟上の相殺と訴訟外の相殺とを区別して論ずる者が多い。この点につき、河野正憲「相殺の抗弁とその実体法上の効果」法政研究三九巻一号一一三頁、ことに一二二頁、一四一頁以下は、両者の分離を批判し、これを統一的に把握しようとするもので注目に価する。

（6）Hasemeyer, a. a. O., S. 222ff.

（7）Blomeyer, Außerprozessuale Aufrechnung und Prozeßaufrechnung, ZZP 88, S. 439ff.（1975）

（九州大学法政研究四六巻二＝四号、一九八〇年）

第九章　損害賠償請求訴訟の訴訟物と判決効

一　損害賠償請求

問　交通事故による損害の賠償を求める訴訟の訴訟物について論ぜよ。

(1)　問題の所在

近時頻発する交通事故による損害賠償を求める訴訟においても、通常の訴訟におけると同様に、訴訟物をいかに解するかは、訴訟上重要な意味をもっている。交通事故の被害者は、①車の修理費などの物的損害、②被害者の治療費、入院費などの積極的損害、③死傷がなければ得べかりし利益を喪失したという、いわゆる逸失利益としての消極的損害、④精神的損害としての慰謝料などを個々の損害費目として、その賠償を求めるのが一般である。これらの損害費目は、それぞれに、あるいはいくつかのグループごとに、別個の訴訟物をなすのか、あるいは全体として単一の訴訟物を構成するのか。この点をめぐって見解は区々に分かれ、それぞれに二重起訴、訴の変更、訴の併合および既判力の範囲などについて取扱を異にすることになる。

もっとも、現実に交通事故による損害賠償が請求される場合には、右の各損害費目を各別に訴えることはまれであり、すべての損害費目をあわせて同時に訴えるのが一般である。そこで、実務上しばしば問題にされるのは、第一に、請求総額の範囲内においては、各損害費目として主張された個々の損害額に拘束されずに相互に融通して損害賠償を認めることができるかという点である。第二に、いわゆる後遺症におけるように、前訴口頭弁論終結後に生じた損害の賠償を求める追加請求ができるかが問題となる。交通事故訴訟の訴訟物をいかに考えるかによって、これらの実際上の問題の解決も影響されざるをえない。

(2)　損害賠償訴訟における訴訟物特定の基準

(イ)　交通事故による損害賠償の訴訟物は何によって特定されるのか。まず、同一事故による同じ内容の損害賠償請求でも、その根拠となる実体法上の法規によって別個の訴訟物を構成することになろうか。たとえば、使用者が自己所有の自動車を被用者に運転させているときに他の車と衝突し、これによる損害賠償を請求された場合には、民法七〇九条・七一五条さらに人損については自賠法三条により責任を問われることが考えられる。実体法上は、それぞれの法条ごとに別個の請求権の競合を認めるか、あるいは一般法・特別法の関係として法条競合を認めるかの見解の対立がある。訴訟法上いわゆる訴訟物論の争われる事例であって、旧説は請求権競合であれば訴訟物が別個であり、法条競合であれば単一となるとしたが、新説はいずれにしても訴訟物は同一であるとみるわけである。ここでこの点を詳論するゆとりはないので、訴訟物論一般を論ずる別項を参照されたい。

ところが、交通事故訴訟の訴訟物については、すでに問題の所在において指摘したことから明らかなように、通常の訴訟物論とはやや異なった論点が主として問題とされている。つまり、請求権競合の事例におけるように、選択的に満足すべき請求として、実体法的視点によりいわば質的に個別化できるのかという点ではなく、むしろ、同一侵害行為による損害をいわば量的に分割して、重畳的に満足すべき別個の請求として特定できるのかという点である。実体法上の法条も、このような量的分割特定の基準として考慮されてきた（たとえば、精神的損害（民七一〇条・七一一条）と財産的損害（民七〇九条）、人的損害（自賠責法三条）と物的損害（民七一五条））。損害賠償訴訟の訴訟物が、量的な分割の可否を論ずる一部請求理論と不可分の関連をもつのはこのためである。

(ロ)　このように、同一事故による損害についても、その賠償請求の訴訟物が量的に分割特定できるとすれば、何を基準として個別化されるのであろうか。

第一に、同一の加害行為による損害でも、被侵害権利ないし利益が異なれば、別個の損害賠償請求権が生ずるとする見解が有力に主張されてきた（兼子一「確定判決後の残額請求」民事法研究一巻四一五頁、雉本朗造・判例批評録二巻二六九頁）。これによれば、同一行為により侵害された物件ごとに賠償請求権が生じ、訴訟物を異にすることになって、損害賠償訴訟の現状にあわない。のみならず、不法行為の要件としての権利侵害は、違法性を示す徴表にすぎないとするのが一般であるから、これを訴訟物特定の基準とみるのはあたらない。

第二に、賠償さるべき損害の種類によって、損害賠償請求権を特定しようとする見解がある。①財産的損害であるか精神的損害であるか、②積極的損害であるか消極的損害であるか、③通常損害であるか特別損害であるかなどによって区別しようというのである。なかでも、財産的損害と精神的損害の区別は、民法七〇九条と七一〇条・七一一条が別個の法条であることや慰謝料の算定が財産的損害とは異なって裁量に委ねられていることなどから、実務や学説の多数によって支持されてきた（村松俊夫「不法行為の損害賠償債権の特定」民事裁判の理論と実務一七〇頁、山木戸克己「訴訟上の請求について」基礎的研究一三二頁、実例民事訴訟法（上）〔高瀬秀雄〕一八四頁、五十部豊久「損害賠償額算定における訴訟上の特殊性」法学協会雑誌七九巻六号七四三頁）。しかし、民法七一〇条・七一一条は七〇九条の説明的条文にすぎないとするのが通説であるし、逸失利益の算定などが慰謝料のそれに比べて質的に異なった確定的判断であるかについては疑問が残されている。また、いわゆる慰謝料の補充作用として、財産的損害の補償が不十分な場合にこれを補充する機能が認められるとすれば、両者の区別は明確ではなくなる。さらに実務上は、治療費、逸失利益、慰謝料など損害費目ごとに主張された損害額に拘束されずに、相互の流用を認める下級審判例が定着しつつある（名古屋地判昭和四〇年七月二八日判例タイムズ一九五号一〇三頁、東京地判昭和四二年一〇月一八日下民集一八巻九―一〇号一〇一七頁など多数、五十部豊久・判例タイムズ二三〇号七七頁参照）。これは損害賠償訴訟の訴訟物は、損害の種類つまり損害費目によっては区別されないとの理論を前提にしているのである。

そこで、第三の見解は、人の生命・身体の侵害については、その損害賠償請求権は単一であって、訴訟物も区別できないとする。右の下級審判例に根拠を与えたこの見解は、治療費、逸失利益、慰謝料は人の死傷による損害であって、侵害された権利が同一であるから、損害賠償請求権も単一であるという（鈴木醇一「不法行為に基く損害賠償請求において各種の損害につき当事者の主張を超えた額を認定することの可否」民事法の諸問題Ⅱ二〇七頁）。さらに、人の生命・身体の侵害そのものを損害と考える新しい提唱も（西原道雄「生命侵害、傷害における損害賠償」私法二七号一〇七頁、同「損害賠償の法理」ジュリスト三八一号一四八頁、吉岡進「将来の必要な手術費、義足代等」交通事故判例百選七四頁、実務民事訴訟講座３〔吉岡進〕三頁、実務民事訴訟講座３〔上村明広〕一三九頁）、同様の結論にいたることになろう。治療費や逸失利益や慰謝料は、死傷という非財産的損害を金銭的に評価するための資料にすぎないとみるからである。

これらの立場によれば、人身事故による損害賠償訴訟の訴訟物は同一であり、請求総額の範囲内においては、個々の損害費目ごとの損害額の主張をこえて相互に融通しあっても、民訴法一八六条〔現一一四条〕には反しないことになる。ただ、個々の損害額の主張をこえた認定が弁論主義に反しないかについては問題が残る。死傷そのものを損害とみる見地からは、個々の損害費目はたんなる間接事実の主張としてこれに拘束されないとする余地もある。しかし、被告の防御的地位の保護という実質的配慮の必要な点では異なるところはない。いずれにしても第三説は、交通事故による損害を人損と物損に区別することに帰着し、自賠法が人的損害の賠償についてのみ適用されることとも対応することになる。

(ハ)　最後に、同一の侵害行為に基づく損害賠償訴訟の訴訟物は、社会的に一つの紛争として一個であるとする見解がある（三ケ月章「訴訟物をめぐる戦後の判例の動向とその問題点」民事訴訟法研究一巻二四頁、五十部豊久「交通訴訟における損害の評価と訴訟物」判例タイムズ二一二号二九頁、岩村弘雄「損害賠償請求の訴訟物」判例タイムズ二一二号一六七頁）。実体法上の請求権は物的損害、消極的損害、精神的損害ごとに個別化されるとしても、訴訟物は紛争の一回的解決を図るという訴訟制度目的にあわせて構成すべきであるというのである。訴訟物を実体権から解放する点で新訴訟物論の展開であり、訴訟物の範囲は人損・物損をふくめて最も拡げられる。ただ、同一不法行為による損害について、実体法上も統一的な単一の賠償請求権を構成することができるとすれば（実務民事訴訟講座３〔宮崎富哉〕五七頁。岩村・前掲論文も同旨か）、旧訴訟物論に立っても同様の結論にいたることになる。

(3)　訴訟物と既判力の範囲――とくに一部請求理論および判決後の事情変更

(イ)　損害賠償訴訟の訴訟物を包括的に解する傾向のもとでは、たとえば逸失利益などの財産的損害だけを訴えた前訴判決の既判力は、慰謝料の支払いを求める後訴におよぶことになろうか。一部請求理論を否定すれば、後訴は既判力によって遮断される。周知のように、判例理論によれば、前訴が一部請求である旨の明示があれば残部請求は遮断されないが（最判昭和三七年八月一〇日民集一六巻八号一七二〇頁）、明示がなければ、請求の態様によってきまることになり、全部として訴求したとみられれば、残部は排斥される（最判昭和三二年六月七日民集一一巻六号九四八頁）。財産的損害だけを訴えた前訴には一部請求の明示はないが、請求原因において損害の種類が特定されているのだから、その態様から全損害のうちの一部の賠償を請求したとみることはできる。従来の判例は、有形と無形の損害は「全く別個の請求」として既判力がおよばないとした（福岡高判昭和三二年四月九日下民集八巻四号七二四頁）。訴訟物を広く解する最近の傾向を前提としても、一部請求理論によって、なお同じ結果を維持すべきではあるまいか。

なるほど、この場合一部請求を否定すれば、社会的には同一の紛争を一挙に解決することになり、被告の応訴の煩と裁判所の負担を軽減することができる。しかし、被害者はいろいろな事情からまず財産的損害だけを訴えるにつき合理的な根拠をもっていることもあろう。とりわけ、損害賠償訴訟では賠償額を予測することが困難であるところから（五十部・前掲論文・法学協会雑誌七九巻六号七二〇頁参照）、訴訟費用節約などのためにまず算定可能な部分だけを訴えることが考えられる。このような場合にも、既判力の遮断効を全部におよぼすことになれば、被害者にのみ酷な結果を強制することになろう。

(ロ)　この点と関連して、後遺症などのために口頭弁論終結後に生じた損害を、既判力に遮断されずに追加請求できるかが問題となる。判例は、判決基準時までに要した治療費などを請求した前訴判決の既判力は、その後予測をこえて支出した治療費を請求する後訴を遮断しないとして、一部請求理論をその根拠とした（最判昭和四二年七月一八日民集二一巻六号一五五九頁）。これに対して、学説は基準時後の損害は既判力の時的限界の理論によって遮断されないとするものが多い（三ケ月発言・判例タイムズ二〇五号五頁、五十部豊久「損害賠償訴訟の訴訟物、後遺症と前訴判決の既判力」法学セミナー一九六八年五号六二頁、同・交通事故判例百選一三六頁、上村明広「調停後の損害の増大と訴の提起」続民事訴訟法判例百選一八〇頁）。一部請求理論は口頭弁論終結前に存する債権についてその量的分割の可否を問題にしてきたものであるから、基準時後に生じた損害については妥当しないというのである（五十部、上村）。しかし、不法行為に基づく損害は、客観的な相当因果関係の範囲において、将来の治療費や逸失利益をもふくめて不法行為時に発生したものとし、これにつき一時金給付による賠償請求権が成立すると解するのが一般である。そこで、基準時後の損害についても、それ以前に既発のものとして賠償請求権が成立していることになり、その一部請求の可否が問題になるはずである。しかも、原告は通常予想できる損害について訴求するのが一般であるから、その後に著しく予測をこえた損害が生ずれば、その追加請求を許すべきであろう（楠本安雄「示談と事情変更」判例タイムズ二一二号一八四頁参照）。原告の主張態様からみて前訴を一部請求とみるのが自然であるし、追加請求を許さなければ原告にはなはだ酷な結果を強いることになるからである。

しかしながら、将来の損害の予測が判決基準時の事実の経過と著しく食い違う場合はこのような事例にかぎらないから、一部請求理論によってすべてがカバーされるとはいえない。たとえば、判例は、判決における逸失利益の予測に反して、その後被害者が稼働能力を回復した場合には、請求異議の訴を認めるが（最判昭和三七年五月二四日民集一六巻五号一一五七頁）、これは一部請求とは別の根拠から既判力を制限することになろう（山木戸克

己「判批」民商法雑誌四八巻二号二五二頁）。

(ハ)　既判力の時的限界によってこれを説明することは、従来の伝統理論を前提とすればきわめて困難である。すなわち伝統理論によれば、(a)既判力の時的限界は、実体法上の権利が時間の経過とともに（時効完成や期限の到来、その他権利得喪事由の発生により）変動することを前提とするが、(b)前述の一時金賠償方式の建前からみて、判決基準時後の損害の増減によって賠償請求権が変動することはないからである。既判力の時的限界理論による説明のためには、この二つの前提のいずれかを修正する必要がある。

一つは、一時金賠償方式を緩和して、塡補すべき損害につき予測できる範囲にかぎって賠償請求権が生じ、この範囲の時間的な変動につれて請求権も変動するとみる見解である（宮崎・前掲論文）。この立場によれば、訴訟物も基準時に予測できた損害によって特定され、その後予測できなかった事情が生ずれば、新しい請求として既判力はおよばないことになる。

他は、既判力の時的限界を、実体法上の権利の時間的変動の理論とは無関係に、判決基準時後の事情の変化によって新しい訴訟物を生ずるとすることによって説明する立場が考えられる（三ケ月発言・判例タイムズ二〇五号五頁は同旨か?）。訴訟物と既判力の範囲を口頭弁論終結時における実体権の存否という基準から切り話して構成する点で、新訴訟物論の展開であるといえる。ただ、いずれの見解も従来の伝統理論の建前を否定した新しい視点からの提唱であって、なお十分の検討が必要である。

(ニ)　そこで、伝統理論による右の前提を維持しながら、問題解決を図る第三の方向は、既判力の遮断効の一般的な制限を認める見解であるように思われる（山木戸・前掲判批参照）。これは損害賠償請求権および訴訟物の範囲とは別に、既判力の遮断効は当事者に提出を期待できた事実資料の限度にかぎって生ずるとする考え方である。これによれば、既判力の遮断効は必ずしも訴訟物の範囲と一致しないことになるが、同様の食い違いはすでにドイツ理論においてもみられるところである（シュヴァープ、討論・民事訴訟雑誌一三号一六一頁、とくに一八〇頁以下参照）。また、遮断効の根拠を実体法上の信義則を具体化した失効理論（Verwirkung）と同じ考慮に求める見解は（Henckel, Prozessrecht u. materielles Recht, 1970, S.96ff. なおヘンケルの基本的立場については、吉村徳重「西ドイツにおける各種訴訟促進案とその問題点」法政研究三六巻二―六号三六二頁（『民事手続法研究』第四巻所収）参照）、このような遮断効の限界づけについての実体法的な根拠と具体的な基準を示唆するようにみえる。裁判の終局性（既判力）は、「被害者側の具体的救済の要請と相手方の地位の安定性とのバランスのうえに樹立さるべきものである」とする考え方も（新堂幸司「紛争解決後の損害の増大とその賠償請求」ジュリスト四三一号一四三頁）、失効理論と共通の実質的な考量を目ざしている。つまり、失効や遮断効は、当事者による権利利益の主張が期待されているのになされない場合には、この状態を信頼する相手方の地位の安定性を保護して、当事者間の衡平を図る必要があるところから認められたものにほかならない。判例が、既判力の基準時において予測できなかった事情に基づく損害の追加請求を遮断しないのは（最判昭和四三年四月一一日民集二二巻四号八六二頁参照）、前訴でこれを主張することを当事者に期待できない（unzumutbar）ためであろう。もしそうであるならば、基準時後の事情にかぎらずそれ以前に存した事情についても、およそ当事者にその主張が期待できなかった場合には、既判力に遮断されることはないとすべきであろう。

(4)　むすび

以上のように、損害賠償訴訟においては、損害額の算定や予測が困難であるという特性のために、訴訟物をめぐって特殊の問題が提起されている。わが国においてはドイツ民訴法におけるように、変更判決や定期金給付の制度を正面から認めていないし（倉田卓次「定期金賠償試論」判例タイムズ一七九号一九頁参照）、訴状において一定金額を記載しないで相当額の支払いを求める途も開かれていない（五十部・前掲論文法学協会雑誌七九巻六号参照）。これらの方法を解釈論として認めるべきであるとの提案も（倉田、五十部前掲論文）、まだ一般の承認するところとはなっていない。しかし、損害賠償請求訴訟のこのような特性が、その訴訟物ないし既判力について新しい視点からの再検討を迫っていることはたしかである。

（小山昇＝中野貞一郎＝松浦馨＝竹下守夫編『演習民事訴訟法（上）』、一九七三年）

二　損害賠償請求訴訟の訴訟物

問　交通事故による損害の賠償を求める訴訟の訴訟物について論ぜよ。

(1)　問題の所在

交通事故による損害賠償を請求する訴訟において審判の対象となる訴訟物は何か。まず、XがYの被用者Aの運転する車と衝突してうけた損害につき、Yを相手にその賠償請求を訴えた場合には、一般不法行為（民七〇九条）のほか、特別不法行為（民七一五条・七一七條など）や特殊不法行為（自賠三条）などの実体法規範がその根拠となる。そこで、この場合の訴訟物は個々の実体的不法行為規範ごとに別個と考えるのか、あるいは全体として一個と解するのかが問題となる。

ついで、交通事故の被害者は、通常、①車の修理費などの物的損害のほか、人的損害についても、②入院・治療費などの積極的損害、③逸失利益としての消極的損害および④精神的損害としての慰謝料の損害費目ごとに損害額を示して、その賠償を請求するのが一般である。この場合の訴訟物はこれらの損害費目ごとに、あるいは費目の種類によって別個となるのか、それとも全体として一個と解するのかをめぐって見解の対立がある。

ところで従来、訴訟物をいかに把握するかによって、二重起訴の禁止（二三一条〔現一四二条〕）、訴の併合（二二七条〔現一三六条〕）、訴の変更（二三二条〔現一四三条〕）、判決事項（一八六条〔現二四六条〕）および既判力の客観的範囲（一九九条〔現一一四条〕）が決定的に左右されると解されてきたために、これらの場合に訴訟物を一個とみるか否かは重要な意味をもっていた。しかし、近年、訴訟物概念のこのような機能について疑問を提起する傾向がみられるなかで、損害賠償請求の訴訟物がいかに把握され、かつ、訴訟物概念がいかなる機能をもつべきかを検討することが重要な課題となっている。

(2)　損害賠償請求権規範と訴訟物

(イ)　同じ交通事故による損害賠償請求において、不法行為と債務不履行による損害賠償請求権規範（民七〇九条以下と四一五条以下）が競合することがあるが、前述の事例では不法行為規範（民七〇九条・七一五条・七一七条、自賠三条など）が相互に競合している場合であった。これらの不法行為規範ごとに独立の損害賠償請求権が競合的に成立していることを前提とすれば、いわゆる旧訴訟物論は、訴訟物もまたそれぞれの請求権ごとに別個であると解する（楠本安雄「損害賠償請求訴訟の訴訟物」新実務民事訴訟講座四巻三〇頁以下など）。

これに対して、いわゆる新訴訟物論は、実体法上、いくつかの不法行為規範が競合していても、結局は一回的給付を求めうる地位ないし受給権が認められるにすぎず、訴訟物は一個である、と説く。競合する個々の不法行為規範は単一の請求を理由づける攻撃方法としての法的視点にすぎないことになる（三ケ月章・民事訴訟法（双書）一〇一頁、新堂幸司・民事訴訟法二〇七頁など）。他方、実体法上の競合する損害賠償請求権自体を単一の請求権として再構成することによって、訴訟物を一個とみる傾向がみられる。ことに、民法上の一般不法行為（七〇九条）とその他の特別不法行為（七一四条以下）との関係および民法と自賠法三条との関係を、それぞれ一般法と特別法の関係とみる法条競合説が有力である（岩村弘雄「損害賠償請求の訴訟物」判例タイムズ二一二号一六七頁など）。特別法が適用されることによって、一般法はこれに吸収され、特別法上の請求権だけが成立することになる。しかし、具体的な事実関係の展開によっては、特別法ではなく一般法だけが適用されることもありうる。たとえば、Ｙの被用者Ａの運転していた車が実はＹの関知しない第三者の車であったときには、自賠法三条ではなく民法七一五条だけが適用される。こうした場合をすべて法条競合でカバーするのは無理である。そこで、不法行為による損害賠償請求権規範をすべて統合して単一の統一的請求権規範を抽出することができるとするいわゆる規範統合説が唱えられている（宮崎富哉「損害賠償請求訴訟の訴訟物」実務民事訴訟講座三巻五七頁）。これは、さらに一般的にも、実体法上の請求権競合の問題につき、請求権規範を統合して単一の請求権の成立を説く実体法理論の展開によって深化されている（請求権規範の効果としての単一の請求権の統合を説く、奥田昌道「請求権と訴訟物（下）」判例タイムズ二一四号一四頁以下や上村明広「請求権と訴訟物」民事訴訟雑誌一七号二〇八頁から、構成要件を含む全規範統合を説く、四宮和夫・請求権競合論へと展開したが、ここでこの点に立ち入るゆとりがない）。その結果、訴訟法上も訴訟物を一個とみる新実体法説によって、損害賠償請求訴訟における訴訟物一個説への展開の傾向はさらに推進されることになった。

(ロ)　この訴訟物一個説への展開の実質的根拠とされたものは、まず、紛争解決の一回性の要請であった。つまり、訴訟物別個説によって、同じ不法行為による同一損害の賠償請求を実体法規範ごとに区別するとすれば、社会的には同じ紛争を分断し、審判のむし返しを許すことになる。同一給付を求める同じ紛争はこれを一挙に解決することが紛争解決制度の趣旨から要請されるというのである。さらに近年では、訴訟過程の弾力的展開の要請からも訴訟物一個説を積極的に評価する傾向がみられる（井上治典「損害賠償請求訴訟の訴訟物」三ケ月＝中野＝竹下編・民事訴訟法演習Ⅰ一〇六頁以下など）。訴訟過程は流動的に展開するのが常であるから、訴の当初から原告に請求の法的性質決定を求め、法的あてはめのための主張事実のちがいによっていちいち訴変更の手続を要求するのは、形式的にすぎる。訴訟物を一個とみれば、当事者はこうした形式的な硬直性にしばられることなく、訴訟の動態的な進展につれて自由に攻防を展開することができる、というのである。

たしかに、訴訟物一個説によれば、訴訟過程の弾力化や紛争の一回的解決の要請にそうことになろう。しかし、流動化した訴訟過程において、当事者が自由に攻防を展開するだけでは、必ずしも、競合する損害賠償請求権規範の要件事実をすべてカバーして、審理を尽すことになるとはかぎらない。それでもなお、既判力の遮断効を拡げて紛争解決の一回性を図るとすれば、当事者にとっては不意打ちとなり、その手続保障を損うことにならないのか。さればといって、当事者の不意打ちを防ぐために、裁判所の積極的介入による釈明権の行使を強化するとすれば、当事者の主体的地位を損ない、その自由な攻防の展開を妨げることになる惧れはないのか。

(ハ)　このような問題を解決ないし回避する方向として、さまざまな見解が示されている。まず、権利の保護と手続保障を確保するためには、不法行為訴訟においては旧訴訟物論を維持するか（楠本・前掲論文）、少なくとも訴の当初から請求を特定すべき構成要件事実との関連を明らかにする必要があるという見解がみられる（納谷広美「訴訟物の特定」講座民事訴訟法２二五五頁）。しかし、これでは、当事者が訴訟の動態的進展に応じて自由に攻防を展開できる可能性を閉ざすことになるだけでなく、そもそも、ここで保護さるべき権利がつねに個々の請求権規範ごとに把握されるべきかについては、すでに前述の統一的請求権論の展開からみて、疑問がないわけではない。

そこで、つぎに、訴訟物を給付内容の同一だけでなく、当事者の充実した攻防を期待できる「事実関係」によって画するか、さらには、既判力の遮断効を訴訟物概念とは切り離して、手続保障の及ぶ範囲にかぎる方向が考えられる。前者の方向ではすでに早くから、不法行為による損害賠償請求権競合のケースでは、その発生要件が同質であり、発生原因としての事実関係も同一であるという根拠によって、訴訟物は一個であるとする見解があった（山木戸克己「訴訟上の請求について」民事訴訟理論の基礎的研究一三二頁）。そうして、さらに、新訴訟物論の立場からも、請求権競合の典型事例としての交通事故による損害賠償のケースは、「通常の当事者から期待しうる一定の注意義務を前提」とすれば、「その全体像がいわば芋づる式に引き出される」ことの期待できる一個の事実関係を前提としている場合であって、この点に既判力による遮断効の及ぶ根拠が認められるとするに至っている（三ケ月章「訴訟物再考」民事訴訟法研究七巻五一頁以下）。不法行為責任規範の競合する場合には、このような意味での要件事実の同質性が認められ、そのかぎりで訴訟物を一個とみて既判力を及ぼしても手続保障を損うことはない、ということになる（上田徹一郎「不法行為責任の交錯と訴訟物」法律時報一九七七年一月号三六頁以下）。しかし、これはあくまで訴訟過程の通常の展開を前提として訴訟物＝既判力の範囲を定める立場であって、多様な訴訟過程の具体的な展開によっては、必ずしも実情に適合しない場合も考えられる。既判力を訴訟物概念から切り離し手続保障の及ぶ範囲にかぎる後者の方向は（新堂幸司「訴訟物概念の役割」判例時報八五六号一一六頁など参照）、この場合に対応する理論であるといえるが、節を改めて検討する（(4)参照）。

(3)　損害費目と訴訟物

(イ)　交通事故による損害賠償請求においては、さらに、従来、損害費目ごとに、あるいは費目の種類によって訴訟物を個別化する見解が有力であった。ことに、①物損については物ごとに、人損（身体傷害や生命侵害）については、積極損害（入院・治療費など）、消極損害（逸失利益）、精神的損害（慰謝料）に三分する見解や②財産的損害（物損・積極・消極損害）と精神的損害とに二分する見解が有力に主張されていた（今枝孟「不法行為の損害賠償請求の訴訟物」民事訴訟法の争点一七六頁は、この人損二個説ないし三個説が従前の通常の考え方であった、という）。これに対しては、人の生命や身体の侵害においては、侵害された権利は同一であるから損害賠償請求権も単一であり、訴訟物も同一であるとする見解が有力であった（鈴木醇一・民事法の諸問題Ⅱ二〇七頁、倉田卓次・交通事故賠償の諸相二五六頁）。これは、さらに、人の死傷自体を損害とみるいわゆる死傷損害説によってもバックアップされた（西原道雄「損害賠償の法理」ジュリスト三八一号一四八頁など）。個々の損害費目は死傷という非財産的損害を金銭的に評価するための資料にすぎないことになる。最判昭和四八年四月五日（民集二七巻三号四一九頁）は、身体傷害ケースにつき訴訟物一個説をとり、損害費目ごとの主張額をこえた損害額を認めても、全体としての主張総額をこえないかぎり、一八六条〔現二四六条〕に反しないとする下級審判例の傾向を確定することになった。この傾向をさらに徹底して、同一侵害行為に基づく損害賠償については、人損だけでなく物損をも含めて社会的に一個の紛争であって、訴訟物は同一であるとする見解が有力になっている（五十部豊久「交通事故における損害の評価と訴訟物」判例タイムズ二一二号二九頁、岩村・前掲一六七頁、宮崎・前掲五七頁、飯塚勝「人身損害における訴訟物の個数」現代損害賠償法講座七巻五八頁）。

(ロ)　損害費目の区別にかかわらず訴訟物を一個とみる見解の根拠は、ここでも、紛争解決の一回性の要請だけではなく、損害費目相互の流用による審判の弾力化とそれによる被害者救済の拡充の要請であった。このことは、判例が下級審を通じて、原告の主張額をこえた慰謝料（東京地判昭和四二年一〇月一八日判例タイムズ二一二号二〇三頁）、入院治療費（新潟地長岡支部判昭和四三年四月一一日判例タイムズ二二六号六三頁）、そして物損としての修理費（東京地判昭和四三年八月六日判例タイムズ二二七号一六四頁）を認定する必要から、訴訟物一個説を採用することになった背景からも明らかである。

さらに、この学説判例展開の実質的背景として、損害賠償請求では通常はすべての損害費目が一緒に主張されるという実務の実情が前提となっていることを看過すべきではない。すべての損害費目が訴の当初からあるいは追加的に併せて主張されるのが通例であるからこそ、費目ごとに訴訟物を区別しなくとも、当事者の手続保障を損なうことはないのである。費目ごとに訴の併合や変更の手続をとるまでもなく、弁論主義によって費目ごとの損害事実の主張が必要となるから、当事者の攻防の機会は十分に保障される。また、一部請求として特定の費目（たとえば人損や財産上の損害）に限定して訴える場合のほかは、一部の費目を脱落して再度訴えることは稀有のことと考えられる。そこで、このようにまれな事例や一部請求、さらに後遺症による損害の追加請求の場合に、前訴の訴訟物概念の機能、ことにその既判力の範囲を規律する作用が問題となる。

(4)　訴訟物概念の機能

(イ)　訴訟物概念の機能後退　　すでに問題の所在において指摘したように、訴訟物概念だけによって、訴訟過程のさまざまな局面を一律に規律することに対しては強い疑問が提起されている。そのことを前提とすれば、同じ交通事故による損害賠償請求では、根拠法規や損害費目ごとに訴訟物を別個と把握するか否かで、たとえば二重起訴禁止や訴変更手続が左右されることになるとはかぎらない。二重起訴の禁止は訴訟物よりも請求の基礎や主要争点の同一性によって決まり、訴の変更手続も、準備書面による新しい要件事実の主張があれば足ると解する余地があるからである。こうした状況のもとでもなお、訴訟物は審判対象の単位として、訴訟過程における当事者の攻撃防禦の目標を設定し、その結果としての既判力の範囲を規律する機能をもつのであろうか。

(ロ)　攻防目標・攻防規範指示機能　旧訴訟物論によれば、訴訟物として特定された個々の実体的損害賠償請求権が当事者の攻防の最終目標となり、この請求権を根拠づける要件事実（拠権事実）やこれを妨げたり消滅させる要件事実（障権・滅権事実）が訴訟過程における直接の攻防目標となる、と考えられてきた。これはもちろん、実体法規範によって、主張責任や立証責任の分配がきまり、これが訴訟過程における攻防規範としても機能することを前提としている。しかし、このいわゆる規範説による主張・立証責任の分配や主要事実・間接事実の区別に対しては、利益衡量説による批判を初めとする周知の議論がある。ここでこの点に立ち入るゆとりはないが（規範説によるこの問題の整理として、青山善充「主要事実・間接事実の区別と主張責任」講座民事訴訟法4三六七頁以下参照）、少なくとも、実体法規範が当事者の攻防過程の大枠を規律する手がかりとしての機能をもつことを否定することはできない、と思われる。この意味で、旧説によれば、訴訟物は個々の損害賠償請求権を攻防の最終目標として設定することによって、同時に、当事者の訴訟過程における具体的な攻防の道すじ、つまり攻防規範を指示する機能をもつと考えられてきたのである。

これに対して、新訴訟物論によれば、訴訟物は当事者の攻防の最終目標を設定はするが、具体的な攻防の道すじを示す作用、つまり攻防規範を指示する機能をもつことはない。訴訟物としての損害賠償請求を根拠づける実体法規範が多様であれば、攻防規範もまた多様であって、同じ主張事実（たとえば、車の所有者たる被告の過失の存否にあたる事実）でも、民法七〇九条では請求原因事実であり、自賠法三条では抗弁事実となる。だから、訴訟物を特定しただけで当事者の攻防規範が決まることはなく、当事者としては、当初は見通しがたたないままに、当事者は自由に攻撃防禦方法を選択し、弾力的に弁論を展開することが可能になり、訴訟の動態的展開によりよく適合するものといえる。しかし、当事者の自由な攻防に委ねてさえおけば、自ずから争点が形成されるわけではなく、攻防の展開を収斂する規範の大枠を想定する必要がある。たしかに、請求の根拠として競合する実体法規範は、当事者の攻防の多様なすじ道を示す規範として作用することになるが、これが単一の訴訟物の攻防規範として相互にいかに調整されるかは明らかでない。いわゆる規範統合説（ことに全規範統合説）による訴訟物一個説は、そうした攻防規範を統合する一つの試みとして評価することができよう。

(ハ)　既判力の範囲予告機能

(a)　訴訟物が審判の対象として既判力の客観的範囲を決定するものとすれば、不法行為による損害賠償請求の訴訟物を別個とみるか一個とみるかによって、既判力の範囲も決定的に左右される。しかし、現実には、同じ不法行為による同一損害の賠償請求において、その根拠となる一連の事実関係を当事者が陳述すれば、通常は競合するいくつかの不法行為規範の要件事実をすべて同時にカバーするものと考えられる。この場合には、訴訟物が一個か否かで、訴の選択的併合となるか攻撃方法の競合的主張となるかは異なるとしても、既判力の範囲に差異を生ずることはない。しかし、例外的に一部の不法行為規範の要件事実を脱落したまま終局判決が確定した後に、再訴に及んだ場合には、既判力に差異を生ずることになろう。そこで、当事者が通常の注意義務を払って一連の事実関係を陳述すれば一部を脱落することはまれであるような場合には、同一損害の賠償請求における訴訟物は一個とみて、これに原則的な既判力の範囲を予告する機能を認めた方が妥当である、と考える。そのうえでなお、当事者が前訴の訴訟過程において脱落した一部を主張することを期待できない特別の事情があれば、これを既判力によって遮断すべきではない。そうでないと訴訟過程において具体的には手続保障を欠くのに判決の遮断効が及ぶことになるからである。

しかし、さらに一般的に当事者が同じ損害賠償請求の根拠法規の一部を留保するいわゆる質的一部請求を認めることは疑問である。競合する不法行為規範の要件事実は相互に密接に関連し合っているから、その一部のみを特定して陳述することは困難である。だから質的一部請求を認めることは、すでに事実関係は陳述されているのにその法的評価のみを留保して、再訴することを許すことになろうからである。

(b)　他方、不法行為に基づく損害賠償請求において、損害費目の一部のみを特定する一部請求は、濫用にわたる事情がないかぎり、許容すべきであろう。たとえば、自賠法三条を根拠として人損のみの賠償を請求して物損を留保し、あるいは損害額の予測のつきやすい財産上の損害賠償だけを請求して、精神上の損害を留保することも許される（福岡高判昭和三二年四月九日下民集八巻四号七三四頁）。訴訟物を一個とみても、損害費目を特定しているところから、その態様において一部請求であることが示されたものとみることができよう。

この点に関連して、後遺症のために前訴の口頭弁論終結後に生じた損害の賠償を既判力に遮断されずに追加請求することができるかが問題となる。前訴の基準時において予測できなかった損害の賠償を追加請求することができることには異論はない。ただ、判例はこれを一部請求における残額請求として根拠づけ（最判昭和四二・七月・一八日民集二一巻六号一五五九頁）、有力学説は既判力の時的限界として把握する（五十部豊久「損害賠償訴訟の訴訟物、後遺症と前訴判決の既判力」法学セミナー一九六八年五号六二頁、上村明広「調停後の損害の増大と訴の提起」続判例百選一八〇頁など）。しかし、前訴判決の遮断効の及ばない実質的な根拠は、前訴において当事者が予測をこえた後遺症による損害賠償を請求することを期待できず、したがって当事者にその提出責任を問いえないところにある。これを一部請求として当事者の留保意思にかからせるのはやや無理があり、時的限界と説明するのも、前訴においてその提出を期待できたかどうかを判断する一つの基準を示すものにすぎないと解すべきである（吉村徳重「損害賠償請求」演習民事訴訟法上二二九―二三〇頁（本書二〇四―二〇五頁）も同趣旨である）。

（小山昇＝中野貞一郎＝松浦馨＝竹下守夫編『演習民事訴訟法』、一九八七年）

第一〇章　一部請求と判決効

一　一部請求の概念

(1)　一部請求とは

「一、〇〇〇万円の債権のうち、さしあたり三〇〇万円の支払を求める」というように、量的に可分な特定の債権について、まずその一部だけを分割して訴求することをいいます。このいわゆる一部請求が、訴として適法であることについては異論はなく、訴求された三〇〇万円を限度として（民訴一八六条〔現二四六条〕参照）、請求を認容または棄却することになります。しかし、この判決の確定後に、残額七〇〇万円の支払を求める、残部請求が前訴の既判力によって排斥されるかどうかについては争いがあり、これが一部請求の核心となる問題です。一部請求における審判の対象（訴訟物）が、債権全部であるか、あるいは債権の一部にかぎられるのかによって、その既判力や時効中断の効力が残部に及ぶかどうかが決まり、さらに係属中の訴求額の拡張や減縮が訴の追加的変更や一部取下げとなるか、あるいは単に給付判決を求める上限の変更にとどまるかも決まる、とされてきました。

(2)　一部請求の態様

しかし、一部請求には、設例のように、請求の趣旨や原因からみて、特定債権の一部を訴求していることが明らかな場合（明示の一部請求）もあるし、当初は一部であることを明示せず、確定判決を得たのちに、実は前訴は一部であったとして、残額を訴求する場合（不明示の一部請求）もあります。さらに、一、〇〇〇万円のなかから、すでに弁済や過失相殺により七〇〇万円をみずから差し引くとして、三〇〇万円を訴求したり（差引請求）、限定承認ありとして、初めから責任財産を限定して訴えることもあります（最判昭和四九年四月二六日民集二八巻三号五〇三頁参照）。他方、三〇〇万円の損害賠償を認める確定判決を得たのち、予測できなかった後遺症による損害七〇〇万円を追加請求することもあります（最判昭和四二年七月一八日民集二一巻六号一五五九頁はこれを許可）。残部請求を許すかどうかも、これらのさまざまな態様ごとに検討し、それぞれの事情に適した解決のできる基準を求めなければなりません。

(3)　質的一部請求との区別

一定額の給付請求において、請求原因として手形債権や売買代金債権だけを理由づける事実をかかげて敗訴したのち、それぞれにこれと競合する原因債権や売買目的物の不当利得返還請求権により、同一額の給付を再び訴求できるか。訴訟物についての旧説はいうまでもなくこれを認めますが、新説のもとでも、この場合の前訴を質的一部請求として、後訴請求を許す余地が考えられます。しかし、これは前述の量的一部請求とは区別されます。

二　一部請求の実用性と学説・判例の状況

(1)　一部請求の実用性

とりわけ不法行為による損害賠償請求訴訟のように、その勝敗や認容されるであろう数額の予測が困難であったり、被告の資力に不安がある場合には、実務上、一部請求が多く利用されます。原告としては、初めから多額を訴えて訴状貼用の印紙代や弁護士費用の浪費となることを避け、ひとまず一部だけを分割訴求する利益ないし必要性があります。また、一部であればその立証も簡単にすむことが多く、結局、権利の低廉で迅速な満足を確保することができます。

(2)　分割訴求肯定説

こうした原告の分割訴求の利益に加えて、もともと訴訟外では権利の分割行使ができるのだから、この私的自治を反映して処分権主義をとる訴訟上も、分割訴求は許されると説きます。つまり、審判の対象は当事者の申立によって決定されるから（民訴一八六条〔現二四六条〕参照）、原告の分割訴求した債権の一部だけが訴訟物となり、債権全体が判決理由で判断されても、既判力は残部には及ばない（同一九九条〔現一一四条〕一項）というわけです。被告の応訴の煩わしさという不利益は、前訴係属中に残部不存在の中間確認の反訴（同二三四条〔現一四五条〕・二三九条〔現一四六条〕）を起こして避けることができるし、権利濫用にわたるような極端な分割訴求は、訴の利益なしとして却下すれば足りるというのです。

(3)　分割訴求否定説

同じ権利につき何度も応訴を強いられる被告の立場や審理判決を繰り返さなければならない裁判所の立場を強調して、原告の都合によって権利の一部を分割訴求することは許されないと説きます。債権の一部を訴求しても債権全体が訴訟物として審判されるから、残額請求は原則として既判力によって妨げられるというのです。ただ、訴求された一部が債権のどの部分か特定できないから、債権全部が訴訟物となるのだと説く有力説は、特定できる標識があれば（たとえば、担保権の付いた部分、反対給付にかかる部分、履行期が異なる部分など）、分割訴求を認めます。他方、こうした識別標識という形式的な基準だけでは、分割訴求の可否は決まらないとして、さらに、「紛争解決の一回性の要請と当事者の分割請求について有するであろう便宜との比較考量から個別的に判断される極めて政策的な問題である」とする見解も主張されています。これによれば、一回的解決についての被告や裁判所の利益を重視して、残額請求は原則として許すべきではなく、かりに許すとしても、債権の存否の判断には争点効がはたらくことになります。

(4)　判例・一部学説の対応

判例は一部請求の態様に応じて、いわば制限的に分割請求を肯定しようとしています。すなわち、明示の一部請求においては（時効中断の効果は残部に及ばない――最判昭和三四年二月二〇日民集一三巻二号二〇九頁）、その既判力は残部に及ばない（最判昭和三七年八月一〇日民集一六巻八号一七二〇頁）が、明示のないときは（時効中断の効果は全部に及ぶ――最判昭和四五年七月二四日民集二四巻七号一一七七頁）、前訴請求の態様によって全部として訴求したものと認められるならば、その既判力によって、残部請求を排斥するというのです（最判昭和三二年六月七日民集一一巻六号九四八頁）。学説のなかにも、こうした判例の立場を支持するものが多く、さらに、明示の一部請求においても、請求が棄却された場合のように、実質的に審判されたかぎりでは、残部請求にも既判力が及ぶとする見解もあります（判例は、明示の一部請求が棄却された場合には、信義則によって残部請求を排斥します。最判平成一〇年六月一二日民集五二巻四号二四七頁）。

三　一部請求における利益考量と理論構成

(1)　利益考量の意味と位置づけ

分割訴求の可否を決めるについて、一方では原告の分割訴求の利益と、他方では被告の応訴の繰返しを避ける利益や裁判所の訴訟経済の利益との比較考量が決定的な意味をもつことは疑いがありません。すでにみたように、肯定説や否定説は、それぞれ、こうした利益考量をしてきました。ただ、その際には、第一に、考量さるべき諸利益の具体的内容が実情に即して把握されなければならないし、第二に、これらの諸利益が、どのように相互に関連し調整さるべきかの基準を明らかにするため、私法理論との関連をも含めた法体系上の位置づけが必要であると思われます。そうでないと、肯定説・否定説が、それぞれ、抽象的に一方の利益のみを強調し、結局は政策的立場の差異として、相互に調整する余地すら失うことになるからです。

(2)　私的自治・処分権主義とその制約

私的自治による権利の分割行使の自由が、ストレートに訴訟上に反映して分割訴求を許すことにならないのはいうまでもありません。処分権主義を論拠とする肯定説も、私的自治の尊重に加えて、原告の側の分割訴求の利益ないし必要性を前提としています。私的自治の内在的制約としての自己責任や信義則も、訴訟上は、私法におけるとは異なった現われ方をします。権利濫用にわたる極端な分割訴求が排除されるだけではすみません。一部請求における請求の態様や審判の経過からみて、被告としては同じ権利についての訴訟はすでに解決済みであると信頼できる事情があれば、原告の責任において被告の信頼利益を保護すべきであると思われます。訴訟における権利の行使・処分は、請求に対する審判の結果として、裁判外のそれと対比されるのですから、残額請求を排斥する判決の効力も、こうした当事者の自己責任ないし信頼保護によって正当化されると考えられるからです。

(3)　明示の有無と後遺症および残部請求における争点効

一部の明示の有無により残部を排除するかどうかを決める判例や一部学説の立場は、こうした配慮によって是認できます。だから「明示」の有無といっても、原告の一挙手一投足が問題なのではなく、請求の趣旨・原因からみて、一般的に（相手方にとっても）一部請求と認められるかどうかが決め手となります。全部請求として防禦して審判を得た被告の信頼を裏切ることはできないからです。判例が後遺症による後訴請求を許すのも（前出判例）、前訴において予測できない後遺症まで含めて主張し決着をつけることを、原告には期待できないし、被告としてもこの点まで解決済みと信頼できる立場にはないからであると考えられます。

残部請求を許すときには、一部請求訴訟における債権自体の存否の判断については争点効がはたらくとする見解も、同様の考量によって是認されます。前訴における審理の経過からみて、この点のむし返しは信義則に反し相手方の信頼に背くことになるからです。

(4)　被告の応訴の煩と訴訟制度運営上の要請

分割訴求否定説は、被告と裁判所の立場を力説して、私的自治の訴訟上の反映を否定します。たしかに、裁判外の権利の分割行使の自由は、訴訟上は制度的な制約をうけます。ただ、権利保護のためのサービス機関としての裁判所の立場からは、分割訴求の正当な利益ないし必要性が認められるかぎり、これを禁圧することは妥当ではないと考えられます。損害賠償請求訴訟における損害額の予測困難な場合の費用節約の必要性や契約上の債権について担保権の付かない部分をまず訴える利益などは、裁判所の訴訟経済というだけで否定できるものとは思われません。

また、被告の応訴の煩雑という考量から、一部「明示」の有無にかかわらず常に残額を遮断するとすれば、これは、前述したような、訴訟における権利の分割行使に対する信義則による内在的な制約をこえる規制となります。そこでは、単なる当事者間の公平をこえて、訴訟制度運営上の公益の要請に基づき、前述した分割訴求の利益ないし必要性まで否定するという政策決定が前提となっています。これでは、本来私人間の利益の調整を図る民事訴訟において、公益の要請から一方の当事者だけに利益（他方に不利益）を帰するというおかしな結果になります。裁判所における審判の重複や衝突を避けるという公益の要請も、分割訴求や争点についての審判のむし返しが、当事者間の公平の視点から、信義則上排斥されるかぎりにおいて正当化され、確保されるとすれば足りるのではないでしょうか。

四　結論――判決効と手続保障

以上、要するに、特定の債権の分割訴求は、まず、原告に分割訴求の正当な利益が認められる場合であって、さらに、前訴における請求の態様や審判の経過によって相手方に生ずべき解決済みとの信頼の利益をそこなわないかぎりにおいて、肯定されることになります。これは、既判力や争点効という国家制度としての判決の効力でも、私人間に妥当する自己責任や信義則ないし手続保障によって正当化されるかぎりで根拠をもつという新しい立場を前提としています。否定説は、同じ立場から、当事者は一部請求訴訟でも残部を主張する権能と機会をもつのだから、手続保障があり、残部請求は既判力によって遮断されると説くものと思われます。しかし、残部の失権効を正当化するためには、単に主張の権能や機会があるだけでは十分ではなく、さらに、主張の必要性――少なくとも主張がまさに期待されていた事情がなければなりません。もともと分割行使の自由な債権について、「明示」の一部請求をした訴訟では、こうした残額主張の必要性ないし期待可能性を私的自治に内在的な制約としての自己責任や信義則から導き出すことは無理だと思われます。残額を含めた債権全体が訴訟物だからと説明することは答になりません。そのための実質的根拠が問われているのですから、やはり、こうした全額主張の必要性は、私人間の公平の観点をこえた国家公益上の要請に基づくものといわざるをえないと思われます。また、単に主張の権能や機会をもつというだけであれば、処分権主義や弁論主義の妥当しない職権探知の訴訟手続でも認められるものですが、この種の訴訟においては、そのかぎりで判決の失権効が拡張されることがあります（人訴九条・二六条・三二条三項〔現二五条〕参照）。しかし、これはもともと、問題となる権利・利益の公益的性格によるものであって、私的自治に委ねられた権利・利益を対象とする通常の民事訴訟においては、こうした抽象的な手続保障だけで既判力を正当化することはできないと考えられます。

【参考文献】

兼子　一「確定判決後の残額請求」民事法研究一巻（酒井書店）一九五〇年
村松俊夫「金銭債権の一部請求」民訴雑考（日本評論新社）一九五九年
三ケ月章「一部請求判決の既判力論争の背景」民事訴訟法研究三巻（有斐閣）一九六六年

新堂幸司「既判力と訴訟物」法学協会雑誌八〇巻三号
井上正三「『一部請求』の許否をめぐる利益考量と理論構成」法学教室〔第二期〕八号
（原題「一部請求」。竹下守夫＝谷口安平編『民事訴訟法を学ぶ』、一九七七年）

第一一章　限定承認の留保付判決の効力

昭和四九年四月二六日最高裁判所第二小法廷判決
（昭和四六年(オ)第四一一号否認権行使による損害賠償請求事件）
民集二八巻三号五〇三頁

一　判決要旨

被相続人に対する債権につき、債権者と相続人との間の前訴において、相続人の限定承認が認められ、相続財産の限度での支払を命ずる判決が確定しているときは、債権者は相続人に対し、後訴によって、右判決の基礎となる事実審の口頭弁論終結時以前に存在した限定承認と相容れない事実を主張して右債権につき無留保の判決を求めることはできない。

二　事　実

本件訴訟に先立つ前訴の経過は次の通りである。訴外Aは訴外Bに対する債務を担保するためA所有の家屋につき抵当権を設定するとともにいわゆる代物弁済の予約を結んだ。Aが弁済しなかったのでBは代物弁済予約の意思表示をしてその所有権を取得し、さらにこれを訴外Cに譲渡し登記をした。その後Aは破産宣告をうけX（本件原告、控訴人、上告人）が破産管財人になった。XはAの代物弁済予約を否認して建物を破産財団に回復しようとしたが、建物はすでに善意のCに譲渡されていたので（破八三条〔現一七〇条〕参照）、Bを被告として否認訴訟を提起し、代物弁済を否認するとともに（破七二条〔現一六〇条一項〕一号）、建物の返還に代えその価額四、〇〇〇、〇〇〇円の償還支払を請求した。第一審係属中にBが死亡したが、その共同相続人Y_1～Y_4（本件被告、被控訴人、被上告人）は、昭和三三年一二月九日に家庭裁判所に限定承認の申述をし、同一六日に受理され、Y_1が相続財産管理人に選任された。そこで、Y_1は相続財産管理人として否認訴訟を受継し（民訴二〇八条〔現一二四条一項一号〕）、Bの相続人らが限定承認した旨の主張をした。一審裁判所は、この抗弁を容れて、「Y_1はXに対し金六六九、〇〇〇円および遅延損害金をBの相続財産の限度で支払え。Xのその余の請求を棄却する」と判決した。Xは控訴し、建物の時価相当額が金一一、一九二、八〇〇円であるとして、一審で認容された六六九、〇〇〇円のほかに、これを差引いた一〇、五二三、八〇〇円の支払を求めて請求を拡張し、他方では限定承認をうけ入れて「金一〇、五二三、八〇〇円をBの相続財産の限度で支払え」との判決を求めた。二審裁判所は、昭和三九年一月一八日に口頭弁論を終結したうえ、Xの否認権行使当時の建物の時価を四、七八五、〇〇〇円と認定し、これから一審認定の六六九、〇〇〇円を差引いて、――原判決中のその余の請求を棄却した部分を取消すとともに――「Y_1はXに対して金四、一一六、〇〇〇円を相続財産の限度で支払え。当審で拡張したその余の部分の請求を棄却する」と判決した。これに対してXY_1ともに上告したが、昭和四二年六月二二日に上告棄却の判決があり、前記判決は確定した。

本件訴訟である後訴は、前訴が上告審に係属中の昭和三九年六月二三日、Xが原告となり、今度はY_1～Y_4を被告として、右前訴で認められた四、七八五、〇〇〇円を各相続分で分割した金額（Y_1は一、五九五、〇〇〇円、Y_2～Y_4は各一、〇六三、三三三円）および遅延損害金を、相続財産の限度にかかわらず支払えとの判決を求めた。Xはその根拠として、被告らが限定承認を申述するにあたり、相続財産の一部を隠匿し悪意でこれを目録中に記載しなかったから、民法九二一条により単純承認をしたとみなされると主張した。これに対してY_1らは、かりに限定承認無効事由があったとしても、これは前訴の第二審口頭弁論終結以前に生じたものであって、Xは前訴で限定承認の無効を主張しなかったから、前訴判決の既判力によりその提出は許されないと主張した。一審判決は次のように判示した。「前訴はBの相続財産管理人を被告とするものであるが、これに対する前訴の判決は、Bの相続人たる本訴の被告らに対しその効力を有するものであるから、本訴請求中、償還金四、七八五、〇〇〇円および……遅延損害金を被告らの相続分に応じて支払を求める部分……については、前訴における確定の給付判決が存在し、したがって特別の必要がないかぎり、再訴の利益がないものといわなければならない」。ついで限定承認無効の主張について、「しかし原告主張の償還金等の請求については、前訴で『相続財産の限度で支払え』という責任限定の判決がされ、右請求権はかかる制限の付着したものとして訴訟上確定したのであるから、原告が本訴で前訴第二審口頭弁論終結時までに存在したはずの限定承認無効を主張してもこれを審理して前訴判決と異る判断をすることは、前訴判決の既判力により許されないところである。したがつて原告の右主張は採用しがたい。してみると、本訴請求……は、訴の利益を欠くから、不適法として却下すべきである」。Xは控訴したが控訴裁判所は、ほとんど新たな理由を付加することなく控訴棄却。X上告。上告理由のうち判旨に関連する第一点の内容は次の通りである。

三　上告理由

第一点　(一)　Xは前訴において「相続財産の限度で支払え」という判決を求める請求をし、その旨の確定判決をえたが、これは一部請求に対する判決であるから、前訴の既判力は「相続財産の限度で支払え」という部分についてのみ生じ、相続財産の限度外のもの、即ち残額については訴もなく、判決もなく、前訴の既判力は本訴に及ばない（最判昭和三七年八月一〇日民集一六巻八号一七二〇頁を引用）。

(二)　前訴においてはY_1らが限定承認の申述が家庭裁判所で受理された旨の証明書を提出したので、Xは相続財産の限度で支払えと請求を減縮し、裁判所もこれに応じて判決主文において請求どおり当然の留保を付したものである。したがって、前訴においては、限定承認や限定承認の無効即ち法定単純承認は争いとなっておらず、審判の対象にもなっていないから、これが訴訟物たる権利関係になったわけではなく、既判力も生じない。訴訟物の前提である先決関係について判決理由中で判断してもこの点に既判力を生ずることはない。ことに前訴は限定承認については争いもなく裁判所の判断もないので、後訴において裁判所は前訴と異る判断をなしうる（最判昭和三〇年一二月一日民集九巻一三号一九〇三頁を引用）。

㈢　限定承認、法定単純承認は関係人の利害に関すること最も大であり、その効果は一般第三者に対して画一的に認められるべき絶対性を有するもので、限定承認の効果が前訴を追行したXとの関係では相対的に有効で、他の利害関係人との関係では無効となるような関係を認めるべきではない。

㈣　Xは前訴では相続財産の限度で執行名義を得たが、相続財産の限度を超える部分、即ち相続財産の限度にかかわらない部分につき執行名義を取得するために本訴を提起したもので、既判力は及ばない。

四　判決理由

本件上告を棄却する。

上告理由第一点について　「被相続人の債務につき債権者より相続人に対し給付の訴が提起され、右訴訟において該債務の存在とともに相続人の限定承認の事実も認められたときは、裁判所は、債務名義上相続人の限定責任を明らかにするため、判決主文において、相続人に対し相続財産の限度で右債務の支払を命ずべきである。

ところで、右のように相続財産の限度で支払を命じた、いわゆる留保付判決が確定した後において、債権者が、右訴訟の第二審口頭弁論終結時以前に存在した限定承認と相容れない事実（たとえば民法九二一条の法定単純承認の事実）を主張して、右債権につき無留保の判決を得るため新たに訴を提起することは許されないものと解すべきである。けだし、前訴の訴訟物は、直接には、給付請求権即ち債権（相続債務）の存在及びその範囲であるが、限定承認の存在および効力も、これに準ずるものとして審理判断されるのみならず、限定承認が認められたときは前述のように主文においてそのことが明示されるのであるから、限定承認の存在及び効力についての前訴の判断に関しては、既判力に準ずる効力があると考えるべきであるし、また民訴法五四五条二項〔現民執法三五条二項〕によると、確定判決に対する請求異議の訴は、異議を主張することを要する口頭弁論の終結後に生じた原因に基づいてのみ提起することができるとされているが、その法意は、権利関係の安定、訴訟経済及び訴訟上の信義則等の観点から、判決の基礎となる口頭弁論において主張することのできた事由に基づいて判決の効力をその確定後に左右することは許されないとするにあると解すべきであり、右趣旨に照らすと、債権者が前訴において主張することのできた前述のごとき事実を主張して、前訴の確定判決が認めた限定承認の存在及び効力を争うことも同様に許されないものと考えられるからである。

　そして、右のことは、債権者の給付請求に対し相続人から限定承認の主張が提出され、これが認められて留保付判決がされた場合であると、債権者がみずから留保付で請求をし留保付判決がされた場合であるとによって異なるところはないと解すべきである。

　これを本件についてみるに、原審の適法に確定したところによると、本訴請求中『Y_1に対し金一五九万五〇〇〇円及び……遅延損害金、Y_2、Y_3に対し各金一〇六万三三三三円三三銭及び……遅延損害金』の支払を求める部分については、先にXを原告とし亡Bの相続財産管理人Y_1を被告とする前訴（……）において、『相続財産の限度で……支払え』との給付判決が確定しており、Bの相続財産管理人に対する右判決の効力が相続分に応じBの相続人である右Y_1らに及ぶことは明らかである。そして、Xが本訴で主張する法定単純承認の事由は、前訴の第二審口頭弁論終結時以前に存在していた事実であるというのであるから、上告人の右主張は前訴の確定判決に牴触し、またこれに遮断されて許されず、本訴請求中前記部分は不適法として却下を免れないといわなければならない。」　裁判官全員一致で上告棄却（岡原昌男、小川信雄、大塚喜一郎、吉田　豊）

【参照条文】　民法九二一条・九二二条、民訴法一九九条〔現一一四条〕一項・五四五条二項〔現民執法三五条二項〕。

五　批　評

判旨には疑問がある。判決要旨とされている留保判決の効力（後述⑵）についての結論の部分は——前訴が相続財産管理人を被告とする訴訟であったこと（後述⑶）を度外視すれば——、おそらく正当と思われるが、判決理由におけるその理論構成には問題がある。

⑴　限定承認による有限責任の法的性質とその訴訟上の取扱

一般に限定承認をした相続人は、相続債務の全額を負担するが、責任は相続財産の範囲に限られると解されている。債務と責任が分離する典型的な事例とされる。しかし、債務と責任との関係については、これを不可分とみるか可分とみるか、あるいは責任を債権の実体法的属性とみるか訴訟法の領域に属するとみるかなど、さまざまな視点からの異なった理解があり（磯村哲「債務と責任」民法演習Ⅲ一頁（昭三三）参照）、この差異が限定承認を訴訟上いかに取り扱うかに影響を与えずにはおかない。

まず、限定承認の場合の相続財産は、それ自体独立の特別財産ないし財団として一種の法主体性をもつと構成すれば、相続財産の債務と責任は一体としてこれを分離する必要がない。この見解によれば、相続財産がみずから訴訟当事者となり、相続人や相続財産管理人はその代表者として訴訟追行にあたり、判決は相続財産の債務と責任を一体として確定するから、とくに「相続財産の限度に」責任を留保する必要はなく、相続人の固有財産について判決効を及ぼすことはない（磯村・前掲論文九頁、山木戸克己「判批」判例タイムズ二九四号九〇頁（昭四八））。

ついで、限定承認における債務と責任を概念的に区別する通説を前提としても、なお両者の関係をいかに解するかによって、限定承認の訴訟上の取扱が異なってくる。責任を債権の執行可能性とみる立場を徹底し、有限責任はもっぱら執行対象の制約であると解すれば、実体法上の債務を確定する判決手続では限定責任を顧慮することなく無制約の給付判決をすべきであり、これにより相続人の固有財産に執行されれば第三者異議の訴により救済できる、ということになる（長山曝根「相続の限定承認の場合に於ける給付判決の主文と強制執行との関係―判例に対する若干の疑問―」司法協会雑誌二二巻一〇号四〇九頁（昭一八））。しかし、債権の強制（執行）可能性としての責任は、実体法上の債権の属性であると解するのが一般であるから、限定承認の抗弁も判決手続において判断され、これが認められれば、判決主文において「相続財産の限度で」支払を命ずる留保付判決をすべきことになる（兼子一・増補強制執行法（弘文堂）五〇頁（昭三〇）、伊藤利夫「相続の限定承認に関する給付判決と強制執行―長山判事の所説を中心として―」司法協会雑誌二三巻二号四九頁（昭一九）、喜頭兵一「相続の限定承認と給付判決―大審院の一判例に付て―」司法協会雑誌一三巻一号一七頁（昭九））。判例も大判昭和七年六月二日（民集一一巻一〇九九頁）をリーディングケースとして同様の取扱を認める。

もっとも、判決手続において限定承認の抗弁が提出されず、そのまま無留保の給付判決が確定した後にも、限定承認を主張できるかについては見解が分かれる。通説は口頭弁論終結前に存した限定承認事由は既判力によって遮断されるとする（菊井維大・判例民事法昭和一五年六事件、河本喜与之「判批」民商法雑誌一二巻一号九七頁（昭一五）、斎藤秀夫・総合判例研究叢書民事訴訟法⑵一三〇頁（昭三二）など）が、兼子説は限定承認による有限責任が執行段階で初めて問題になることを理由に、執行文付与手続においてこれを主張できるとする（兼子・前掲書五二頁、同旨、伊東乾「第三者異議の訴」民事訴訟法演習Ⅱ一四四頁（昭三九））。この立場でも、判決手続において限定承認が主張されたうえでこれを排斥して無留保判決がなされた場合にも再度執行段階においてこれを提出できる趣旨ではないから、同じ無留保判決が判決理由中の判断の違いによって異なった効果を生ずることになる。つまり、限定承認による有限責任の有無については、判決手続において審判された場合には既判力の遮断効が及ぶが、そうでなければ及ばないという結果になる。この結果を正当化するには、有限責任が執行段階で初めて問題になるというだけでは十分ではない。さらに、既判力の遮断効を現に審判された事由にかぎるとする一部ドイツ理論や既判力の遮断効の信義則による制約を認める見解に立つ必要があろう。大判昭和一五年二月三日（民集一九巻一一〇頁）が、無留保判決に対して限定承認を主張して請求異議の訴を提起できるとしたのは、具体的な事件の処理の適否は別としても、こうした信義則による遮断効の制約を認めたものと位置づけるべきであろう。

(2)　限定承認による留保付判決の効力

(イ)　限定承認を認めて「相続財産の限度で」支払を命ずる留保付判決確定後に、口頭弁論終結前に存した限定承認の無効＝法定単純承認の事由を主張して再訴できるのかという本件の問題は、無留保判決の効力について右に論じた問題と表裏の関係をなす。被告の限定承認の抗弁を認めて留保付判決がなされた場合には、これを一部認容判決とみるのが通説の立場である（菊井＝村松・民事訴訟法Ｉ五九九頁、三ケ月章・民事訴訟法一五五頁、斎藤秀夫・民事訴訟法概論二二二頁、新堂幸司・民事訴訟法二三二頁）。請求の一部認容判決であれば、「その余の請求」を棄却すべきことになろうが、限定承認の場合の留保付判決は、債務については全部を認容し、執行との関係で責任だけを制限するにすぎないところから、実際には一部棄却は判示されず、この点の理解が必ずしも明確でなかった（この問題点を指摘する霜島甲一・民事訴訟判例百選一三八頁（昭四〇）、および、これを責任確定訴訟の考え方によって明快に説明する谷口安平・本件判批・判例時報七六五号一四六頁（昭五〇）参照）。しかし、実体法上の債権関係については、その属性としての債務と責任とを概念的に区別できるのであって、一般の場合には、債務者の総財産を引当として責任を負うことが当然に前提とされているために表面に現れないのに対して、有限責任の場合には、債務者の総財産のうち特定の財産（相続財産）だけによって責任を負うことが顕在化し、その旨をとくに判決することが必要となるにすぎない。責任財産をとくに限定しない給付の請求がなされた場合に限定承認を認めて留保付判決をすることは、請求の内容をなす債務については全部認容するが、責任については一部（相続財産の責任）を認容し、その余（固有財産の責任）を棄却する判決を含んでいると解すべきである（同旨、谷口・前掲判批）。そうであれば、前訴の口頭弁論終結前に存した限定承認無効事由を主張することが右の棄却部分の既判力に遮断されることは、従来の理論の認めるところである。

(ロ)　しかし本件においては、原告が限定承認を認めてみずから「相続財産の限度で」支払を求める請求をした場合であった。相続財産の範囲に責任を限定した請求に対して、相続財産の限度で支払を命じた留保付判決は、請求の一部認容判決とはいえない。この場合には限定承認につき原告の先行自白があるとの見解もある（小山昇・本件判批・判例タイムズ三一四号一一三頁）。この立場では、原告の請求が責任財産を限定していないか、限定していてもこれに拘束されないことを前提として、留保付判決を一部認容判決とみることになろうが、擬制的にすぎるか、申立事項（民訴法一八六条（現二四六条））を無視することになって疑問である。

ところで、上告理由は本件の前訴請求を一部請求であると主張する。事実、本件に類似して問題になる事例である、一〇万円の債権のうち四万円の弁済を認めて残部六万円の支払を求める請求については、一方でこれを明示の一部請求としながら、他方で四万円の弁済部分を追加請求することを許さない根拠が問われている（これを弁済自認のもつ禁反言に求める、奥山興悦「債権の残額請求と弁済の抗弁」判例タイムズ二二一号四一頁（昭四三）参照）。債務金額ではなく責任財産だけを一部に限定して請求する場合を一部請求といえるかは問題であり、従来の取扱はこうした一部請求を認めていない（本件判決もその前提に立つ）。しかし前述のように、債務と責任とを訴訟物のいわば対等な構成要素とみる立場では、責任財産を相続財産に制限した請求を、一部請求におけると同様に、訴訟物を一部に特定したものと解し、固有財産を責任財産とする請求とは訴訟物を異にすると構成する余地がないわけではない（Henckel, Parteilehre und Streitgegenstand im Zivilprozess, S.60（1961）は、責任制限の可能な場合は、被告が留保付判決で執行を制限できることの均衡上、原告も当初から責任限定の請求をし、後に同一債権について他の責任財産を訴えることを認める）。かりにこうした一種の一部請求を認めるとしても、限定承認によって責任を制限した請求は、単純に、数量的に可分な債務者の総財産のうち相続財産による責任を分割請求し、固有財産による責任を留保したのではない。むしろ逆に、限定承認によって〈固有財産による責任を排斥し、相続財産の限度に責任を制限した債務〉を主張した請求であって、その意味で、前訴請求は——責任の範囲についても——、その主張態様からみて、訴訟物の一部ではなく全部として訴求したものに他ならない。こうした場合については、すでに、最判昭和三二年六月七日（民集一一巻六号九四八頁）の先例が判示するように、「その請求の全部につき勝訴判決をえた後に、今さら右請求が訴訟物の一部の請求にすぎなかった旨を主張することは、とうてい許されない」とすべきであろう。したがって、本件でも前訴の口頭弁論終結前に存した限定承認無効事由を主張し、前訴請求を一部請求であったとして残部の財産（固有財産）に責任の範囲を拡げた請求をすることは許されない。ただ、前訴の主張態様からみれば全部として訴求された請求も、結果的には一部請求にすぎなかった場合に、なぜに残部を追加請求できないのかについては——ことに一部請求を認める多数説の立場からは、さらに問題が残る。右の先例は、この理由を「債権者が分割債務を主張して一旦確定判決をえたときは、更に別訴をもって同一債権関係につきこれを連帯債務である旨主張することは、前訴判決の既判力に抵触し、許されない」からであるとする。これは請求の法的性質決定に拘束力を認めて、この確定判決の既判力は被告のためにも作用すること（双面性）を根拠に追加請求を許さない趣旨と解される。この先例に従えば、債権者がみずから限定承認により相続財産に責任を制限した請求をし、確定判決をえたときには、同じ債権関係につきさらに法定単純承認を主張することは、前訴判決の既判力による性質決定に妨げられると説明することが可能になる（同旨、谷口・前掲判批）。

しかし、より厳密にみれば、前訴請求は後訴請求の対象である残部（固有財産）をも含めて全部として訴求されたわけではないから――前訴と後訴は訴訟物を異にするとすれば――、前訴判決の既判力が当然に後訴に及ぶとはいえない。また、〈相続財産の範囲に責任を限ること〉は判決主文の判断であっても、これが限定承認によるのか、当事者間の合意によるのか、あるいは単に原告の責任財産を限る申立に制約された（民訴法一八六条〔現二四六条〕）ためかは、判決理由をみなければ分からない。責任の範囲を訴訟物の構成部分とみても、その判断の前提となる限定承認の存在は先決事項にすぎないから、これを「訴訟物に準ずるもの」といえるかは疑問である。そこでむしろ端的に、前訴を一部請求と認め、後訴の残部（固有財産）請求においては、前訴判決理由中の限定承認の判断にいわゆる争点効を認めるとする構成も考えられる（新堂幸司「既判力と訴訟物」法学協会雑誌八〇巻三号二九五頁（昭三八）参照、なお、同・民事訴訟法四三二頁は、限定承認の存否が争われ、これにつきなされた判断に争点効が生じる、とし本件判例を引用する）。しかし本件のように限定承認が争われずに留保付請求がなされ、これに対する留保付判決の理由とされている場合には、争点効の要件を備えているとはいえない（上告理由第一点(二)参照）。

このように考えてくれば、結局、前訴における主張態様からみて全部として請求し、これが全部として審判されたのに、後訴において実は一部にすぎなかったとして残部を請求することは、信義則ないし禁反言に反して許されないとする根拠づけが残される。本件の場合には、前訴において原告みずから、限定承認による留保付判決を請求し認容されたのに、後訴でその限定承認の無効を主張して無留保判決を求めるのは、信義則に反することになる。これはいわゆる争点効における配慮と類似するが、なおこれと区別されるのは、単に判決主文を理由づける攻撃防御方法の判断ではなく、前訴の訴訟物たる権利関係を「全部として」訴求し、これが確定されたことに、争点効とは異なった配慮を要する信義則の類型化が認められたためである。一般的には「全部として」訴求されたものに対して、「全部として」防御した被告の信頼利益の保護、とくにその不意打ち防止の要請が、残部請求を許さない根拠とされよう。こうして、前訴がその主張態様から全部請求と認められる場合には、信義則によって残部請求を許さないことは、同一債権関係についての残部請求を前訴の訴訟物と別個のものと主張できないとの趣旨に解されるが（この点では、一部請求を否定する少数説に近づく）、そうであれば結局、前訴を全部請求として審判した確定判決の既判力（双面性）が後訴請求に及ぶとする立場と異なるところはないことになる。ただこのように考察すれば、前訴における主張態様からみて一部請求となるか全部請求となるかによって、残部請求における前訴判決の既判力が左右される、とする判例理論が、実はすぐれて当事者間の信義則の配慮に支えられたものであることが明らかになる。そうであれば、相続人の財産目録不実記載のように被告の生活圏内の事情で原告に主張させるのが期待できなかった場合には、後訴における主張を遮断するのは却って信義則に反することも考えられる。前訴で予測できなかった手術費用の追加請求を認めた先例（最判昭和四二年七月一八日民集二一巻六号一五五九頁）と同様に、こうした場合にも信義則の視点から追加請求を認める余地があろう。

(ハ)　ところで本件判決理由は右の立場とはかなり異なった見解に立っているように思われる。第一に判決理由は、一方では、前訴の訴訟物は直接には債権（相続債務）であるが、限定承認の存在と効力も「これに準ずるものとして審理判断され」「主文に明示されるから……既判力に準ずる効力」を生ずるとし、他方では、民訴法五四五条二項（現民執法三五条二項）の趣旨から前訴で主張できた限定承認の無効を主張して確定判決の効力を争うことができないとする。「既判力に準ずる効力」とは何か、これと民訴法五四五条二項（現民執法三五条二項）の法意との関係はどうかなど必ずしも明確でない。おそらく、訴訟物たる債務とは異なり、限定承認の存在と効力とは訴訟物を内容的に性質決定するものであるから、「既判力に準ずる効力」を生じ、同じ債権（債務）についての後訴でこの性質決定を争う主張は、五四五条二項（現民執法三五条二項）によって遮断される、との趣旨であろうか。しかし、責任の範囲を訴訟物たる債務の内容なり属性とみるか、あるいは前述のように債務とともに訴訟物の構成要素とみるならば、限定承認による責任範囲の限定も訴訟物の内容ないし訴訟物自体として審判され、判決主文で判断されて既判力を生ずるにすぎない。責任財産を限定する判決内容を争うために基準時前の限定承認無効事由を主張できないのは既判力の遮断効によるもので、限定承認の存在と効力をとくに「訴訟物に準じて審理判断」しこれに「既判力に準ずる効力」を認める必要はないことになる。

第二に判決理由は、限定承認による留保付判決が、被告の抗弁を認めたものか、原告みずからの留保付請求を認めたものかによって効力を異にしないと説示している。訴訟物についての既判力とは別に、限定承認の存在と効力の判断に既判力に準じた効力を認めて、限定承認無効事由の主張を遮断するとすれば、これは請求の一部認容か全部認容かにかかわらない。しかし前述のように責任の範囲も訴訟物自体として審判され、既判力を生ずるとすれば十分であって、この立場では留保付判決か全部認容判決かによって既判力の内容も異なってくる。すなわち、同一債権関係につき前訴基準時前の限定承認無効事由を主張して無留保判決を求める後訴は、前訴判決が一部認容であれば棄却部分の既判力に拘束されて請求を棄却すべきであり、全部認容判決であれば訴の利益なしとして訴を却下すべきである。全部認容判決とみられる本件の具体的処理としては訴を不適法として却下したのは、結果的に正当であったことになる。

第三に、民訴法第五四五条〔現民執法三五条〕の法意として、前訴で主張できた事由によって判決効を争いえないという遮断効を、「権利関係の安定、訴訟経済」の他に「信義則等の観点」から説明している。法的安定の要請として既判力を根拠づける従来の理論からは、これを信義則の観点からも正当化する立場は必ずしも出てこない。しかし前訴基準時前に存した限定承認や限定承認無効事由が前訴判決の既判力に遮断されるか否かを判断するについて、信義則の観点から配慮すべき事情のあること前述の通りである。本件判決理由における説示がこのことを意識したうえのものであるかどうかは明らかでない。しかし、信義則を説くからには、当事者が限定承認やその無効事由を前訴において主張できなかったか、あるいは主張することを期待できなかったときには、既判力によって遮断されない場合もあることを認めるべきであろう。このためには、前述の一部請求理論によるだけでは十分でなく、既判力の遮断効の信義則による一般的制約の理論が問題となろう〔吉村徳重「損害賠償請求」

演習民事訴訟法（上）二〇三頁（昭四八）（本書一九九頁）は、損害賠償における既判力につき同様の問題提起をする）。

(3)　相続財産管理人による前訴判決の効力

本件判決理由は、前訴において債権者Xが相続財産管理人Y_1を被告として「相続財産の限度で……支払え」との給付判決を取得し、これが確定しておれば、この判決の効力が相続人Y_1～Y_4に及ぶこと明らかである、としている。しかし、相続財産管理人に対する確定判決の効力が相続人に及ぶのか、あるいはいかなる事項について及ぶのかは、相続財産管理人の資格権限とも関連して議論のあるところである。

まず、相続財産を財団として法主体性ないし当事者能力を認め、相続財産管理人はその代表者にすぎないとみる立場では、前述のように、確定判決は、有限責任をとくに留保する必要なく、相続人には効力を及ぼさない。相続人は清算事務終了後に相続財産の承継人として前訴判決効をうける余地はあるが、この判決によって固有財産に執行されることはない。

つぎに、相続財産管理人が相続人のための法定代理人や法定訴訟担当者として訴訟を追行すると解する立場によれば、確定判決の効力は相続人に及ぶことになる。相続財産管理人を相続人全員のための法定代理人とする先例（最判昭四七年一一月九日民集二六巻九号一五六六頁）に対しては、相続人のための当事者としての地位を認めるべきだとの批判がある（山木戸・前掲判批・判例タイムズ二九四号九〇頁、福永「判批」民商法雑誌六九巻一号一〇五頁（昭四八）、鈴木重勝「代理と職務上の当事者」演習民事訴訟法（上）一五八頁（昭四八））が、いずれにしても、相続人は当事者として、あるいは利益帰属主体（民訴法二〇一条二項（現一一五条一項二号））として確定判決の効力をうける。ただ問題なのは、相続人はいかなる事項について確定判決の効力をうけるのかということである。相続財産管理人が相続人のための一般的な法定代理人ないし訴訟担当者として訴訟を追行するのであれば、確定判決の効力も相続人自身が訴訟を追行する場合と異なるところがなく、相続債務確定の既判力は全面的に相続人に及び、限定承認が認められずに無留保の給付判決があれば、相続人の固有財産にも執行されることになろう。

本件判決理由はこうした見解を前提とするようにみえる。しかし本来、相続財産管理人の権限は相続財産の範囲にかぎられるから（民法九三六条二項参照）、その訴訟追行権限も相続財産の範囲にかぎって認められるべきであろう。そうであれば、確定判決の効力は相続財産を引当とする相続債務を確定するにすぎないから、とくに有限責任の旨を判決主文に明示する必要もなく（ドイツ民訴法七八〇条二項参照）、相続人の固有財産に執行力を及ぼすことはない。債権者がさらに相続人自身に対して無限責任を主張して訴えてくれば、相続人は限定承認の抗弁を主張する機会が与えられるべきである。この場合に、相続人は相続債務について争うことができるのか。相続財産を超える額について（谷口・前掲判批）、あるいは固有財産との関係では全額について（上野泰男・本件判批・法学雑誌二一巻三号四三八頁（昭五〇））、争うことができるとの見解がある。これは、相続財産管理人の権限が相続財産の範囲にかぎられていることから認められる制約であるが、相続人に対する相続債務の請求において相続財産の額を確定することは容易でなくまた必要でもないから、これを相続債務を争いえない範囲を画する枠とすることは必ずしも適切ではない。他方、相続人は前訴判決における相続債務の判断を全く争いえないとすることは、相続財産管理人と利害の必ずしも一致しない相続人にとっては酷な場合も考えられる。そこで結局、相続財産管理人は相続財産についてだけ管理処分権をもつにすぎないのだから、相続債務も相続財産を引当とするかぎりで確定したにすぎず、相続人の固有財産との関係では確定されていないといえる。この立場は、当事者たる地位はその処分権限に服する独立の責任財産ごとに決まるというヘンケル流の見解（Vgl. Henckel, a.a.O. S.188）を根拠とすればさらに徹底することになり、相続財産との関係では実質的には相続財産財団説に近づくことになろう。

ところで債権者は相続人に対する後訴で限定承認の無効を主張できるのか。ことに本件のように相続財産管理人に対する前訴で限定承認を認めて相続財産の限度で支払を求めて勝訴していた場合には、問題はさらに複雑になる。たしかにこの場合には、後訴の主張は前訴における主張と矛盾し禁反言に触れるようにみえるが、債権者が前訴で限定承認を争わなかったのは、相続財産管理人を相手とする訴訟では清算目的のため管理人の権限内の請求にかぎる趣旨であったともいえる。もともと、限定承認手続が一旦適式に開始されると、後に法定単純承認事由が判明してもこの手続を当然に覆滅させることはなく、民法九三七条は相続人全員に右事由がある場合にも適用され、各相続人が相続分に応じて、相続財産によって未済となった債務を支払うべきことになると解される（注釈民法二五巻四四七頁（岡垣学）（昭四五））。そこで、相続財産管理人相手の訴訟は、途中で民法九二一条三号の事由が明らかになっても、清算手続の一環としてそのまま続行され、債権者は改めて相続人を相手に別訴を起こし法定単純承認事由を主張すべきことになろう（谷口・前掲判批）。このように相続財産管理人を相手とする前訴において限定承認の無効を主張することが意味をなさないとすれば、債権者がこの点をあえて争わず、「相続財産の限度で」支払を求めた場合にも、相続人を相手とする後訴で法定単純承認事由を主張することを排斥すべきではあるまい。本件判決は、これらの事由を前訴判決の既判力によって遮断するとするが、その根拠を前訴の口頭弁論終結前にこれらの事由を主張することができたことに求めている。しかしそのためには、相続財産管理人を相手とする訴訟において法定単純承認事由を主張し、相続人の固有財産を引当とした相続債務を審理確定できたことが前提となる。これが相続財産管理人の権限を超えたものであることは前述の通りである。

（原題「相続財産の限度での支払を命ずる判決が確定した場合における判決の効力」。
民商法雑誌七二巻四号、一九七五年）

第三編　確定判決と同一の効力

第一二章　訴訟上の和解の効力

問　Xは、Yに一、〇〇〇万円を貸し付け、その返還請求の訴を提起したが、第一審係属中に訴訟上の和解が成立した。その内容は、(ⅰ)XとYは、XがYに対し七五〇万円の貸金債権を有することを確認する、(ⅱ)Yは、右債務のうち二五〇万円の支払に代えて、YがA倉庫に保有するブルガリア産の苺ジャム一五〇梱を譲渡し、その引渡をA倉庫で行う、(ⅲ)残債務五〇〇万円については、Yは毎月末に五〇万円ずつ一〇回払でXに支払う、というものであった。

(イ)　XがA倉庫に苺ジャムを取りに行ったところ、Yがそこに保有しているのは粗悪なリンゴジャムであって市場価値のないものであることが判明した。Xは、どのような訴訟上の手段をとることができるか。

(ロ)　Xは、右和解の成立後、その和解条項に定められたとおりの苺ジャム一五〇梱の引渡を受けたが、残債務の割賦金については、Yは最初の月末に五〇万円を持参しただけで、その後は数月にわたって支払を怠ったので、Xは、Yに対しその履行を催告したうえ、和解を解除した。Xが前記の貸金返還請求訴訟につき弁論期日指定の申立をしてきた場合、裁判所としては、どのように処理すべきか。

一　本問の論点

訴訟上の和解は、当事者が訴訟係属中の民事紛争を相互に譲歩し合って解決し（民六九五条）、その旨を裁判所に陳述することによって成立し、これを調書に記載すれば、「確定判決ト同一ノ効力」を生ずることになる（民訴二〇三条（現二六七条））。元来、民事訴訟は当事者の自由に処分できる権利関係を審判の対象とするから、当事者がこれを自主的に処分し、訴訟を終結させる合意に達すれば、その意思をそのまま尊重して訴訟上の効果を認めたのである（処分権主義）。このように訴訟上の和解は、当事者双方の自由な意思表示を基礎としているから、設問におけるように、(イ)意思表示に要素の錯誤などの瑕疵があり（民九五条）、あるいは(ロ)事後的に債務不履行などの解除事由を生じて解除された場合には（民五四一条）、これが訴訟上の効果にどのような影響を及ぼすかが問題となる。設問はさらに、この場合の和解の無効や解除の効果を訴訟上どのような手続によって主張できるのかを尋ねているのである。従来の訴訟法理論が、訴訟上の和解の法的性質は私法行為であるか訴訟行為であるかを論じ、さらには「確定判決ト同一ノ効力」が訴訟終了効や執行力のほかに、既判力を含むかを論じてきたのは、まさに設問の提起した課題に答えるためであったといっても過言ではない。

しかし、訴訟上の和解の法的性質や効果につき一定の見解をとれば、そこから演繹的に設問についての解答が導き出せることには決してならない。むしろ逆に、設問のような具体的事例においてどのような訴訟上の手段を認めたほうが適切であるかの考慮から、帰納的に訴訟上の和解の性質や効力が規定されてくるようにも思われる。そこで、設問に答えるためには、訴訟上の和解の無効・取消しあるいは解除をめぐる紛争の多様性に対応して具体的にどのように対処すべきかを考察する必要がある。

二　訴訟上の和解の法的性質

(1)　訴訟上の和解がどのような法領域に属する行為であるかについては見解が対立している。訴訟上の和解は、訴訟の期日において締結された私法上の和解契約（民六九五条）であって、和解調書はこれを公証するための証書にすぎないとする私法行為説（石川明・訴訟上の和解の研究四頁、新堂幸司・民事訴訟法二五八頁）、私法上の和解とは別個の純然たる訴訟行為であって、訴訟上の合意（中田淳一・民事訴訟法講義一五五頁、中野・松浦・鈴木編・民事訴訟法講義三七六頁〔松浦〕）あるいは合同行為（兼子一・民事訴訟法体系三〇九頁、三ケ月章・民事訴訟法〔全集〕四四一頁、小山昇・民事訴訟法四一五頁）であるとする訴訟行為説、および私法上の和解と訴訟行為とが併存するとみる併存説や両者の性質を兼有するとみる両性説（競合説）がある。このうち両性説が学説の多数を占め（菊井維大・民事訴訟法下三七三頁、斎藤秀夫編・注解民事訴訟法三巻三九一頁、岩松三郎・兼子一編・法律実務講座民事訴訟編三巻一四五頁、中田・三ケ月編・民事訴訟法演習Ⅰ〔宮脇幸彦〕二三一頁など）、判例の主流でもある（大判大正一一年七月八日民集一巻三七六頁、判例コンメンタールⅡ二四二頁参照）。

(2)　従来、これらの見解の差異は、訴訟上の和解の要件や効力を実体私法と訴訟法のいずれによって規律すべきかについて決定的な意味をもつとされてきた。たとえば、私法上の和解が要素の錯誤等によって無効である場合にも、訴訟行為説によれば訴訟上の和解の効力に影響を及ぼすことはないが、私法行為説や両性説によれば、訴訟上の和解も私法に規律されてその効力を失うとされてきた。ところが、近年では、訴訟行為説のなかにも、訴訟上の和解にそもそも既判力を認めず（三ケ月・前掲書四四四頁）、さらには意思表示の瑕疵に関する私法規定の準用を認める見解が有力である（中野他・前掲書〔松浦〕三七六頁）。他方、私法行為説に立ちながら、私法上の和解が無効であっても当然に訴訟上の和解の訴訟終了効を否定することにはならず、和解無効確認の別訴提起を要求する見解もある（石川明・訴訟行為の研究五頁）。併存説についても、併存する私法上の和解と訴訟行為とを相互に不可分に結びつける趣旨の当事者意思を尊重して、併存行為の相互依存的な効力規制を認めるとすれば（新併存説）、両性説とほとんど異なるところがない。

(3)　このように、訴訟上の和解につき意思表示の瑕疵などの私法上の無効・取消原因がある場合に、和解の法的性質をいかに解するかによって、和解の効力が一義的に規律されるわけではない。法的性質を論じてももはや実益がないといわれている（新堂・前掲書三五八頁など）のはそのためである。思うに、訴訟上の和解も私人間の紛争処理過程の一環として訴訟においてなされた合意であるから、私法と異なった価値によって規律されるべきではないし、これによって私法上の権利関係の変動を生ずることも否定できない。訴訟行為説はこの実体法的側面を訴訟上の和解から切断するが、それでは和解の訴訟終了効や執行力と私法上の権利関係の変動との対応関係を明らかにすることができない。意思表示の瑕疵による和解の無効や取消しによって、和解による私法上の権利関係が解消し、訴訟上の訴訟終了効や執行力も、その主張立証手続を経て排斥されることになると解されるが、訴訟上の和解のこのような法的構造を最もよく説明しているものは、両性説ないし新併存説であると思われる。

三　訴訟上の和解の効力

訴訟上の和解はこれを調書に記載すれば（民訴一四四条〔現削除〕）、「確定判決ド同一ノ効力」を生ずる（民訴二〇三条〔現二六七条〕）。この効力に訴訟終了効、執行力のほかに、既判力も含むかについては争いがある。

(1)　既　判　力

和解によって定められた権利関係につき既判力を生ずるかをめぐり、肯定説、否定説、制限説の対立がある。肯定説は、民訴法二〇三条〔現二六七条〕の明文や立法の沿革から、和解調書を判決の代用物として確定判決と同様に既判力を生ずるとする（兼子・前掲書三〇九頁、中田・前掲書一五七頁、小山・前掲書四一八頁）。しかし、現実の訴訟上の和解の成立過程には錯誤等の瑕疵がひそむことも多く、裁判所もこの点の実質的審理をするわけではない。こうした現実のもとで肯定説をとり、再審による以外に和解の瑕疵を主張できないとすれば、和解当事者にとってきわめて酷な結果を招くことになって、実情にそぐわない。多数説が既判力を否定し（岩松三郎・民事裁判の研究九九頁、三ケ月・前掲書四四四頁、前掲法律実務講座三巻一五三頁、宮脇・前掲民訴法演習Ⅰ二三二頁、斎藤秀夫・民事訴訟法概論〔新版〕三三五頁、新堂・前掲書二五七頁、中野他・前掲書三八一頁〔松浦〕、石川明・訴訟上の和解の研究一〇九頁など）、あるいは和解が実体法上有効なかぎりで制限的に既判力を認める（菊井・前掲書下三七五頁、中村英郎・民事訴訟法講座三巻八三八頁）のはこのためである。判例も実体上の瑕疵による当然無効を認め（最判昭和三三年六月一四日民集一二巻九号一四九二頁）、制限説に立つものといわれている（前掲法律実務講座三巻一五二頁）。

ただ、否定説が、既判力を公権的紛争解決の要請から生じたものとして自治的紛争解決である訴訟上の和解には親しまないことを論拠とする（三ケ月・前掲書四四三頁）点には若干の疑問がある。すなわち、確定判決の既判力の根拠は、判決が公権的判断であるというよりは、むしろ当事者に攻撃防禦をつくす機会を十分に保障したうえでの決着であるがために、その自己責任を問いうるところにあるとすれば、訴訟上の和解にも同様に当事者の自己責任を問いうるかが問題となる。たしかに訴訟上の和解も、当事者が訴訟手続に関与したうえでの合意であるが、その成立過程はさまざまであって、判決のようにそれまでの攻防を基礎とする帰結であるとはかぎらない。ただ私法上の和解でも、当事者が互譲により争を解決した事項につては確定力を生じ（民六九六条参照）、あらかじめ織り込みずみの錯誤の主張を排斥するが、そうでない事項の錯誤やその他の意思表示の瑕疵の主張を排斥するわけではない。これらの意思表示の瑕疵は和解の無効・取消原因となるが、この点の攻防をつくして和解調書が作成されるわけではないから、その主張を遮断する既判力を認めるべきではない。この点については当事者の自己責任を問いうるだけの手続保障を欠き、ひいては裁判をうける権利の保障を奪うことになるからである。ちなみに、制限説も、再審によらずに和解の無効を主張できるとする点では否定説と異なるところはない（それでも既判力があるというのは背理だとの批判がある。兼子・前掲書三〇九頁、新堂・前掲書二五七頁など）。

(2)　執　行　力

和解調書の内容が給付を命ずるものであれば執行力を生ずる（民執二二条七号）。和解による給付義務の存在が調書によって公証されているだけでなく、当事者双方（ことに債務者）が和解手続に関与して合意に達した結果であるところに執行力を正当化する根拠がある。執行力を生ずると、債務者は和解の実体上の無効を主張して執行力を排除するためには、そのイニシアチブにより反対名義を作成する手続（民執三五条）を起動すべき責任を分担することになるが、これが右の根拠により正当化されるのである。ただ、債務名義として執行力を生ずるには、和解調書の給付内容が執行機関の判定できる程度に特定されている必要がある。相当の賃料の支払を約束した和解では執行力を生じないが、一定期間内に立退料を支払うことを条件とする明渡しや、数回の賃料支払を遅滞したときは解除されたものとして明渡を合意した和解には執行力が認められる（後出例題(1)(ロ)・(ハ)参照。ただし、和解の成立自体を条件にかからせること〔例題(1)(イ)〕が適法であるかについて後述六参照）。

(3)　訴訟終了効

和解が成立した範囲で訴訟は当然に終了する。訴訟当事者が係属中の紛争を互譲により解決し、訴訟を終了させるとする合意に基づく効力である。係属中に和解に達した旨の陳述があれば、訴訟終了の合意を含むといえる。上級審で和解が成立しても、その範囲では判決によらずに訴訟は終了し、下級審の未確定の判決も失効するから、仮執行宣言付の判決であっても、以後執行力を失う（債務者は、請求異義の訴〔民執三五条〕ではなく、執行文付与に対する異議の申立〔民執三二条〕により執行を阻止すべきである。大阪高判昭和五一年四月二〇日判例時報八二一号一二二頁。後出例題(4)参照）。和解が実体法上無効・取消あるいは解除された場合には、この訴訟終了の効力を生じないとして、旧訴を続行することになるかについては、後述のように争いがある。

四　訴訟上の和解の無効・取消とその主張方法

(1)　無効・取消事由

訴訟上の和解は、訴訟法上の有効要件を欠く場合だけでなく、実体法上の有効要件を欠く場合にも、無効となると解される。①訴訟法上の無効原因には、㋑当事者が実在しないこと、㋺訴訟能力・代理権を有しないこと、㋩除斥原因その他法律上関与できない裁判官が関与したこと、㋥和解調書が作成されないか、その記載内容が不明確ないし矛盾していることなどがある。②実体法上の無効原因には、㋑当事者が実体法上の処分権能を有しないこと、㋺和解内容が公序良俗ないし強行法規に違反すること（民九〇条）、㋩当事者の意思表示に錯誤・虚偽表示などの瑕疵があること（民九三条・九四条・九五条）などがある。③和解の取消原因には、当事者の意思表示に詐欺・強迫などの瑕疵があること（民九六条）などがある。これらの事由には、判決の無効（①㋑㋥、②㋺）や再審事由（①㋺㋩、民訴四二〇条〔現三三八条〕一項二号・三号）にあたるものも多いから（中野他・前掲書四一三頁〔鈴木正裕〕参照）、和解に既判力を肯定しても、その場合の救済の途を閉ざすことはないが、その他の事由（②㋩、③）の主張は遮断される。たとえば、例題⑵の詐欺については、再審事由（民訴四二〇条〔現三三八条〕一項五号）に準じる余地がないわけではないが（ただし、四二〇条〔現三三八条〕二項の要件などの制約が多い）、設問㋑の苺ジャムの錯誤はその余地もない。そこで、既判力を制限ないし否定して、錯誤の主張を許すべきであって、設問の苺ジャムは和解により解決された「争ノ目的」たる事項ではないから（民六九六条参照）、錯誤による和解の無効を主張できると解される（最判昭和三三年六月一四日民集一二巻一四九二頁）

(2)　無効・取消の主張方法――判例・学説

(イ)　判例は、和解に実体法上の無効・取消事由があれば訴訟上の和解も無効となり、訴訟は終了せず係属中であるから、当事者は期日指定の申立により旧訴の続行を求めうるとする（大決昭和六年四月二二日民集一〇巻三八〇頁。前掲最判昭和三三年六月一四日参照）。また、和解による法律関係の無効を確定するために和解無効確認の訴を認め（大判大正一四年四月二四日民集四巻一九五頁。最判昭和三八年二月二一日民集一七巻一号一八二頁参照）、さらに、和解調書の執行力を排除するために請求異義の訴を提起できるとする（大判昭和一四年八月一二日民集一八巻九〇三頁、大判昭和一〇年九月三日民集一四巻一八八六頁）。なお、訴訟上の和解に再審事由があれば、同時に私法上の無効原因がないかぎりで、再審の訴も許容する（大判昭和七年一一月二五日民集一一巻二一二五頁参照）。このように判例は、和解の効力をめぐる紛争の状況に応じて、当事者に各種の救済手段の選択を認めている、といえる。

(ロ)　学説は多岐に分かれる。救済手段の選択を認める判例の立場を肯定する見解もあるが（中村・前掲講座三巻八四〇頁、新堂・前掲書二五九頁、河野正憲「訴訟上の和解とその効力をめぐる紛争」北九州八巻三＝四号一四一頁・一六九頁、池田浩一「和解調書の無効に対する救済手続」吉川追悼論大集上二九三頁・三〇五頁）、これを否定するものが多い。訴訟上の和解の既判力を肯定して再審の訴に準じる訴だけを認める見解（兼子・前掲書三一〇頁、小山・前掲書四〇二頁）のほかは、既判力を制限あるいは否定して、期日指定の申立のみによるべきであるとするか（菊井・前掲書下三七五頁、前掲法律実務講座三巻一六〇頁、宮脇・前掲民訴法演習Ｉ二三三頁、前掲注解民訴法三巻四〇六頁、中野他・前掲書三八五頁など）、あるいは常に別訴、つまり和解無効確認の訴か請求異義の訴を提起すべきであるとする見解（三ケ月・前掲書四四五頁、菊井・強制執行法総論八九頁、石川明・訴訟上の和解の研究一五四頁など）がある。

(3)　各説の評価

準再審説は再審事由にあたらない無効・取消事由の主張を認めないことになって和解の実態にそわない。別訴提起説は、和解の効力をめぐる紛争は、一旦終了した旧訴とは別個独立のものであって、独立の訴による一審からの審理を要することを論拠とする。ただこの説が、別訴によって和解無効を確定したうえで、旧訴の復活続行を目ざすものとすれば（石川・前掲書一五四頁参照）、むしろ初めから期日指定の申立を許して旧訴を続行したほうがはるかに簡便である。単に煩雑な手続を避けうるだけでなく、和解裁判所が和解の瑕疵を審判できるし、さらには旧訴の訴訟状態や訴訟資料を維持利用できるという利点がある。学説の多数が期日指定の申立説に傾きつつあるのはこうした理由による。この立場によれば、裁判所は和解の無効を主張する当事者の期日指定の申立により期日を指定し、そこで和解の効力を審理し、これを有効と認めれば訴訟終了を宣言する終局判決をするが、無効と認めれば和解前の請求につき審判を続行することになる。

たしかに当事者が旧訴続行の前提として和解の無効・取消を主張するときには、期日指定の申立は最も簡便かつ適切な方法である。上級審で和解の無効を主張するときにも、上級審での再審事由や訴取下の無効を主張するときと同じ取扱を認めるにすぎないから、つねに審級の利益を害するとして期日指定の申立を許さないとする必要はない。しかし、他方、期日指定の申立を認めるからといって、つねに別訴の提起は訴の利益を欠くとして排斥すべきことにはならない。たとえば、和解の無効を主張する旧訴被告にとり旧訴復活の必要性が全くない場合（前掲大判大正一四年四月二四日）や紛争の重点が前訴の訴訟物とは別個の和解による権利関係の存否に移っている場合（前掲最判昭和三八年二月二一日）に、別個に無効確認の訴を提起し、あるいは、和解調書による執行を阻止するために請求異義の訴を提起したときには（前掲大判昭和一〇年九月三日）、訴の利益なしとしてこれを却下するのは適切ではない（この点の判例分析につき、河野・前掲北九州八巻三＝四号一五六頁以下参照）。和解の効力をめぐる紛争の状況は多様であるから、その実態に応じた救済手段を認めるべきであって、いずれか一つの方法に限定する必要はない。各種の救済手段の選択的提起を当事者に委ねたほうが、より実態に適合した紛争処理ができるものと思われる。ただ、当事者の選択が紛争の実態に適合せず、ことに相手方の利益（旧訴続行の利益や審級の利益）を著しく害する場合には、訴変更の釈明や移送（民訴三一条（現一七条））による調整を必要としよう。なお、期日指定の申立は、再審の訴に類して、和解により一旦終了した訴訟の再開を申し立てるものと解されるから、この申立により旧訴が再開されないかぎり、別訴を提起しただけで二重起訴になることはない。

五　訴訟上の和解の解除およびその効果

(1)　訴訟上の和解が当初からの無効や取消事由により失効するのではなく、事後的な事由によって解除される場合がある。設問(ロ)は、和解の内容となった債務の不履行による解除（民五四一条）にあたるが、さらに履行不能による解除（民五四三条）、留保解除権による解除、合意解除、事情変更による解除などがある。解除によって私法上の和解は遡及的に失効し原状回復義務を生ずるが（民五四五条）、これが訴訟上の和解につきどのような効果を生ずるかをめぐって争いがある。

(2)　判例・学説

判例は、当初、和解が解除されると和解により終了した訴訟が復活して係属中となるとして（大判昭和八年二月一八日法学二巻一〇号一二四三頁）、期日指定の申立により旧訴の続行を許していた（京都地判昭和三一年一〇月一九日下民集七巻一〇号二九三八頁）。最高裁は、新たに、債務不履行による和解の解除を主張して旧訴と同じ家屋収去土地明渡につき別訴を提起した事件につき、「和解によって一旦終了した訴訟が復活するものではない」として、二重起訴の抗弁を排斥した（最判昭和四三年二月一五日民集二二巻二号一八四頁）。学説は、和解の無効・取消ないし留保解除権による解除の場合と債務不履行（履行不能・合意・事情変更）による解除の場合を区別し、少なくとも後者については、和解により終了した訴訟が復活することはなく、別訴を提起すべきであるとするのが多数説である（兼子・前掲書三〇九頁、三ケ月・前掲書四四五頁、菊井・前掲書下三七六頁、前掲法律実務講座三巻一五九頁、宮脇・前掲民訴法演習Ⅰ二三四頁、石川明・訴訟行為の研究一五頁、同・民事調停と訴訟上の和解一〇七頁、小山昇「判批」民商法雑誌五九巻二号三〇頁、伊藤真「判批」法学協会雑誌八六巻四号五〇〇頁など）。和解の無効等のように和解成立当初からの瑕疵による場合と異なり、成立後の事由による解除の場合には、解除をめぐる紛争は新たな別個の紛争として別訴の提起を要するという理由による。これに対して少数説には、和解の無効等の場合と区別せずに期日指定の申立によるべきであるとする見解（柏木邦良・民事訴訟法判例百選続八六事件、佐上善和・演習民事訴訟法下一三頁、松浦智紹・民事訴訟法判例百選〔二版〕二五六頁）、あるいはいわゆる通常型和解の解除の場合は期日指定の申立により、更改型和解の解除の場合は別訴提起によるべきであるとする折衷説がある（中野他・前掲書三八九頁）。

(3)　思うに、多数説が和解成立後の事由による解除であることを理由にして、常に別訴提起を必要とするのは問題である。少数説が指摘するように、和解の解除には、遡及的に和解前の権利関係が復活する通常型和解の解除と和解前の権利関係を復活させず清算を目的とする更改型和解の解除とがあるが、前者について期日指定の申立を許さないとすれば、旧訴を続行し従来の訴訟状態や訴訟資料の維持利用をはかる簡便な途を閉ざすことになるからである。他方、期日指定申立説が、更改型和解の解除についても期日指定の申立だけを認め、別訴提起の利益なしとするのも問題である。この見解により別訴を却下された当事者は、なぜ改めて期日指定の申立をして旧訴を再開し、さらに訴を変更して別訴と同じ清算的請求をしなければならないのか、その理由を理解することはできない。また、折衷説が通常型か更改型かによって旧訴続行か別訴提起かを峻別するのも、当事者に困難な判断の責任を負わせることになって適当でない。そうであれば、旧訴続行か別訴提起かについては、むしろ当事者に一定の選択の幅を許容すべきではないかと考える。前出の最高裁判決が別訴提起を二重起訴に当たらないとしたのは、期日指定の申立を認めた従来の判例を変更して多数説に従ったものと解されているが（判例コンメンタールⅡ二四七頁など）、むしろ当事者に救済方法の自由な選択を許したものと評価すべきである（同旨、池田・

前掲吉川追悼上三〇三頁）。ただ、当事者のこの自由な選択は相手方との関係で一定の制約をうけるものと解される。つまり相手方としては、たとえば、通常型和解の解除の場合には旧訴続行の利益をもち、更改型和解の解除の場合には審級の利益をもつことも考えられる。そこで裁判所は、この相手方の利益が著しく害されるときには、相手方の申立または職権によって、必要な釈明や申立の善解による移送などをして対処すべきである。設問(ロ)は典型的な更改型和解の解除の事例であるが、一審裁判所での期日指定申立であるから審級利益の問題はなく、旧訴の再開を許して、解除による清算的請求への訴の変更を釈明すべきケースであると思われる。

六　例題についてのヒント

本文中で触れえなかった例題(1)（イ）は、和解の成立自体を条件にかからせることができるかの問題である。和解成立に不可欠な解除条件にかぎるか（岩松三郎・民事裁判の研究一〇五頁、前掲法律実務講座三巻一三七頁）、停止条件も許されるか（石川明・訴訟上の和解の研究六七頁）、の対立がある。Ｚの同意は解除条件か停止条件か、さらに裁判所に判明する条件かなどが問題となろう（石川明・民事調停と訴訟上の和解一一三頁参照）。例題(2)は、いわゆる準併合和解であるが、Ｚとの関係で詐欺または要素の錯誤による和解の取消・無効を主張しうるかが問題。例題(3)は、起訴前の和解における「争」の要件（民訴三五六条〔現二七五条〕一項）を具備するかの問題。学説の多くは、これを厳格に解し、起訴前の和解が債務名義作成のためだけの手段となることを許さないとするが（兼子・前掲体系四三〇頁、小野木常「即決和解の原点」末川先生追悼論集・法と権利(3)一八頁など）、判例は将来生ずることのある紛争をさける必要があれば足るとし（名古屋高判昭和三五年一月二九日高民集一三巻一号七二頁）、判例支持の学説も有力である（菊井＝村松・民事訴訟法Ⅱ四七〇頁、中野他・前掲書三七二頁）。この緩和説でも本例題は賃貸人が一方的に優越的地位を利用した不当な和解ではないかが問題となろう（深沢利一「起訴前和解に関する諸問題」実務民事訴訟講座二巻二六〇頁参照)。例題(5)の調停調書は、遺産の範囲を定める記載には確定判決と同じ効力を生じ、遺産分割を定める記載には審判と同じ効力を生ずる(家審二一条参照)。判例は、調停が要素の錯誤等により無効でないかぎり、遺産の範囲記載には制限的に既判力を生ずるとするが(大阪高判昭和五四年一月二三日高民集三二巻一号一頁)、既判力を否定しても、私法上の和解の確定力によって同様の効力を認める余地がある(民六九六条参照)。

【例　題】

(1)　YはX所有の土地を貸借して家屋を建て、その家屋をZに賃貸している。Xは、右土地を自ら使用する必要に迫られ、Yとの賃貸借契約を解除し、Yを被告として家屋収去土地明渡請求の訴えを提起した。この訴訟において、次のような条項を含む和解が許されるか。

(イ)　XとYとは、Zが同意することを条件として、本件土地の賃貸借契約を合意により解除する。

(ロ)　YはXに対し、XがYに立退料三〇〇万円を和解成立の日から一カ月以内に支払うことを条件として、本件土地を開け渡す。

(ハ)　Xは、Yとの間で従前どおりの内容の賃貸借契約を締結するが、Yが賃料の支払いを二カ月分遅滞したときに賃貸借契約は解除されたものとし、Yは直ちに家屋を収去してXに本件土地を開け渡す。

(2)　例題(1)の、XのYに対する家屋収去土地明渡訴訟の係属中に、XYにZを加えて裁判上の和解が成立し、YおよびZは、一年後に収去明渡しないし退去明渡しをする旨が定められた。Zが和解に応じたのは、Xが他の所有地上に有する代替家屋をZに提供すると申し出たからであるが、それは全くの虚言にすぎないことが後に判明した。Zとしては、どのような手段をとることができるか。

(3)　Xは、Yを相手方として起訴前の和解の申立てをした。裁判所が和解期日にXおよびYから事情をきいたところ、Xがその所有家屋をYに賃貸するにつき満五年を経過すればYは直ちに家屋をXに明け渡す旨の合意が当事者間に成立しており、和解の申立がなされたのは、Ｙに対する明渡しの債務名義をＸが取得することをＹ入居の条件としたからにすぎない、ということが判明した。裁判所は、どのように処理すべきか。

(4)　設問において、第一審では、Ｘの請求を全部認容する判決があり、仮執行の宣言が付せられたが、控訴審係属中に設問のような訴訟上の和解が成立した、とする。その後に、Ｘが第一審の仮執行宣言付判決に基づき強制執行を申し立てた場合、Ｙとしては、どのような手段で強制執行を排除すべきか。

(5)　Ａが死亡し、家庭裁判所で遺産分割の調停が成立した。調停調書によれば、Ａの遺産のうち甲土地を相続人Ｘが、乙土地を相続人Ｙが取得する旨を定めている。ところが、その後、ＸはＹを被告として訴えを提起し、乙土地はもともとＸがＢから買い受けて取得したものでＡの遺産には属しないと主張して、Ｘの所有であることを確認する旨の判決を求めた。さきに成立した調停は、この訴訟になんらかの効力を及ぼすか。

(原題「訴訟上の和解」。三ケ月章＝中野貞一郎＝竹下守夫編『民事訴訟法演習２』、新版、一九八三年)

第一三章　更生債権者表記載の破産宣告後の効力

問　更生債権の調査期日に異議がなかった債権は、その後、会社に対し破産宣告があった場合には、どのように扱われるか。

一　問題の所在

(1)　更生債権は、調査期日において異議がなければ確定し（会社更生一四三条〔現一五〇条一項〕）、その旨の更生債権者表の記載は、確定判決と同一の効力を有する（会社更生一四四条〔現一五〇条二項〕・一四五条〔現一五〇条三項〕）とされる。これは、破産における破産債権の調査確定手続（破二四〇条一項〔現一二四条一項〕・二四一条〔現一二四条二項〕・二四二条〔現一二四条三項〕）と類似している。しかし、この更生債権の確定は、さらに、関係人集会の決議を経た更生計画の認可による変更を予定する（会社更生二四二条〔現二〇五条〕）だけでなく、破産におけるように、現実の配当の比率決定を目指すものでもない。この意味で、破産債権の確定手続とは著しくその趣を異にしている。そこで、更生債権が調査期日において異義なく確定したときの更生債権者表の記載が、その後、破産手続が開始した場合においても効力を持つかどうかが問題となる。

(2)　ところで、更生債権の調査期日を経た後に、会社に対する破産手続が開始される経過として、次の場合が考えられる。

(イ)　まず、更生計画の認可決定後に更生手続が終了し〔会社更生二七二条〔現二三九条〕・二七七条〔現二四一条一項〕参照〕、その後に会社が破産宣告をうけた場合である。しかし、この場合には、もはや、更生債権の調査手続における確定の効果〔会社更生一四五条〔現一五〇条三項〕〕ではなく、むしろ、更生計画の認可決定の確定による更生債権者表の記載の効力〔会社更生二四五条〔現二〇六条〕・二八四条〔現二四〇条参照〕〕が問題となる。つまり、この更生債権者表記載の、会社、新会社、更生債権者、更生担保権者および株主などに対する確定判決と同一の効力が、その後の破産手続にも影響を及ぼすのかが問題となる。

(ロ)　ついで、更生計画の認可に至らずに更生手続が終了した〔会社更生二七三条〔現二三六条〕・二七四条〔現二三七条参照〕・二三八条〔現二三五条一項〕参照〕後に、会社が破産宣告をうけた場合である。この場合には、なお、(a)更生債権の調査手続による確定の、更生債権者・更生担保権者および株主に対する確定判決と同一の効力〔会社更生一四五条〔現一五〇条三項〕〕、および、(b)調査期日において異議を述べなかった会社に対する確定判決と同一の効力〔会社更生二八三条〔現二三八条六項〕・二三八条〔現二三五条一項前段〕〕が、その後の破産手続にも影響を及ぼすのかが問題となる。設問は、直接には、この(ロ)の場合の「確定判決と同一の効力」が、その後の破産手続において、既判力あるいはその他の拘束力を生ずるのかを問うものといえよう。

二　更生債権の調査手続における確定の効力

(1)　更生債権者等に対する効力〔会社更生一四五条〔現一五〇条三項〕〕。更生債権が調査期日において異議なく確定した場合の更生債権者表の記載の更生債権者等〔更生管財人も含むとされる〕に対する効力をめぐっては、見解が分かれる。(i)ここにいう「確定判決と同一の効力」とは既判力を意味するという既判力肯定説〔兼子＝三ケ月・条解会社更生法三〇七頁〕、(ii)更生債権の確定が確認的、あるいは暫定的であることなどを理由に既判力を否定する説（松田二郎・会社更生法〔新版〕二六七頁、山内八郎・実務会社更生法〔改訂三版〕一七一頁、青山善充・法学協会雑誌八四巻三号四一六頁、最判昭和四一年四月一四日民集二〇巻四号五八四頁（傍論））、(iii)更生手続内における目的の限度での既判力を認める制限的既判力説（三ケ月ほか・条解会社更生法中七〇〇頁以下、谷口安平・倒産処理法二九八頁は、これを既判力と呼ぶかどうかは言葉の問題に過ぎないという）などがある。既判力肯定説を別とすれば、更生債権の確定後に、更生計画の認可に至らず、破産手続が開始された場合には（前述一(2)(ロ)）、更生債権者表記載の効力は、破産手続に及ばないとするのが、近時の多数の見解であるといえる。破産手続においては、債権者や管財人は、再び債権の存否や額を争うことができることになる。

これに対して、破産債権の調査確定（破二四二条（現一二四条三項））には、既判力を肯定するのが、少なくとも従来の通説的見解であった（中田淳一・破産法・和議法二一五頁、小野木常・破産法概論一三九頁。菊井維大・破産法概要一九三頁、兼子一・強制執行法・破産法二三五頁なども同旨。鈴木忠一・非訟事件の裁判の既判力一七七頁以下は否定説）。しかし、もともと更生債権の調査手続における確定は、破産手続におけるとは異なって、これによって最終的な配当による分け前の比率を確定するわけではなく、さらに関係人集会における多数決によって更生計画を決定するための準備として、手続的な区切りをつけていこうとするものに過ぎない。だから、破産手続と同様に債権者間の相互牽制関係を利用した債権確定手続による必要はないという批判の余地もある（三ケ月章「会社更生法の司法政策的意義」会社更生法研究二一五・二七二頁は、破産方式と和議方式の中間の、より弾力的な方法を見出すべきだという立法論を述べる）。更生債権の調査手続は、破産とは異なって、議決権をめぐる「柔軟な取引的・相互交渉的な性格」を持ちうるといわれるのもこのためである。各債権者は将来の更生計画への影響をにらんで、他の債権につき異議を述べるかどうかの態度を決めるに過ぎない。その結果としての更生債権の確定が、更生手続をこえて拘束力を持つとすれば、各債権者に不測の不利益を与えるおそれがある（三ケ月ほか・条解会社更生法中七〇一頁）。だから、更生手続終了後の破産における調査手続や個別執行の配当手続にまで、更生債権確定の拘束力を及ぼすべきではないとする多数説の立場は正当である。

しかし他方、更生債権の確定手続は、議決権行使の額や更生計画作成の基礎を確定しておくとともに、これにより、それ以後の手続においてはこの点を再び争いえないものとすることによって、手続進行の便宜を図るという意義を持っている（新堂幸司「更生担保権額の確定手続について」菊井献呈論集上四六一・四七二頁以下、谷口・倒産処理法二九三頁参照）。だから、既判力否定説が更生債権確定のこうした更生手続内の拘束力までも否定するのであれば妥当ではないし、制限的既判力説のように、これを既判力と呼ぶかどうかは単に言葉の問題に過ぎないともいえる。

(2)　会社に対する効力（会社更生二八三条（現一三八条六項）・一三八条（現一三五条一項））。更生債権の調査手続による確定の効力は、更生会社に対して当然に拘束力を及ぼす訳ではない。ただ、更生手続が更生計画の認可に至らずに終了した場合（前述一(2)(ロ)）には、調査期日において異議を述べなかった会社に対して確定判決と同一の効力を有する（会社更生二八三条一項（現一三八条六項）・一三八条（現一三五条一項前段））とされる。この「確定判決と同一の効力」が既判力を意味するかについても見解が分かれ、既判力肯定説（兼子＝三ケ月・条解会社更生法五四一頁）、既判力否定説（霜島甲一・ジュリスト四〇四号一三五・一三八頁、東京地判昭和四〇年七月三一日下級民集一六巻七号一二七三頁）、執行力説（三ケ月ほか・条解会社更生法下一〇五三頁）が対立している。

破産債権の確定の債務者に対する効力（破二八七条一項（現二二一条））については既判力を認めるのが通説である（兼子一・強制執行法・破産法二三五頁、中田淳一・破産法・和議法二一六頁、小野木常・破産法概論一四一頁、菊井維大・破産法概要一九〇頁）。破産・更生いずれの調査期日においても、債権者たる会社の異議は、債権の確定を阻止する効力はなく、ただ、債権確定の自己に対する効力を妨げる目的を持つことになる。そして、破産手続は債権の強制的実現の手続としての性格を持つから、その調査手続において債務者に異議がないことには、一種の裁判上の債務認諾としての効力を認める余地がない訳ではない。しかし、更生手続には権利の強制的実現手続としての性格は希薄であって、そうした効力を認めることは疑問であるし、判決手続における請求の認諾（民訴二〇三条〔現二六七条〕）と対比してみても、単に異議を出さないという不作為や不出頭に既判力を結びつけることは均衡を失する。したがって、少なくとも更生債権の調査期日において異議のなかった会社に対する更生債権者表の記載の効力を既判力と解することはできない。ただ手続終了の場合に、更生債権者が改めて債務名義を得る労を省くために、執行力を認めた（会社更生二八三条二項〔現二三八条六項〕・二三八条〔現二三五条一項後段〕）ものと解するのが妥当であろう（三ケ月ほか・条解会社更生法下一〇五三頁、松田二郎・会社更生法〔新版〕二六六頁）。だから、その後の破産における調査手続や個別執行の配当手続においては、更生債権者表の記載は異議ある債権者や管財人を拘束しない。ただ執行力はあるから執行文の付与をうければ、破産法二四八条〔現一二九条一項〕の執行力ある債務名義にあたる。異議者のほうで債権確定訴訟の提訴責任を負うことになるが、民訴法五四五条二項〔現民執法三五条二項〕の制限には服しない。

三　更生債権者表記載の効力一般――結語

(1)　以上要するに、更生債権の調査手続による確定の場合の更生債権者表の記載は、その後の破産手続において他の債権者や管財人などに既判力を及ぼさない。ただ、期日において異議を述べなかった会社に対しては執行力を持つから、破産法二四八条〔現一二九条〕の適用をうける。

(2)　これに対して、更生計画の認可決定が確定した場合の更生債権者表記載の効力（会社更生二四五条〔現二〇六条〕）は、更生債権の確定に加えて、関係人集会の多数決による集団的和解と裁判所の認可決定によって根拠づけられる。更生債権の調査手続による確定のようにもはや暫定的ではなく、更生計画の遂行を目指す限りで最終的な確定力である。ここでも「確定判決と同一の効力」が既判力を意味するとする見解（兼子＝三ケ月・条解会社更生法四七九頁、志水義文「認可更生計画の効力」松田在職四〇年記念論集下八〇九・八二九頁）、既判力否定説（松田二郎・会社更生法〔新版〕四一〇頁）、制限的既判力説（三ケ月ほか・条解会社更生法下七七〇頁以下、谷口安平・倒産処理法二九八頁参照）の対立がある。この場合の更生債権者表の記載は、更生計画の遂行を確保するとともに、遂行の結果の正当性を担保する効力を持つ。これは更生手続が終了してからも働くが、しかし、これとても当該更生手続との関連において生ずる効果に過ぎないと解すべきである。だから、更生手続を離れて、更生手続終了後の破産手続においてまで（前述一⑵(イ)）、拘束力を生ずることはない。また、この更生債権者表の会社に対する（期日における異議の有無にかかわらない）拘束力も（会社更生二四五条（現二〇六条））更生手続を離れた破産手続にまで及ぶことはない。ただ、ここでも破産法二四八条（現一二九条）の「執行力ある債務名義」にあたることになるが（会社更生二四五条二項・二八四条（現二四〇条）参照）、異議者は記載内容に拘わらず債権の存否や額を争うことができる。

⑶　このように、更生債権者表の記載に認められた「確定判決と同一の効力」は、一般的に、更生手続との関連においてその目的に応じた不可争性を意味することになる。これを既判力と呼ぶか否かは、もはや単なる用語の問題に過ぎない。

（井関浩＝谷口安平編『会社更生法の基礎』、一九七八年）

哲学する当事者——解題に代えて

吉村徳重先生の研究生活は五〇年を超えられた。戦後民事訴訟法の形成とともに歩まれた先生の主要論文が、このたび全四巻の論集として公刊を迎えたことは教えを受けた者の一人としてまことに慶ばしいことである。変転著しかった時代に生み出された先生の学問の特徴を私なりにあとづけて、本論集の解題に代えさせていただく次第である。

一九五七（昭和三二）年一〇月、吉村先生は、処女論文「刑事訴訟法における形式的挙証責任の意義」（九州大学法政研究二四巻二号）を公にされている。刑事訴訟における証明責任論から研究者生活をスタートした吉村先生にとって、民事訴訟に正しく深く沈潜するには、当事者の主体的地位を基軸として、これに食らいつき、どこまでも考え抜くという姿勢に徹することは、ごく自然なことであったと思われる。それは妥協を許さないほどの熱い思いを持った信念でもあった。こうした姿勢を端的に象徴するものとして、「哲学する当事者」という言葉が自然に湧き出てくる。吉村先生は、これを実践し、理論化する。また理論化し、実践する。誰よりも論理的な透明性に意を配り、理論にこだわり、実務的な妥当性の検証にも、無論、意を用いた。

いまも学究の薫り高く心地よい刺激を与え続けてくれる作品群。近代法学の到達点である予測可能性、計算可能性に価値を置き、そこに発想の原点を見出す。たとえば、「判決理由中の判断の拘束力」（第一巻）は、争点効に対し、いかなる後訴との関係で働くか定式化がなく、予期できぬと批判したうえ、アメリカにおける論議を踏まえ、要件を定立し、制度的効力として正当に位置づけようとする意欲作である。

また、ドイツ理論にも切り込む。「判決理由中の既判力理論の展開」（第一巻）は、争点効に対し、既判力の理由中判断への拡張という方向性からドイツ理論を検討するものである。

さらに、「判決の遮断効と争点効の交錯」（第一巻）では、手続事実群をメルクマールとする見解に対し、遮断効がブラックボックス化するとの批判を加え、既判力の根拠を手続保障と自己責任と見る立場から既判力と争点効の同質性を喝破する。

あるいは、「判決効の拡張と手続権保障」（第二巻）では、画一的処理の要請が強く働くとされる身分関係訴訟においても、具体的な行為責任分担を判決効に反映させ、一定の利害関係人について画一的解決の要請を後退させてよいとする先見的な柔軟さを示した。今日の学界の有力な理論をリードする。

実体法と訴訟法の交錯領域をテーマとして好まれる吉村先生は、訴訟物論争において新実体法説に与した。また、「既判力拡張における依存関係」（第二巻）では、実体的依存関係のみではなく訴訟法上の当事者適格の依存性を要求する。さらには、「既判力の第三者への拡張」（第二巻）は、既判力の承継人への拡張に関する実質説も形式説も、いずれも固有の実体法的要素を承継人と相手方のどちらが提出すべき責任を負うかとの視点がないと批判して、既判力の拡張を後訴の攻防展開につれ発展的に把握する。基軸となる実体法的アプローチの訴訟ダイナミズムとの心地よい響き合いがみられる。

他方で、一切の妥協を許さない意思力によって、常に当事者への手続保障の具体的な内実を問う。たとえば、「一部請求と判決効」（第一巻）では、判決効の根拠を手続保障と自己責任に求める立場から主張される一部請求否定説に対し、残部失権の正当化には主張の権能、機会だけでは不十分で、主張の必要性がなければならないとする。まさに、闘う民事訴訟法学である。

さらに、あえて少数説を厭わない。「相殺の抗弁と既判力」（第一巻）はそうした一例である。「原告の訴求債権と被告反対債権がともに存在し、相殺により消滅した」ということに既判力が生ずるとの少数説こそ、審理順序・手続保障の特殊性を既判力に反映させうると力説する。

かくして、デジタルというよりもアナログであり、マニュファクチャリングというよりもハンドメイド、職人芸から繰り出される燻銀のような光彩を放つ珠玉の名品の数々をあらためて目にすると、「マイスター」としての地道な研究活動が浮かび上がってくる。それ故に、吉村先生の作品群はこれまでも、学界に多くの刺激を与え続けてきたし、また今後とも揺るぎない学界の共通財として、おおいに活用されるであろう。

待望のいわば吉村哲学としての吉村徳重著作集がその全貌を現すこの機会に、公私にわたり御交誼を賜ったこと、そしてあらためて多くの学恩をいただいたことなど、言葉では尽くせぬ万感の思いで、祝意を申し上げると共に、深く感謝申し上げる次第である。

二〇一〇年二月

現代社会の品格に思いを寄せることの多き日々に

池田辰夫

〈著者紹介〉

吉 村 徳 重（よしむら・とくしげ）

1931年　福岡県に生まれる
1954年　九州大学法学部卒業
1958年　九州大学法学部助教授
1970年　九州大学法学部教授
1995年　西南学院大学法学部教授
2004年　広島修道大学法科大学院教授
現　在　九州大学名誉教授，弁護士

〈主要著作〉

『民事訴訟法』（1982年，有斐閣，共著）
『講義民事訴訟法』（1982年，青林書院，共編著）
『演習民事訴訟法』（1982年，有斐閣，共著）
『講座民事訴訟⑹――裁判』（1984年，弘文堂，共編著）
『注解人事訴訟手続法』（1987年，青林書院，共編著）
『民事訴訟法入門』（1999年，有斐閣，共著）
『講義民事訴訟法』（2001年，青林書院，共編著）

学術選書
41
民事訴訟法

民事判決効の理論（上）

2010年（平成22年）3月20日　第1版第1刷発行
5441-9:P288　¥8800E-012-040-025

著　者　吉　村　徳　重
発行者　今井 貴 渡辺左近
発行所　株式会社 信 山 社
〒113-0033　東京都文京区本郷 6-2-9-102
Tel 03-3818-1019　Fax 03-3818-0344
henshu@shinzansha.co.jp
エクレール後楽園編集部 〒113-0033 文京区本郷 1-30-18
笠間才木支店 〒309-1611 茨城県笠間市才木 515-3
笠間来栖支店 〒309-1625 茨城県笠間市来栖 2345-1
Tel 0296-71-0215　Fax 0296-72-5410
出版契約 2010-5441-9-01010　Printed in Japan

印刷・製本／松澤印刷・渋谷文泉閣
ISBN978-4-7972-5441-9 C3332　分類327.100-a121 民事訴訟法
5441-0101:012-040-025